정신과 의사의 콩트

옮긴이 정재곤
1958년 서울에서 태어나 서울대학교 인문대학 불어불문학과 및 동대학원 석사 과정을
졸업했다. 그 후 프랑스 파리 8대학에서 프루스트 소설에 대한 정신분석학적 읽기로
불문학 박사 학위를 받았다. 귀국 후 연구와 번역 작업에 전념하면서, 현재 '생텍쥐페리
재단' 한국 지부장으로 일하고 있다. 역서로는 ≪잃어버린 시간을 찾아서(만화본 5권)≫을
비롯하여, 심리학·문학·미술·인문학 분야의 30여 종이 있다.

그린이 안성환
서울대학교 산업디자인과에서 디자인을 전공하였다. 광고대행사에서 디자이너,
일러스트레이터로 일하였으며 독특한 색감과 터치, 기발한 상상력으로 독자들에게
좋은 호평을 얻고 있다. 『뇌의 기막힌 발견』『야근제로』『균형잡힌 삶』
『15소년 표류기』『위대한 여성들』『이야 공룡』『세밀화 식물과학 동화』
『동물 이야기』 등의 작품이 있다. blue0768@hanmail.net

정신과 의사의 콩트
1판1쇄 2006년 10월 1일 | 1판11쇄 2016년 8월 31일

지은이 프랑수아 를로르 | 옮긴이 정재곤 | 그린이 안성환
펴낸이 김정순 | 책임편집 배경란 이주엽

펴낸곳 (주)북하우스 퍼블리셔스 | 출판등록 1997년 9월 23일 제406-2003-055호
주소 04043 서울시 마포구 양화로 12길 16-9(서교동 북앤드빌딩)
전자우편 editor@bookhouse.co.kr | 홈페이지 www.bookhouse.co.kr
전화번호 02-3144-3123 | 팩스 02-3144-3121

ISBN   89-5605-160-7 03180

이 도서의 국립중앙도서관 출판시도서목록(CIP)은 e-CIP 홈페이지(http://www.nl.go.kr/cip.php)에서
이용하실 수 있습니다. (CIP제어번호 : CIP2006002009)

프랑수아 를로르 지음 | 정재곤 옮김

정신과의사의 콩트

북하우스

마음의 병을 앓고 있는 이들에게

만일 이것이 독자 여러분과의 첫 대면이었다면 아마도 나는 내 신분을 감췄을 것이다. 정신과 의사라는 나의 직업을 숨기고 싶다거나, 즉석에서 진단을 내려달라는 요청이 두려워서가 아니다. 다만 상대방이 내가 정신과 의사란 사실을 알고 나서 품을 수도 있는 호기심을 여지없이 꺾지나 않을까 해서이다. 실제로 나는 호기심 반 우려 반이 뒤섞인 반응을 심심치 않게 마주치곤 한다. "아! 정신과 의사세요? 아주 흥미로운 직업이겠네요……." 이렇게 말문을 연 후, 내가 여느 사람처럼 말하는 것을 잠시 조심스레 지켜보다가 자기도 말하고 싶은 대로 말해도 별탈이 없다는 것을 확인한 뒤에야 다음과 같은 질문을 퍼붓는다.

정신과 의사를 만나러 오는 사람들은 어떤 사람들인가? 사람의 마음을 어떻게 약으로 치료할 수 있는가? 정신분석은 정확히 어떤 도움을 주는가? 정신과 의사는 정말 정신병을 고칠 수 있는가? 불안감과 초조감은 어떻게 다른가? 정신병은 어떻게 해서 생기는가? 우울증에 걸린 사람은 보통 사람보다 더 많은 통찰력이 있는 사람은 아닌가? 자폐증은 어머니 때문에 생기는 것인가?

사람들이 이런 질문을 단순한 궁금증에서 무심코 던지는 듯이 보이지만 실상 거기엔 개인적인 사연이 숨어 있음을 나는 즉각 감지할 수 있다. 어느 날 갑자기 과도한 스트레스로 마음의 병을 얻거나, 우울증이나 불안증, 거식증, 심지어 정신분열증에 걸리게 된 친척이나 친구, 동료 한둘 정도 없는 사람이 과연 우리 주변에 있을까? 나에게 던지는 질문들은 자신의 주변에 있는 가까운 사람을 염두에 둔 질문인 경우가 많으며, 행여 대화가 길어지면 화제는 반드시 그쪽으로 흘러가게 마련이다.

그러나 불행히도, 나는 내가 잘난 척하는 것처럼 보이지나 않을까, 복잡하고 전문적인 것을 쉽고 생생하게 전달하지 못하는 것은 아닐까, 혹은 내 말 중에 본의 아니게 그 자리에 있는 어느 사람이 앓고 있는 병을 언급하는 건 아닐까 하는 우려 때문에, 가능하면 짧게 답변하는 습관이 있어서 사람들을 실망시키곤 한다.

그래서 나는 독자 여러분이 가지고 있는 궁금증을 해소하는 데 도움을 줄 수 있는 가장 좋은 방안으로 이 책을 쓰기로 결심했다. 하지만 이 책은 결코 정신병리학 전문서는 아니다. 이 책이 아니더라도 훌륭한 전문서는 얼마든지 있다. 그렇다고 해서 정신과 이론서도 아니다. 그 방면 역시 좋은 책이 너무나 많아서 정신과 의사인 나 자신도 완전히 압도당할 지경이다.

이 책에는 한 정신과 의사와 여러 환자가 나눈 많은 이야기와 일상생활의 다양한 단편이 담겨 있다. 환자들이 겪는 고통과 그 고통을 치료하는 이야기, 아직 건강한 사람이 그보다 덜 건강한 사람에게 주고 싶어하는 도움에 관한 평범하고도 특별한 사연이다.

말하자면, 나는 여러분을 정신과 의사의 진료실로 안내하고자 한다. 더불어 밝힐 점은, 이 책에서는 모두 '나'라고 했지만 때로 이 '나'는 나의 동료일 수도 있다는 사실이다. 이제 여러분은 바로 이 정신과 의사의 환자들을 만나보게 되고, 또 그들을 괴롭히는 여러 병과 마주치게 될 것이다. 그럼으로써 여러분은 이 병이 여러분과 전혀 무관한 병이 결코 아니며, 자신이나 주변사람이 앓고 있거나 과거에 앓았던 병이란 사실을 깨닫게 될 것이다. 바로 이런 이유 때문에, 이 책이 조금이나마 여러분의 불안감을 덜어주고 조금은 더 많은 희망을 안겨주기를 바란다.

이 책은 여러 동료의사와 환자, 지인들과 가진 무수한 만남의 결과로 탄생했다. 그러나 지면 관계상, 아쉽지만 이 책에 담긴 '이야기들'과 직접 연관되어 있는 이들의 이름만 밝히도록 하겠다.

이브 펠리시에와 캉탱 드브레는 나를 네케르 에 라에넥 병원의 정신과 과장으로 받아주었고, 협조적인 분위기 속에서 다양한 분야의 전문의들과 함께 일할 수 있도록 도와주었다. 나는 이 책 곳곳에 이 병원에서 이루어지는 다양한 정신과 진료의 흔적이 배어 있다고 생각한다.

로버트 P. 리버맨과, 브렌트우드 V. A. 메디컬 센터와 UCLA 대학의 의료진 덕분으로, 나는 과학적 엄격성이 환자에 대한 인간적이고 이해심 깊은 배려와 얼마든지 공존할 수 있다는 생생한 체험을 1년 반 동안 할 수 있었다. 나는 이 책이 캘리포니아에서 보냈던 이때의 경험을 증언하길 기대한다.

정신과 의사는 결코 혼자 일하지 않는다. 정신과 의사는 동료들과 끊임없는 대화를 나눔으로써 환자를 보다 잘 돌볼 수 있기 때문이다. 이처럼 내 곁에서 항상 나를 도와주는 고마운 동료이자 친구인 이들의 이름을 밝히자면, 크리스토프 앙드레, 안 마리 카리우 로냥, 소피 크리키용 두블레, 베르나르 그랑제, 에드몽 길리베르, 프랑크 라마녜르, 앙스 라마르, 샹탈 르클레르, 알랭 리조트, 크리스틴 미라벨 사롱, 알랭 레니에, 베르나르 리비에르 등이다. 특히 인지행동치료 분야의 첫 스승이었던 자크 로냥 선생님께 감사를 드린다.

한편, 이 책을 집필하는 동안 도움을 아끼지 않았던 에두아르 자리피앙에게도 감사를 드린다.

인물소개 | 닥터 를로르가 만난 서랍속 영혼들

마리 엘렌

아름다운 갈색 머리를 가진 첼리스트.
수년 전 백화점에서 수많은 사람이 시야를 가득 메운 광경을 본 이후
광장공포증을 겪게 되었다. 정신과를 찾은 이후, 상태가 호전되나 새
로운 남자친구가 생기면서 그녀의 불안증은 심화되는데……

샤를 에두아르 D.

잘 나가는 은행간부인 골든 보이.
신과 대화를 할 수 있다고 믿는 과대망상증과 환영을 동반한 조증을
앓고 있으며, 조증과 우울증을 오가는 양극성 기분 장애를 나타낸다.
결국 그의 이상한 행동을 기이하게 여긴 회사에서는 그를 쫓아내고
정신과 치료를 받게 된다.

이 시대의 슬픈 가장의 모습인 B

근엄하면서도 슬픈 얼굴을 한 현대판 십자군 기사.
큰 컴퓨터 회사의 간부로 새로운 프로젝트를 맡은 이후 깊은 잠에 들
지 못하고 멍하니 생각에 잠기는 우울 증상이 찾아왔다. 어느 날 일
찍 잠이 깨서 거실에서 울고 있는 모습을 아내가 목격하고 병원에 함
께 내원한다.

꼬마 뢱

커다랗고 투명한 눈망울을 가진 어린 왕자 뢱.
공허한 시선, 창백한 얼굴로 식사를 할 때마다 자기몸을 부딪혀 피를
흘리는 뢱은 자폐증을 앓고 있다. 뢱은 마치 어린 왕자처럼 우리가
사는 세상과는 다른 세상을 알고 있으며, 여전히 그 속에서 살고 있
는 듯하다.

반항아 V

33세의 전직 은행간부인 그는 동성애로 인해 에이즈에 감염되었다.
이미 병이 상당히 진행된 상태라 많이 쇠약해 있었지만 강렬한 잿빛
눈동자를 가진 V. 완강한 태도로 병원을 불신했던 그는 마지막 순간
에 닥터 를로르의 손길을 필요로 한다.

마리

날씬하고 갸름한 얼굴에 뺨이 발그레한 브르타뉴 미인.
전염에 대한 걱정 때문에 아무런 접촉을 할 수 없는 그녀에게는 강박증 진단이 내려진다. 자신이 만들어낸 지옥과 같은 일상생활이 그녀의 삶을 옥죄어 오는데…….

크리스티앙

그를 괴롭히는 소리에 고통받는 크리스티앙.
타인에게는 보이지 않는 사람들, 들리지 않는 소리와 홀로 고독하게 싸워야 하는 정신분열증이 그에게 찾아온다. 끝없이 이어지는 그의 고통을 덜기 위해서는 주변사람들의 이해와 가족들의 도움이 절실하다.

실비

정부기관의 비서로 일하고 있는 실비.
지나치게 고압적인 직장상사와 뜻대로 이루어지지 않는 이성 문제로 인한 스트레스로, 폭식증과 거식증을 오가는 악순환을 되풀이하고 있다. 정신과를 찾은 이후 그녀에게도 소박한 삶에서 주는 행복이 하나씩 찾아온다.

피에르

한때 아마추어 복싱 선수였던 피에르.
사랑했던 여자에게 배신을 당하고, 갑작스러운 부친의 죽음 등으로 큰 심리적 타격을 받은 이후, 예고 없이 찾아드는 공황 장애 때문에 몹시 괴로워한다.

바쁜 A

스트레스에 시달리는 43세의 재벌그룹 부사장 A씨.
누적된 과로와 수면 장애를 동반한 두통으로 병원을 찾았다.
그의 일상은 일에 대한 성공 이외에는 매우 건조하고 무기력하다. 그를 통해 현대인의 모습 뒤에 감춰진 슬픈 단면을 엿본다.

차례

혼히 병을 한탄해야 하는데도
단순히 기질을 따지는 경우가 있다.

쇼델르로 드 라클로

첫번째 특별한 만남

은둔하는 첼리스트

광장공포증

　어느 화창한 5월의 오전이었다. 반쯤 열린 창문으로, 여느 해보다 유난히 많이 모여든 비둘기들의 구구거리는 소리가 들려왔다. 외과 응급실로 이어지는 오솔길에는 온갖 새들이 노닐고 있었고 한줄기 햇빛이 내 진료실의 원목 책상 위로 쏟아지고 있었다. 그때 여름옷을 입은 키 큰 젊은 여성이 진료를 위해 방으로 들어왔다. 함께 온 친구는 대기실에 있다고 했다. 갈색 머리에 날씬하고 아름다운 이 여성은 사춘기 소녀처럼 우아하면서도 수줍어하는 태도를 보였다. 첼로를 가르치는 교사라는 그녀의 이름은 마리 엘렌이었다.

　"어떻게 오셨지요?"

　"친구하고 함께요."

　"아니요, 제 말은 무슨 문제로 진찰을 받으러 오셨는가 묻는 겁니다."

　"저…… 전 혼자서는 집 밖으로 못 나가요."

"어째서죠?"

"겁이 나거든요. 혼자 밖에 나가 있으면 불안해서 견딜 수가 없어요."

"과거에도 그런 적이 있나요?"

"네. 하지만 지금은 괜찮아요. 요즘은 혼자서 바깥에 나가는 일이 없거든요."

이렇게 말하면서 그녀는 서글픈 미소를 지었다. 방금 말한 해결책이 얼마나 어설픈 방법인지 스스로 의식할 수밖에 없었기 때문이다.

"그러니까 누구하고 함께 외출하면 괜찮다는 말씀입니까?"

"네, 그럴 땐 그다지 큰 어려움은 없어요."

"불안하다는 생각은 언제부터 들었나요?"

"한 육 개월쯤 된 것 같아요."

그녀가 처음으로 불안 증세를 느낀 것은 크리스마스 바로 전 주였다. 어머니가 쇼핑을 하러 하루 일정으로 파리에 올라오기로 되어 있어서 그녀는 어머니를 마중하러 역에 나갔다. 그리고 함께 파리 거리를 걷다가 오후 느지막이 파리의 한 백화점에 들어갔다. 어머니는 아버지의 셔츠를 사기 위해 2층 남성복 코너로 올라갔고, 그녀는 1층에서 화장품을 고르기로 했다.

마리 엘렌은 화장품을 사고 나서 백화점 1층 중앙에 있는 큰 계단 옆에서 어머니를 기다렸다. 어머니가 언제쯤 오는지 시계를 들여다보며 기다리는데 갑자기 불안한 마음이 들기 시작했다. 몹시 덥고 기분이 영 좋지 않았다. 그날은 백화점이 꽤 붐볐는데, 그녀는 수많은 사람이 백화점 통로를 가득 메우고 있는 광경에 가슴이 죄어오는 듯했다. 바깥으로 나가는 통로를 눈으로 찾아보았으나, 백화점이 워낙 커서 도대체 어디가 어딘지 분간할 수가 없었다. 마치 함정에 빠진 듯한 느낌이 들었고 영영 다시는 바깥으로 나가지 못할 것만 같은 절망감이 들었다. 백화점 공간이 무한히 넓어지는 듯한 느낌과 함께 숨이 막혀왔다. 그녀 주변으로 사물들이 빙빙 원을 그렸고, 심장이 몹시 뛰었다. 마치 이러다 쓰러져서 죽을 것만 같은 기분이 들었다. 바로 그 순간 어머니가 나타났다. 그녀는 어머니를 보자마자 어머니에게 꼭 달라붙었다. 딸의 심상치 않은 안색을 본 어머니는 깜짝 놀라 그녀를 바깥 출입구로 데리고 가면서, 계산대 기계 고장 때문에 늦었다고 딸을 진정시켰다. 모녀가 드디어 바깥으로 나와서야 마리 엘렌은 비로소 마음을 가라앉혔다.

이때의 고통스런 기억이 그후로도 쉽게 사라지지 않았다. 거리에 나갔다가 또 같은 일이 벌어지면 어떡하나 하는 불안감이 들었다. 집에서 가까운 곳에 갈 때는 별탈이 없었지만, 멀리 떨어진 곳에 갈 때는 겁이 났다. 처음 증상이 나타났던 날로부터 사흘 후 그녀는 지하철을 타려고 나섰다. 하지만 일단 플랫폼에 다다르자, 갑자기 지난번처럼 신선한 바깥 공기로부터 격리되었다는 불안감이 엄습하면서 심장이 뛰기 시작했다. 공포에 사로잡힌 그녀는 계단을 뛰어올라 역 바깥으로 나온 후에야 진정할 수 있었다. 그녀는 난간에 기대서 몇 분 동안 가쁜 숨을 골라야 했다.

혹시 심장병이 있는 건 아닌가 하는 생각에 그녀는 심장전문의를 찾아 갔다. 의사는 그녀에게 몇 가지 검사를 받게 하고는 아무런 이상이 없다는 진단을 내렸다. 그녀는 친구 소개로 또다른 의사를 찾아갔다. 의사는 그녀를 진찰하고 나서 갑상선 호르몬제를 처방했다. 혹시나 하는 마음에 다른 의사를 찾아갔지만 이번에도 검사 결과는 정상으로 나왔다. 의사는 그녀에게 신경성 질환이라고 하면서 마그네슘과 칼슘을 처방해주었다. 그러나 처방약을 복용해도 불안감은 가시질 않았다. 그녀는 사람이 많이 모이는 막힌 장소, 예컨대 백화점이나 대중교통수단이 여전히 두려웠고, 혼자서 길을 걷기도 무서웠다.

그후 6개월이 지나자 그녀의 행동반경은 매우 좁아졌다. 이제 그녀는 집에서 100미터도 채 안 되는 식료품 가게에나 혼자 다닐 수 있는 정도였다. 그보다 먼 거리는 반드시 누구와 함께 가야만 했다. 이 지경까지 이르자 그녀는 대중교통을 포기하고 택시를 탈 수밖에 없었는데, 그러느라 첼로 교습으로 버는 수입의 상당 부분을 교통비로 지출해야 했다.

마리 엘렌은 체념한 목소리로 이 이야기를 나에게 들려주었다. 단아하면서도 슬픔이 깃든 그녀의 얼굴을 보고 있자니 마치 평생을 수도원에 갇혀서 지내기로 결심한 공주처럼 보였다.

그녀는 3년 전 이혼을 한 이래 줄곧 혼자서 살았다. 이혼하고 나서는 남자관계가 전혀 없었는데, 미모가 빼어난 젊은 여자로서는 뜻밖의 일이었다. 대신 그녀는 어린 시절부터 친하게 지내는 세 명의 여자친구와 줄곧 관계를 유지하고 있었는데, 이들은 모두 결혼을 한 여자들이었다. 친구들은 그녀의 사정을 잘 아는지라, 번갈아가며 그녀의 외출을 도와주었다.

마리 엘렌은 첼로를 가르치는 일 이외에, 어느 사중주단에 소속되어 1년에 몇 차례씩 콘서트를 열었다. 그녀는 열 살 때부터 첼로를 연주했다.

고향에 있는 음악원에서 주최한 콩쿠르에서 1등을 했고, 파리로 올라와 공부하면서도 여러 차례 상을 받았다. 이처럼 풍부한 수상 내역으로 그녀에게는 1년간 해외에 있는 대학에서 공부할 수 있는 기회가 주어졌다. 하지만 그녀는 겁이 많아서, 그 대신 파리 근교의 음악원에서 첼로를 가르치는 길을 택했다.

"파리에 처음 올라와서는 혼자 사셨나요?"

"아니요, 아주머니 댁에서 살았습니다."

"언제 거길 떠났지요?"

"결혼하면서요."

"그럼, 스물세 살 때로군요. 그렇지요?"

"네."

"전남편과는 오래 전부터 알던 사이였나요?"

"어릴 적부터 친구였지요."

결혼할 당시, 그랑제꼴(프랑스에서 대학에 준하는 교육기관으로, 엘리트만 입학할 수 있다—옮긴이) 출신인 그녀의 전남편은 중앙 행정부처에서 공무원으로 막 첫발을 내디뎠다. 그녀의 말에 따르면 그는 말수가 적은 편이며 모든 면에서 건실하고 진지한 사람인 듯했다. 이혼하게 된 연유에 대해서 묻자 그녀는 몹시 당황한 표정을 지으며 얼굴을 붉혔다. 더는 캐묻지 않았지만, 아마도 성 문제가 얽혀 있을 것이란 직감이 들었다. 첫 면담에서 꼬치꼬치 캐물을 문제는 아니라는 생각에 나는 잠자코 있었다.

마리 엘렌은 그때까지 비교적 별탈 없이 평탄하게 살아왔다고 할 수 있었다. 물론 자신이 수줍음과 겁이 많으며, 모험을 싫어한다는 점을 인정하기도 했다. 삼남일녀 중 막내인 그녀는 행복한 어린 시절을 보냈으며, 정 많고 금실 좋은 부모님 밑에서 사랑을 받으며 자랐다.

그녀는 혼자서 외출하는 데 어려움을 겪는 일을 제외하면 이렇다 할 다른 어려움은 없었으며, 단지 동성친구들과 어울려 저녁나절을 보낼 때나 부모님 댁에서 주말을 보낼 때 외로움을 느끼는 정도였다. 또한 몇 달 전부터 숙면을 취하는 데 불편함은 있었지만 그렇다고 불면증이라고까지 하기는 힘들었다. 식욕도 여전했으며, 이따금 전보다 피곤하다는 느낌이 들긴 했지만 또 어떤 날에는 힘이 넘치기도 했다.

마그네슘 처방이 별 효능이 없자 의사는 항우울제를 처방했다. 항우울제를 복용하면 공포심이 줄어들 것이라며, 의사는 약에 서서히 적응할 수 있도록 처음에는 약한 수준의 항우울제를 복용하도록 하였다. 하지만 마리 엘렌은 처방약을 복용한 첫째 날부터 어지럼증과 구토, 격심한 피로감을 느껴야 했다. 의사는 즉시 복용을 중지시켰다. 대신 항불안제를 처방해주었으나, 여전히 별반 소용이 없었다. 약을 적게 복용할 때는 불안감이 가시질 않았고, 반대로 많은 양을 복용하면 하루종일 잠이 쏟아져 외출을 할 수 없었다.

***

마침내, 의사는 그녀에게 약물치료가 큰 도움이 되지 않는다는 결론을 내리고, 불안 증상에 효과가 있는 인지행동치료를 권유하였다. 처음, 그녀는 심리치료를 받아야 한다는 생각에 무척이나 겁을 먹었다고 한다. 망설이고 있는 그녀에게 한 친구가 인지행동치료가 불안 증상을 경감시켜준다는 잡지기사를 들려주었고, 그제서야 그녀는 어렵게 마음을 정할 수 있었다. 나는 첫 진료 후, 심리치료사인 아그네스에게 의뢰하여 구체적인 인지행동치료 개요를 설명하고 치료목표를 설정하도록 하였다

"자, 이제 우리 함께 리스트를 만들어볼 겁니다. 불안감이 많이 들거나 적게 드는 상황에 따라서 번호를 매기는 거예요. 예컨대 불안감이 제일 많이 드는 상황을 십이라 하고, 겁이 좀 나긴 하지만 그래도 극복할수 있는 상황을 일로 정하는 거지요. 일의 상황은 어떤 때일까요?"

"사실은 벌써 좀 생각해봤거든요. 일인 상황은 이를테면 집 근처의 수퍼마켓에서 줄을 서는 거예요. 요즘도 저 혼자서 자주 가거든요."

"댁 가까이에 있어요?"

"네. 저 혼자서도 갈 수 있어요. 하지만 줄을 섰는데, 제 앞에 몇 사람이 서 있으면 그땐 또 불안해져서 바로 나와요. 그래서 가게 안에 한두 사람밖에 없을 때를 기다렸다가 들어가요. 그보다 사람이 많으면 저는 바깥에서 기다렸다 들어가거나, 아니면 나중에 다시 오지요. 하지만 조금만 더 참으면 버틸 수 있을 것 같단 생각이 들기도 해요."

"아주 좋습니다. 자, 그럼 일번으로 적습니다. 그럼, 다른 상황도 좀 생각해볼까요?"

이리하여 아그네스와 마리 엘렌은 20분에 걸쳐 다음과 같은 리스트를

함께 완성했다.

1. 단골 수퍼마켓에서 내 앞으로 네 명이 넘는 줄 뒤에 서 있기.
2. 거리에 사람이 거의 없는 시간에 정류장에 혼자 서서 버스 기다리기.
3. 2번과 같은 상황이되 붐빌 시간일 때.
4. 우체국까지 가기(300미터 거리).
5. 우체국에서 줄 서기.
6. 혼자서 공원 한 바퀴 돌기(500미터 거리).
7. 사람이 붐비지 않을 때 버스 타기.
8. 붐비지 않는 시간에 백화점 1층에 가되 계산대에서 줄 서지는 않기.
9. 8번과 동일한 상황이되 계산대에서 줄 서기.
10. 8번과 동일한 상황이되 장소가 2층이나 지하층일 때.

리스트에 적지는 않았지만, 그밖에 마리 엘렌이 두려워하는 상황으론 영화관, 엘리베이터, 다리 아래 지나기 등이 있었다. 일상생활에서 벌어지는 상황에 더욱 집중하기 위해서, 이런 상황은 일단 접어두기로 하였다

"치료 원칙을 말씀드릴게요. 이제 저희는 엘렌 씨가 일번상황에 다시 적응할 수 있도록 도와드릴 거예요. 그래서 불안감이 없어지면, 이번 단계으로 넘어가는 거지요. 그 다음도 계속 이런 식으로 이어지는 겁니다. 그렇다고 겁내실 건 하나도 없습니다. 환자분이 어느 단계에서 조금이라도 겁을 내면 절대 다음 단계로 넘어가지 않거든요."

"하지만 제가 어떻게 그 여러 단계를 모두 넘을 수 있을까요?"

"처음엔 상상으로 해보는 겁니다. 그런 다음엔 실제상황에서 해보고요. 다음 치료 때는 엘렌 씨가 일번과 이번상황을 상상을 통해 극복하는 연습을 할 겁니다. 그리고 시간이 남으면 삼번도요. 그러고 나서 엘렌 씨가 일번상황을 실제상황에서 극복할 수 있을지 제가 물어볼 겁니다. 그땐 친구분하고 함께 부닥쳐보는 편이 낫겠지요?"

"네."

"좋습니다. 친구분이 지금 우리가 하는 치료를 적극적으로 거들어주실 수 있을까요?"

"물론입니다."

"좋습니다. 친구분한테도 제가 말씀드렸던 치료 원칙을 이야기해주세요. 그러면 큰 도움이 될 겁니다. 하지만 모든 준비가 갖추어질 때까지는 절대 시작하면 안 됩니다. 공연히 불안감에 시달리면 곤란하니까요."

"네."

두번째 진료는 일주일 후에 이루어졌다. 진료는 아랫배로 천천히 심호흡을 하는 이완 운동을 연습하고 실행하는 것으로 시작되었다. 마리 엘렌은 예전 첼로 연수 때 이미 해 본 적이 있었기 때문에, 단 20분 만에 아주 편안한 심리 상태에 도달할 수 있었다.

마리 엘렌이 심리적 이완 상태에 달했을 때 아그네스는 비로소 그녀에게 본격적인 치료를 시행하였다.

"좋습니다. 이제 머릿속으로 당신이 단골 수퍼마켓 안에 있다고 상상해보세요. 그리고 뭐가 보이는지 말해보세요."

"판매대가 보이고, 계산대에 여직원이 서 있습니다."

"그 여자는 무슨 옷을 입었지요?"

"파란색 블라우스를 입었어요."

"아주 좋습니다. 지금은 저녁 여섯시인데, 당신 앞에 여섯 명이 돈을 내려고 줄을 서 있습니다. 그런데 당신은 뭘 사셨나요?"

"음…… 요구르트요."

"자, 당신은 여전히 손에 요구르트를 들고서 돈을 내려고 줄을 서 있습니다. 일단 다른 상황은 발생하지 않는 겁니다."

마리 엘렌은 계속 눈을 감고 있었다. 그런데 10초가량이 더 흐른 후 숨이 가빠지기 시작했다. 동시에 얼굴에는 긴장하는 기색이 역력했다. 머릿속 상상이 힘에 겨운 것이었다.

"자, 됐습니다. 이제 더는 상상하지 마세요. 조금 전처럼 천천히 심호흡을 하면서 다시 좋은 기분을 느껴보는 겁니다."

그로부터 1분 후 그녀는 다시 평온한 심리 상태를 회복했다. 그러자 아그네스는 그녀에게 다시 한 번 똑같은 상황을 상상해보도록 하고, 그다음으론 이완 상태를 되찾도록 하였다. 그리고 나서 또다시 30초간 같은 장면을 상상했다가 이완하는 과정을 세 차례 반복하자, 마침내 그녀는 그러한 상황에 처해서도 아무렇지 않게 되었다.

2번상황, 3번상황도 마찬가지 방식으로 이어져나갔다. 아그네스는 마리 엘렌이 예상했던 것보다 빠르게 진전을 보인다고 칭찬해주었다. 그리고 나서 다음 진료 때까지 해야 할 과제를 주었는데, 그것은 마리 엘렌이 혼자서 동네 단골 수퍼마켓에서 줄이 웬만큼 길어도 사고 싶은 것을 사는 일이었다.

"한 번에 그치지 말고 여러 번에 걸쳐서 해보세요. 그래서 나중에는 아무렇지도 않게끔 말이에요."

그후로도 몇 주가 지났지만, 진료는 아무런 장애 없이 이어졌다. 그녀는 친구와 함께 가던 수퍼마켓을 혼자서도 갈 수 있게 되었다. 처음 몇 번은 친구와 함께 가다가 마침내는 혼자서도 갈 수 있게 된 것이다. 혼자서 갔을 때 처음 순간엔 좀 불안했지만 이내 불안감은 가셔버렸다.

여섯번째 진료 때에 그녀는 혼자서도 우체국에 갈 수 있다고 하였다. 하지만 나는 사전에 그녀의 친구에게 우체국에 함께 갔다가 그녀가 볼일을 끝내고 나올 때까지 밖에서 기다려주도록 말해놓았다. 그때 마리 엘렌은 친구가 바깥에서 기다린다는 사실 때문에 마음을 놓을 수 있었다. 그 다음번, 마리 엘렌은 정말로 혼자서 우체국에 갈 수 있었다. 처음에는 살짝 불안감을 느꼈지만 지침에 따라 행동해 무사히 상황을 극복할 수 있었다. 지침이란 그런 상황이 닥쳐도 절대 그 자리를 벗어나지 말 것이며, 불안감이 진정될 때까지 심호흡을 하는 것이었다.

이 체험은 마리 엘렌에게 대단히 중요한 의미가 있었다. 처음으로 불안한 마음이 들기 시작해도 스스로 극복할 수 있다는 자신감을 갖게 되었기 때문이다. 이 순간 이후 그녀는 급속도로 나아졌다. 그녀는 리스트에도 적혀 있지 않은 영화관에도 갈 수 있었고, 엘리베이터도 혼자서 탈 수 있었다.

첫 진료가 시작된 지 3개월이 되어 진료가 스무 차례에 달했을 때 그녀는 정상 상태를 회복할 수 있었다. 내가 그녀를 다시 만나보았을 때 그녀는 자기가 굉장히 좋아졌다고 하면서 버스를 다시 탈 수 있게 되어 기쁘기도 하고 또 공연히 돈을 낭비하지 않게 되었다고 했다. 붐비는 시간에 백화점에 가는 것은 여전히 기분이 내키는 일은 아니지만, 어쩔 수 없다면 혼자서 갈 수 있다고도 하였다.

"정말 이렇게 빨리 좋아져서 저 자신도 놀라워요."

"엘렌 씨가 열심히 노력한 결과지요. 진료 시간에 한 번도 빠지지 않고 진지하게 임하셨으니까요."

"제 친구 덕도 커요. 그런데 참, 제가 나중에 다시 똑같은 상황에 빠질 수도 있나요?"

"그럴 것 같지 않습니다만, 행여 그럴 가능성을 완전히 배제할 수는 없습니다. 만일 그런 일이 닥치더라도 첫번째 치료 때 어떻게 극복하는지를 배웠기 때문에 두번째 치료 때는 기간이 훨씬 짧아지지요. 어려움이 있으면 언제든지 저희를 찾아오세요."

그녀는 아무도 동반하지 않은 채 혼자서 병원을 나갔다.

그로부터 몇 주 후 나는 그녀에게서 전화를 받았다.

"그냥 안부 여쭈려고 전화했어요. 방금 아그네스하고 통화했거든요. 전 아주 잘 지내고 있습니다."

"외출하는 데 문제 없으시죠?"

"그럼요, 아무 문제 없어요. 딴 사람이 된 기분이에요."

"딴 사람이라니요?"

"저 자신에 대한 믿음이 생겼거든. 불안 증상을 극복하다 보니, 그동안 소심했던 다른 일에도 자신감이 생겨요. 지금은 예전보다 외출도 더 자주 하고, 사람도 더 많이 만나고 있어요."

"와, 거 멋진데요. 의학에서는 그런 경우를 '일반화'라고 부릅니다. 목표로 했던 치유 효과가 다른 곳으로까지 미친 거죠."

"정말 그래요. 아주 만족하고 있습니다."

내가 다시 마리 엘렌을 만나게 된 것은 그로부터 6개월이 지났을 때였다. 진료 일정표를 뒤척이다가 그녀가 우리 병원에 진료 예약을 했다는 사실을 발견하였다. 행정실에 문의해보니 그녀는 심리치료사 아그네스의 진료를 원하고 있었다. 하지만 아그네스는 바캉스를 떠나고 없었다.

이리하여 나는 어느 늦은 오후에 마리 엘렌을 다시 만나게 되었다. 첫눈에 그녀가 많이 변했다는 사실을 알 수 있었다. 전보다 더욱 아름다워졌고 자신감이 있어 보였으며, 처음 진료 때 수줍어하던 모습과는 달리 나의 시선을 피하지 않고 정면으로 쳐다보았다. 하지만 그녀는 어딘지 불안정하고 초조해하는 기색을 보이면서 팔짱을 꼈다 풀었다 했다. 지난번보다 심하지는 않지만 또다시 불안 증상에 빠진 것일까?

"선생님께 치료를 받고 나서 저 자신에 대한 믿음이 더 강해지고, 또 수줍음도 덜 타게 되었다는 말씀을 드렸죠?"

"그럼요, 기억하고말고요."

"그런데, 그간에 어떤 사람을 만났는데…… 남자거든요."

"아, 그거 희소식이네요."

"네, 그렇긴 하지만…… 이번에는 도망치지 않았어요."

"그럼, 전에는 남자도 피하셨었나요?"

"네…… (그녀는 미소지었다.) 이번에는 그 사람에게 많이 끌리거든요."

"사귀신 지 오래되었나요?"

"한 달 조금 넘어요. 콘서트장에서 친구 소개로 만났어요. 그 사람도 저처럼 이혼을 했고요."

"장래를 약속한 사인가요?"

"네…… 그 사람은 그러길 원해요."

"아니, 그러면, 당신은요?"

"저도 그러곤 싶지만, 왠지 겁이 나서요……."

젊은 여인의 목소리가 떨리기 시작했다.

"저…… 전남편하고 똑같은 일이 벌어질까봐 겁이 나거든요……."

"무슨 말씀인지 한 번 해보세요."

"말씀드리기 쉽지 않네요……."

"너무 어려워 말고 말씀해보세요."

그녀는 한참 뜸을 들이다가 자신의 결혼생활이 어떻게 끝을 맺게 되었는지 어렵게 말문을 열었다. 그녀와 전남편은 어릴 적부터 친구 사이였으며 두 사람의 부모님들 역시 친구 사이였다. 그녀는 전남편 말고는 다른 남자를 겪어보질 못했는데, 왜냐하면 남자들이 조금이라도 접근할라치면 언제나 달아나버렸기 때문이다. 그녀는 결혼 전에 남자라곤 처음으로 전남편과 키스를 해봤고, 어쨌든 그때의 일을 기분 좋게 기억하고 있었다. 하지만 두 사람은 결혼 전에는 성 관계를 갖지 않았는데, 그녀의

28

말로는 두 사람의 성품 탓에 그런 거라고 했다. 두 사람은 약혼을 하고 나서도 이 부분에서는 별반 진전이 없었는데, 남편 또한 종교적으로 엄격한 집안에서 성장했기 때문에 아무리 결혼을 약속한 사이라지만 결혼하기 전에는 성 관계를 가지려 하지 않았다.

"제 생각에, 전남편도 여자관계는 거의 없었던 것 같아요……."

"그런데, 두 분 사이에 무슨 일이 있었나요?"

"저희는 관계를…… 관계를 가질 수 없었어요."

"전남편께서 무슨 문제라도 있으셨던가요?"

"아니요. 문제는 저한테 있었어요. 제가 수축 때문에…… 관계를 가질 수 없었거든요."

"그러니까, 성교를 할 수 없는 상황이었단 말씀인가요?"

"네, 맞아요. 매번 긴장을 풀려고 노력은 했지만, 잘 되질 않았어요. 남편이 삽입하려 하면 제가 수축이 되어버렸거든요. 도대체 이완이 안 되는 거예요."

"시간이 지나도 나아지질 않았나요?"

"네, 전혀 그렇질 못했어요. 관계를 가지려 할 때마다 그랬거든요. 마침내 그이는 포기해버렸지요. 전남편 말이…… 제가…… 자기를 사랑하지 않기 때문이라는 거예요."

마리 엘렌은 여기서 울음을 터뜨렸다. 나는 이 부부가 2년여의 결혼생활 동안 겪었을 고통과 좌절을 충분히 짐작할 수 있었다. 그런데도 두 사람은 모두 외부의 도움을 청할 생각을 하지 않았던 것이다.

마리 엘렌은 눈물을 닦았다.

"잘 들으세요. 저희가 환자분을 도와드릴 수 있습니다. 지금 교제하는 분도 사정을 알고 있나요?"

"아니요. 아직까지 아무 말도 하지 않았거든요. 하지만 뭔가 이상하다는 눈치를 채긴 한 것 같아요. 우리는…… 그간에 몇 번 관계를 가질 뻔했거든요. 마지막엔 그이 집이었는데, 그이 방에서 마지막 순간에 제가 거절을 하고, 가야 한다고 했어요."

"그 사람은 어떻게 받아들이던가요?"

"뭐, 아무 말도 하지 않더군요. 하지만 지난번에는 몹시 기분이 상한 눈치였어요."

"충분히 이해가 갑니다. 진료 때 남자친구분도 함께 오실 수 있을까요?"

"네. 제가 말하면 승낙할 것 같아요."

"좋습니다. 제가 바로 그 문제를 해결해줄 수 있는 산부인과 전문의와 진료 약속을 잡아드리겠습니다."

마리 엘렌은 다음 진료 때 남자친구와 함께 왔다. 그는 침착한 태도에 풍채도 있고 건장해 보이는 남자였다. 어느 날 저녁, 마리 엘렌은 그 남자의 집에 갔을 때 자기 문제를 모두 털어놓았다. 남자친구는 그녀의 말을 진지하게 듣고, 자기하고는 전남편과 있었던 문제가 발생하지 않을 거라는 말을 조심스레 하였다. 하지만 그녀는 남자친구에게 똑같은 일이 반복되지는 않을까 무척 겁이 난다고 하면서, 둘이 함께 산부인과 전문의를 만나보기 전에는 절대 응할 수 없다고 하였다. 남자친구는 흔쾌히 승낙했다.

첫 진료 때 산부인과 전문의는 마리 엘렌에게 문제가 무엇인지에 대해서만 말하였다. 그녀는 질 경련을 앓고 있었는데, 이것은 질이 반사적으로 수축하여 성교가 이루어지지 못하게 되는 질병으로 2차적인 불안 증상이 동반되기도 한다.

질 경련은 사랑하는 사람과 관계를 맺고자 할 때도 일어날 수 있다. 질 경련이 있는 여성은 경련이 반복될 때마다 더욱더 자신감을 잃게 됨으로써 불안감은 점점 커진다. 이러한 의사의 설명에 마리 엘렌은 몸둘 바를 몰라했지만, 오히려 그녀의 남자친구는 그 이야기를 아주 진지하게 경청하였다. 또한 그는 먼저 질문을 하기도 하였다. 의사는 두 사람에게 당장 성 관계를 갖지는 말고, 서서히 두 사람 모두에게 맞는 방법을 하나둘씩 찾아나가길 권하였다. 이를테면 애무를 하거나 그들 나름의 포옹 방식을 찾아보라고 하였다. 질 삽입이 아닌 한 그 어떠한 행동도 무방하다고 하였다. 이 말을 듣고서 마리 엘렌은 얼굴을 붉히고, 남자 친구는 만면에 미소를 머금은 채 돌아갔다.

그리고 두 사람과 상담을 했던 의사 자신도 놀란 일이지만, 그 다음주 있었던 두번째 진료가 그들에게는 마지막 진료가 되었다. 그 사이 마리 엘렌의 남자친구는 자기가 사랑하는 사람을 어쩌나 부드럽고 세심하게 이끌었던지, 마지막 순간엔 마리 엘렌이 그간 그토록 두려워하던 행위를 오히려 그에게 요구했다고 했다. 그녀의 남자친구는 시종일관 극도의 섬세함으로 그녀를 이끎으로써 마침내 두 사람 모두 만족할 만한 결과에 이르게 되었다. 그후로도 두 사람은 정상적인 성 관계를 가질 수 있게 되었다.

마침내 두 사람은 결혼을 하였고, 어쩌면 조금은…… 수줍어하는 성격을 가진 아이들을 많이 낳았을 것이다.

광장공포증

불안감이 엄습할 때　　　1871년 독일의 정신과 의사 베스트팔은 길이나 공공장소와 같은 개방된 장소를 까닭 없이 두려워하는 세 환자의 사례를 발표하였다. 그는 이러한 증상을 '광장공포증^{agoraphobia}'이라 명명하였는데, 이 말은 그리스어 'agora(공공장소)'와 'phobia(겁, 불안)'가 결합하여 이룬 말이다. 그로부터 7년 후 프랑스인 르그랑 뒤 솔은 17건의 관찰사례를 발표함으로써 앞서 있었던 신드롬의 정체를 뒷받침하였다. 그는 환자들이 넓고 개방된 장소뿐만 아니라 군중 속이나 교통기관, 교회, 극장, 길게 늘어선 줄, 다리 등에서도 두려움을 느낀다는 사실을 발견하였다.

마리 엘렌의 경우는 전형적인 광장공포증이었다. 광장공포증이 있는 환자의 80퍼센트가량은 오늘날 '공황 발작'이라 부르는 불안 증세가 최초로 표출됨으로써 증상이 시작된다. 환자들은 첫 발작이 생기면 그런 일이 또다시 일어날까봐 걱정하고, 특히 도움을 청하기 어렵거나 쉽게 빠져나오기 힘든 장소, 그리고 다른 사람들의 이목을 끌 수 있는 상황을 두려워한다.

물론 불안을 느끼는 양상은 사람마다 다르다. 마리 엘렌처럼, 기분이 몹시 언짢아질 때 그러한 상황에서 재빨리 빠져나올 수 없을지도 모른다는 생각에 특히 민감한 사람들이 있다. 그래서 대중교통이나 비행기, 엘리베이터, 또는 백화점처럼 막힌 장소를 기피하게 마련이다. 그런 사람들은 자동차를 탔을 때에도 차가 꼼짝없이 막히지나 않을까, 다리나 고속도로를 주행하다가 무슨 일이라도 생겨 '빠져나오지' 못하면 어쩌나 하는 걱정을 한다. 또 어려움에 처했을 때 다른 사람의 구조를 청하지 못할 상황에 빠질까봐 불안해하는 경우도 있다. 이런 사람들은 혼자 어딘가에 서 있거나 낯선 군중 속에 묻혀 있을 때 특히 불안감을 느낀다. 그래서 어디를 가더라도 이들은 잘 아는 사람과 함께 가길 원한다. 한편, 어떤 환자들은 자기가 곤란에 처한 상황을 다른 사람이 눈치채면 어쩌나 하고 불안해한다. 예컨대 많은 사람 앞에서 갑자기 기절해서 주목을 끌게 되고, '비정상'인 사람으로 낙인찍히고, 한술 더 떠 병원으로 실려갈 상황이 발생하면 어떡하나 하는 걱정을 한다. 그래서 이런 사람들은 공공장소나 모임, 강의실 같은 곳을 꺼리게 된다. 대개 광장공포증이 있는 환자들은, 정도의 차이는 있으나 마리 엘렌처럼 앞서 묘사한 여러 증상을 함께 가지고 있게 마련이다.

하지만 광장공포증은 공포심만 있다고 해서 성립되는 질병은 아니며, 환자가 어떤 특정 장소를 회피하는 행동을 나타낼 때 비로소 성립된다. 즉 발병하기 전에는 아무 일이 없었던 장소를 환자가 회피하게 됨으로써 비롯하는 것이다. 모든 공포증은 다음 두 가지 공통분모를 가지고 있다. 하나는 공포심이 드는 까닭이 비합리적이고 과장되어 있다는 사실이고, 또 하나는 그로 인해 환자가 회피하는 행동을 보인다는 점이다. 광장공포증의 경중은 사실 환자가 보이는 회피의 정도에 따라 다르다. 따라서 증상은 아주 심각한 정도에서부터 사소한 경우에 이르기까지 광범위하다. 사소한 경우의 예를 들자면, 평소에는 혼자서 잘 다니던 길을 누가 동반해줘야 갈 수 있는 사람이 있다. 심각한 경우는, 집 바깥으로 한 발짝도 나가려 하지 않으며, 그런 상태로 수년간 칩거생활을 하는 사람도 있다. 한편, 광장공포증 환자는 대개 여성인데, 그 비율은 남성의 2배에서 크게는 3배에 달한다. 광장공포증은 공포증 중에서도 가장 흔한 유형으로, 여성의 4퍼센트가 일생 동안 한 차례 정도 고통을 겪는 질병이다.

공포증이란 용어는 불안을 뜻하는데, 이는 특히 본인의 의사와 반해서 나타나기 때문에 정신의학에서 '자아이상적(自我異常的)'이라 규정하는 특정한 양태의 불안을 지칭한다. 예를 들어 빙산 위를 거니는데 흰곰이 다가오는 것을 보고 불안한 감정을 느낀다면, 지극히 이성적이고 정상적인 반응이라 할 수 있다. 왜냐면 이때는 긴박한 상황임에 틀림없으며, 손에 총을 쥐고 있지 않은 한 누구라도 공포에 사로잡히기 때문이다. 이와는 반대로, 공포증에 사로잡힌 환자는 스스로도 자기가 공포를 느끼는 까닭이 터무니없음을 알고 있기 때문에 창피해한다. 하지만 일단 두려운 상황에 직면하면 이 환자는 공포심으로 인해 이성이 마비되고, 어서 그 상황에서 벗어나기 위해 달아난다.

광장공포증의 원인은 무엇인가　　광장공포증의 원인은 매우 다양하며, 여전히 다각도로 연구중이다. 오늘날 정신과 의사들과 심리학자들이 공통적으로 밝혀낸 대표적 원인 몇 가지만 소개해보면 다음과 같다. 우선,

마리 엘렌의 경우를 보자.

원인 1. 정신분석적 관점

정신분석적인 견해에 따르면 그녀 자신이 의식하지는 못하지만, 충족되지 못한 성 충동이 광장공포증의 원인일 수 있다고 한다. 프로이트가 임상사례를 통해 소개한 바 있는 당시 빈의 젊은 여성들처럼, 마리 엘렌은 스물여덟 살이 되도록 성 관계를 한 번도 갖지 못함으로써, 자기도 모르게 충족되지 못한 성 충동의 압박을 받았을 것이다. 해소할 길을 찾지 못한 이 성 에너지는 불안증을 촉발하고, 또다른 증상을 야기할 수도 있기 때문이다. 하지만 마리 엘렌의 경우는 예외적이라 할 수 있는데, 왜냐면 오늘날 광장공포증이 있는 대개의 젊은 여성은 예전과는 달리 성 파트너가 있기 때문이다.

혹은, 그녀가 공공장소에서 마주치는 남성들에게 몸을 맡기고 싶어하는 무의식적 욕망 때문일 수도 있다. 프로이트는 우리의 내면에 성적 욕망과 공격적 욕망이 들끓고 있으며, 이를 의식이 끊임없이 억제하고 있다고 말한다. 이를테면 뭇 남성에게 몸을 던지고 싶다는 욕망은 마리 엘렌의 이성적인 의식이 용납하기에는 너무나 끔찍한 일이라서, 그녀에게 감당하기 힘든 공포심을 불러일으킨다고 볼 수 있다. 뭇 남성을 유혹하고 싶다는 욕망은 무의식 차원에서 억압됨으로써 다른 외양을 한 채 표출되는데, 특히 공공장소에서의 공포로 나타날 수 있다. 이 경우, '외부'의 위험에 대한 공포는 실은 '내부'의 위험, 즉 '부끄러운' 욕망을 덮고 있는 셈이다. 이와 같은 시각에서 보면, 최초의 발작을 계기로 차후 공포증이 자리를 잡고, 또 이로 인해 회피가 이루어지는 이유를 이해할 수 있게 된다.

원인 2. 행동주의적 관점

하지만 이러한 프로이트의 설명은 오늘날 점점 힘을 잃어가고 있으며, 그후 새로운 의견들이 속속 제시되었다. 이런 새로운 견해 중 하나인 행동주의적 관점에 따르면 마리 엘렌의 광장공포증은 일종의 '조건형성' 때문에 나타난 것이라고 한다. 마리 엘렌이 최초로 발작을 일으켰을 때 이 조건이 형성된 셈으로, 그녀는 막혀있는 백화점에 혼자 있을 때 극심한 공포를 최초로 느꼈다. 이후 이와 유사한 장소나 상황에서도 비슷한 공포심이 유발되면서, 애초에는 백화점에서만 공포심이 일어났던 것이, 다음에는 백화점까지 가는 붐비는 길도 불안하게 느껴지게 되었고 결국에는 그와 유사한 모든 상황이 두려워지게 된 것이다. 마치 타오르는 불에 기름이 부어지듯이, 공포심이 일상생활 전체로 번져나간 것이다. 이같은 행동주의적 관점은 파블로프의 학습이론에 기초한 것으로, 행동주의 심리학자인 스키너의 이론에 따라 그 과정을 좀더 살펴보기로 하자.

그러니까 마리 엘렌이 어머니와 함께 백화점을 빠져나왔을 때 하나의 조건이 이루어진 것이다. 그녀는 바깥으로 빠져나오자마자 안도감을 느꼈다. 그녀는 그런 상황에 처했을 때 빨리 피하거나 도망감으로써 즉각적인 안도감을 얻을 수 있다는 사실을 학습한 셈이다. 따라서 그녀는 이 안도의 '기억'으로 인해 이미 경험했던 상황과 유사한 위급상황이 닥쳤을 때 점점 더 빨리 그 상황으로부터 빠져나가고자 하는 행동을 보이는 것이다.

원인 3. 분리 불안과의 연관성

한편 마리 엘렌이 보이는 증상을 분리 불안에서 비롯된 것이라고 해석해볼 수 있을까? 공황 발작과 불안 증상은 어린 시절 어머니가 우리 곁을 떠날 때 느끼던 분리 불안과 일견 비슷해보이기도 한다. 몇몇 연구에 따르면, 성인이 되어서 느끼는 광장공포증의 적지 않은 사례가 어릴 적의 분리 불안, 특히 '등교(登校) 불안'과 동일한 증상을 보인다고 한다. 나는 이 자리를 빌려 우리가 흔히 등교 불안이라 부르는 증상은 사실 학교에 대한 불안이 아니라, 아이가 부모에게서 떨어지는 불안감에서 비롯된다는 점을 환기하고 싶다.

원인 4.

아니면, 조상 대대로 이어져 내려오는 불안을 문제삼아야 하는가? 태고적 우리 조상은 자신을 지킬 만한 변변한 무기도 없었으며, 주위에서 으르렁대며 위협하는 야수들보다 더 빨리 달리지도 못했다. 그래서 목숨을 보전하려면 필히 무리를 지어 있어야 했으며, 위험한 상황에 대비해서 근거지로부터 너무 멀리 떨어져 있으면 안 되었다. 광장공포증은 우리 조상들이 자기 부족과 멀리 떨어져 위험에 노출되었을 때 느꼈을 바로 그 공포를 일깨울 수 있다. 이런 관점에서 보자면 광장공포증은 우리 피에 면면히 흐르고 있는 유전인자라 할 수 있으며, 건강한 성인의 경우

밖으로 나타나지만 않을 뿐 그 인자가 잠재해 있다고 할 수 있다.

원인 5.

마리 엘렌의 광장공포증은 재난적인 상황에 대한 예기 불안으로 나타난 것은 아닐까? 그녀는 첫 공황 발작 이후 공공장소에 혼자 있을 때 또다시 동일한 상황에 맞닥뜨리지 않을까 두려워하였다. 또 자기가 기절을 해서 뭇 사람의 구경거리가 될 수도 있다는 상상을 함으로써, 미리 불안감에 빠지곤 했다. 즉 잘못된 인지적 사고 때문에 마리 엘렌의 공포증이 더욱 심화되었다고도 볼 수 있으며, 이러한 관점을 인지주의적 관점이라고 할 수 있다.

원인 6.

그녀의 광장공포증은 생물학적으로 조건지어진 것인가? 이를테면 그녀에게 광장공포증의 유전적 소인이 있을 수 있다는 것이다. 여러 연구 결과에 따르면 특히 공황 발작을 동반하는 광장공포증은 가족력이 있는 것으로 알려져 있다.

원인 7.

스트레스 요인이 관련되어 있는 것은 아닌가? 대개 광장공포증 환자들은 첫 증상을 나타내기 몇 달 전 같은 연령, 같은 사회적 여건에 있는 사람들과 비교해볼 때 훨씬 많은 스트레스를 받았던 것으로 나타난다.

이상과 같이 광장공포증의 원인을 설명한 다양한 가설과 이론은 서로 공존하는 경우가 많으며, 예를 들어 오늘날 데이비드 발로와 같은 미국의 심리학자는 열거했던 모든 원인을 한데 묶어 설명하고 있다.

마리 엘렌은 무의식적 갈등의 피해자로서, 특히 스트레스가 심할 때 공포증에 사로잡히는 경우일 수 있다. 첫 발작이 있고 나서 증상은 조건형성에 의해 고착되고 다음 번부터는 유사한 상황에 놓일 때 발작을 일으키게 된다. 일생 중 어느 시기에, 앞서 열거한 여러 요인이 결합해 광장공포증을 유발하게 되는 것이다. 여러 요인 중 어떤 것이 가장 강력한 병의 원인이 되는지는 분간하기가 쉽지 않으며, 나타나는 양상도 환자에 따라 다르다.

치료 마리 엘렌을 진료했던 의사는 그녀에게 항우울제를 처방한 바 있다. 나름의 판단이 있었겠지만, 환자가 우울 증세가 아니라 불안증을 느끼는 경우엔 올바른 처방이 아니다. 마리 엘렌은 처방약의 부작용을 견디지 못했다. 우리는 나중에 다른 장에서 항우울제가 나름대로 광장공포증에 대단히 좋은 처방이 될 수 있는 사례를 보게 될 것이다. 일부 환자에게는 마그네슘과 칼슘이 효과가 있긴 하지만, 그것만으로는 광장공포증을 치료할 수 없다.

마리 엘렌이 받았던 행동치료기법은 '체계적 둔감화'라는 기법이다. 이 방법은 1953년 남아프리카의 의사 볼페가 실험을 통해 처음 확인한 것이다. 볼페는 고양이에게 공포증을 유발시킨 뒤, 둔감화 과정을 통해 이를 극복하도록 하는 실험을 하였다. 먼저 그는 고양이를 우리에 가둔 뒤 전기쇼크를 가하여 공포감을 일으켰다. 처음 공황 발작(전기쇼크)이 일어난 백화점(우리)에 다시 가기를 불안해하는 광장공포증 환자의 양상과 유사한 조건을 만든 것이다. 그뒤 볼페는 고양이가 전기쇼크가 있었던 우리를 두려워하지 않도록 하는 조건들을 실험하였다. 이를 위해서는 고양이가 공포심을 느끼지 않는 상황들을 찾아내야 했다. 과연 고양이는 어떤 상황에서 공포심을 느끼지 않을까? 이는 바로 먹을 때이다. 동물은 겁에 질린 상태에서는 먹이를 먹지 않는 반면, 먹이를 배불리 먹고 나면 공포심을 느끼지 않는다. 볼페는 이처럼 어떤 반응의 유발이 동시에 일어나 다른 반응의 강도를 감소시키게 되는 현상을 가리켜 '상호제지'라고 이름붙였다. 볼페는 우리에서 조금 떨어진 곳에 고양이의 먹이를 놓아두었다. 처음 고양이는 먹이 근처로 가기를 겁냈다. 하지만 먹이 그릇이 우리에서 충분히 멀리 떨어져 있다는 것을 확인하자, 다가가 맛있게 먹었다. 다음 며칠 동안 볼페는 먹이 그릇을 점차적으로 우리 가까이로 옮겨놓았고, 결국 우리 안으로 들여놓았다. 며칠 동안 점진적으로 우리에 접근하면서 먹이를 먹었던 고양이는 마침내 우리 안으로 들어가 먹이를 먹었다. 다시 말해, 고양이는 서서히 우리에 대한 공포심에서 벗어난 것이다.

똑같은 치료상황을 사람에게 적용해보자. 일단 고양이 실험을 그대로 사용한다면, 굶주린 환자가 불안감이 유발되는 환경에서 음식을 먹도록 하는 상황을 만들어야 한다. 이를 위해서는 환자가 몹시 배고파하더라도, 치료 기간에는 아예 음식을 못 먹게 하면서 치료상황 안에서만 먹을 수 있도록 통제해야 한다. 하지만 이 방법을 실제로 사용한다면 인권침해에 대한 비난이 불일 듯 일었을 것이다. 다행히도 볼페는 음식말고도 사람들의 불안감이나 공포심을 완화시켜주는 방법을 찾아냈다. 바로 호흡과 근육이완을 통한 긴장이완 방법이다. 고양이 실험은 과학적인 근거가 있기는 하지만, 계속적으로 이완 상태와 공포유발상황을 번갈아 반복해야하는 어려움이 있었다. 따라서 빠르고 신속하게 이완 상태에 이를 수 있도록 하는 것이 치료의 관건인데, 볼페가 이를 고안해낸 것이다. 그는 이를 적용한 치료법에 '체계적 둔감화'라는 이름을 붙였다.

이 치료법은 여러 임상사례를 거쳐 효과가 입증된 최초의 행동주의 치료 기법이다. 이 치료법은 공포증 치료에 대성공을 거두었기 때문에 현재까지도 적지 않은 사람들이 행동주의 치료가 공포증만을 대상으로 한다고 착각하고 있다. 나중에 밝혀진 사실이지만, 환자가 불안감을 유발시키는 상황과 적절한 시기에 직접 대면하는 것만으로도 치료가 이루어질 수 있다고 한다. 따라서 이완과정도 반드시 필요한 것은 아니며 점진적으로 치료강도를 높이지 않아도 되는 경우도 있다.

오늘날 공포증 치료에서는 환자에게 불안감을 야기시키는 상황과 직접 맞닥뜨리도록 하고 있다. 예컨대 치료자는 몇 시간 동안 환자와 함께 지하철을 타거나 백화점을 다니면서 점차 환자와 거리를 두는 방법을 쓴다. 이 방법은 치료사가 환자의 신뢰를 받으면서 점진적으로 치료를 진행해나가는 경우 효과적이다. 환자들을 몇 개의 그룹으로 나누고 그룹들이 중간에서 서로 만날 때까지의 거리를 점점 더 멀게 하는, 더욱 자극적인 방법도 있다. 하지만 전통적인 '체계적 둔감화'야말로 가장 확실한 방법이다. 여전히 많은 행동주의 치료자들이 이 방법을 치료에 이용하고 있으며, 프랑스에는 1960년대 말에 도입되기 시작했다.

공포증에 대한 행동주의 치료 성공률은 연구에 따라 60~80퍼센트로 집계되고 있다. 하지만 현재 두 가지 문제점이 있다. 우선 치료를 포기하는 비율이 5~25퍼센트에 달한다는 점이다. 또 증세가 호전되더라도 전과 같은 행동의 자유를 완전히 되찾지 못하는 환자들이 있다는 것도 문제로 지적되고 있다.

공포증에 대한 행동주의 치료 테크닉을 면밀히 관찰해보면, 체계적 둔감화에서처럼 점진적 방식을 쓰는 경우 치료 포기 비율이 낮다. 따라서 짧은 기간 집중적으로 치료하는 것보다 장기간 치료하는 편이 효과가 높다. 마리 엘렌의 경우 치료가 점진적으로 이루어짐으로써 큰 무리 없이 자율성을 되찾을 수 있었으며, 환자 스스로 치료과정을 객관적으로 바라보면서 극복하겠다는 의지를 나타냈다.

환자가 기혼일 경우 배우자의 협조를 받는 것도 치료 효과를 높이는데 도움이 된다. 마리 엘렌이 처음 병원을 찾았을 때 그녀는 나름대로 남자관계에서 비롯된 고민을 안고 있었다. 다행히 그녀와 결혼하기로 한 남성은 모든 것을 이해하고 헌신적으로 그녀의 치료를 도와주었다.

치료과정 중에, 환자의 감정이나 생활양식 전반에 큰 변화가 일어날 수 있다. 광장공포증이 있는 여성은 외출 때마다 배우자에게 함께 해줄 것을 부탁하고, 더 많은 관심을 기울여달라고 부탁하곤 한다. 따라서 광장공포증이 있는 여성은 배우자에게 의존적으로 되기 마련이고, 반대로 그 남편은 대개 '강한 남자'의 역할을 맡아 상호관계를 주도해나간다. 하지만 치료가 시작되고 환자의 증세가 호전되면서 지금까지 유지되던 '의존-주도' 관계의 균형이 깨지게 되는 경우가 있다. 이럴 경우 환자는 물론 그 배우자 역시 이러한 관계변화에 저항하게 되는 일이 적지 않다. 치료자는 이런 상황이 일어나면, 치료가 부분적으로 또는 전체적으로 실패에 이를 수도 있다는 사실을 명심해야 한다. 따라서 광장공포증을 치료할 때는 환자 개인뿐 아니라 환자의 배우자까지 치료에 어느 정도 포함시켜야 하며, 이를 통해 치료성공률을 높일 수 있다.

광장공포증 환자가 마침내 혼자서 외출할 수 있게 되면 차츰 외출 횟수를 늘려야 한다. 환자가 바깥에서 해야 할 일이 있거나 야외활동에 정기적으로 참가한다면 치료 효과는 그만큼 높아진다. 고정된 직장이 있고 친구들과 자주 어울리며 스포츠활동을 즐긴다면 바깥 출입이 잦아질 수밖에 없다. 반면, 바깥에서 할 일이 아무 것도 없는 환자는 재발의 위험이 높다. 특히 치료를 중단한 상태에서 몇 년 동안 집에만 틀어박혀 지내는 여성이라면 재발 위험이 대단히 높다. 이미 예전에 한 차례 치료를 받았기 때문에 공포증이 재발하는 경우 환자는 외출을 아예 꺼리는 경향이 있기 때문이다. 이런 경우 환자는 모임을 갖는 등 다시 외출을 시도하는 방법을 쓰는 것이 바람직하다.

질 수축　　마리 엘렌의 질 수축 문제는 예외적으로 빨리 치료됐다. 하지만 대개는 이보다 훨씬 오랫동안 둔감화치료를 받아야 하고 스스로 질

삽입 경험을 늘려가면서 적응해야 한다. 처음엔 환자들에게 손가락을 질 속에 넣어 점차적으로 적응해나가는 방법을 권한다. 이와 더불어 점점 더 큰 산부인과 도구를 삽입하는 방법을 쓰기도 한다. 성 파트너가 있는 경우 함께 치료에 참여하면 더욱 효과적이다.

마리 엘렌은 이 문제를 아주 쉽게 극복한 셈인데, 그것은 장차 배우자가 될 사람의 정성도 남달랐거니와 그녀가 의사를 찾았을 때 그 문제를 너무 심각하게 받아들이지 않도록 마음을 안정시켜주었기 때문이다.

현재 나타나는 증상에 대해서만 치료할 것인가, 근본적인 원인을 치료할 것인가?

마리 엘렌을 치료하는 과정을 지켜본 사람들 중에는 치료가 '증상'만 호전시켰을 뿐 그녀의 '인성'이나 '근본 문제'에는 접근하지 못했다고 비판할 이들도 있을 것이다. 이런 비판은 정신분석학에 지나치게 경도된 사람들에게서 나오는 경우가 많다. 정신분석학의 입장에서 볼 때 증상이란 무의식적 갈등의 소산이다. 그래서 환자를 치료하면서 근본적으로 무의식적 갈등을 내버려둔 채 증상만 치료하는 의사는 곪은 데는 그대로 놔두고 발열만 치료하는 격이라고 비판하는 것이다.

하지만 공포증 치료의 경우 다음과 같이 반박할 수 있다. 우선 의식과 무의식은 서로 교통한다는 점을 들 수 있다. 환자의 무의식이 의식에 영향을 미칠 수 있듯이 그 역도 성립한다. 마리 엘렌에게 공포심을 제어하고 자유롭게 외출할 수 있도록 적응훈련을 시킴으로써 그녀는 여러 상황에 직면해서도 자제력을 발휘했으며 스스로의 이미지와 다른 사람들과의 관계를 개선하는 기분 좋은 순간을 체험할 수 있었다.

정신분석학 이론은 환경이 우리의 무의식에 미치는 영향이란 어린 시절에 형성된 것이란 관점을 취하고 있다. 하지만 똑같은 메커니즘이 성인의 경우에도 작용할 수 있다. 예컨대 우리가 사춘기 때 형성된 심리 상태 그대로 고정되어 있다고 가정하지 않는 한, 현재 우리가 겪는 일상경험 역시 우리에게 변화를 가져올 수 있다. 만일 그렇지 않다면 행동주의 치료는 말할 것도 없고 정신분석 치료도 우리를 변화시키지 못한다는 얘기가 되기 때문이다.

정신분석학의 창시자 프로이트 자신의 이론으로도 반박할 수 있다. 프로이트는 신경의학자로서 무엇보다도 경험적 태도를 견지하고 또 관찰 가능한 사실을 중시했던 과학자이다. 그런 그가 대개의 공포증 치료에는 공포심을 불러일으키는 상황과 맞닥뜨리는 과정이 반드시 필요하다고 했다. "정도가 심한 광장공포증 환자들은 혼자서 외출하는 것을 피함으로써 공포에서 벗어나고 싶어한다. 이런 환자들은 증세가 가벼운 환자들처럼 혼자 외출을 시켜 공포심과 싸우도록 유도함으로써 치료할 수 있다." 프로이트는 분석상황에서 다름 아닌 행동주의 치료법을 말하고 있는 것이다.

공포증에 관한 행동주의 치료법은 이미 수많은 경험주의적 연구의 대상이 되었다. 그래서 정신분석학자들이 행동주의 치료법에 대해 행하는 비판(행동주의 치료는 무의식적 갈등은 그대로 내버려둔 채 증상만 치료한다)을 정당한 것으로 보려면, 환자의 공포증이 행동주의 치료를 통해 사라진 후에도 정신분석학자들이 '대체 증세'라 부르는 무의식의 작용이 여전한지 살펴야 할 것이다. 이 관점에 따르면, 환자가 행동주의 기법인 둔감화치료를 받은 후 공포증이 사라졌다 하더라도 그는 또다른 공포증이나 우울 증세 혹은 성적 문제를 안고 있어야 한다. 하지만 실제론 그렇지 않다. 일단의 연구원들은 행동주의 치료를 받았던 광장공포증 환자들을 여러 해 동안 지속적으로 관찰한 결과 이들에게서 대체 증세가 나타나지 않았다는 사실을 밝혀냈다. 한편 원래의 치료 목적이 아니었던 증상들까지 개선되는 사실을 관찰하기도 했다. 마리 엘렌의 경우도 광장공포증이 사라지면서 자신감을 갖게 되었으며 부끄러움도 덜 타고 대인관계도 훨씬 원만해졌다.

어떤 의미에서 보면 광장공포증을 치료하는 행동주의 기법은 상식에 근거한다고도 말할 수 있다. 뭔가에 공포감을 느낄 때 이를 이겨내기 위해서는 공포심을 주는 바로 그 상황과 맞닥뜨릴 필요가 있기 때문이다. 사실 이런 생각 때문에 공포증 환자들이 주변의 강권에 못 이겨 공포스러운 상황과 직접 대면하는 경우가 적지 않다. 그런데 이처럼 강요된 행동은 오히려 증상만 악화시킬 뿐이다. 진정으로 공포감이 사라지게 하려면 행동주의 치료법이 채택하고 있는 것처럼, 환자가 안심할 수 있는 상황을 만들어 점진적으로 적응시켜야 한다. 바로 이런 까닭에 공포증 환자는 신뢰할 수 있는 전문 치료자의 도움을 받는 것이 바람직하다.

사실 공포증에 관한 행동주의 치료법은 정신치료 분야에서 그 예를 찾아보기 힘든 드물게 '성공한 케이스'이다. 그렇다고 해서 다른 정신치료법들이 이보다 효과가 덜하다는 뜻은 결코 아니다. 행동주의 치료법에 의해 공포증을 이겨낸 환자들은 정신분석 치료를 통해서 또다른 치료 효과를 거둘 수 있다.

Epilogue

마리 엘렌과 같은 매력적인 환자를 성공적으로 치료함으로써 그녀가 행복한 삶을 살도록 도울 수 있었던 것은 정신과 의사로서 매우 행복한 일이다. 하지만 이처럼 순탄한 결말은 정신과는 물론이고 그 어떤 의료 영역에서도 극히 드물다. 내가 동료의사에게 마리 엘렌의 치료과정을 들려주자 그는 이렇게 결론을 맺었다.

"내 생각으론, 내가 치료했던 환자 중 삼분의 일은 완전히 나은 것 같고, 다른 삼분의 일은 그럭저럭 상태가 좋아진 것 같고, 나머지 삼분의 일은 다만 고통을 이기도록 도와준 것에 그친 것 같아."

이 수치는 물론 정신과 의사의 낙관주의와 그가 치료를 담당하는 환자들의 상태에 따라 달라질 수 있다. 공포증 환자의 경우 처음의 삼분의 일은 현재에 와선 사분의 삼이 되었다. 우리는 이후의 장들에서 정신과 치료가 이보다 덜 효과적이고 또 환자가 극심한 고통에 사로잡히는 여러 사례를 보게 될 것이다.

두번째 특별한 만남

신과 말을 하는 골든 보이

조울증

동료와 대화를 나누는데 전화벨이 울렸다. 정신과 접수계 직원이었다.

"선생님과 개인적으로 얘기를 나누고 싶다는 전화가 왔는데요."

"내가 아는 사람인가요?"

"아닌 것 같은데요. 샤를 에두아르 D라고 하는 사람이에요."

"모르는 사람인데요. 나한테 무슨 용건이 있다고 하던가요?"

"신문에서 선생님 기사를 읽었다고 합니다."

"아, 경제 신문?"

"맞아요. 그 신문 얘길 했어요."

"좋아요. 바꿔줘요."

이 일이 있기 몇 주 전, 나는 신문기자로 있는 친구의 부탁으로 스트레스에 관한 인터뷰에 응한 적이 있었다. 경제 주간지에 실린 이 인터뷰에서 나는 고객의 돈을 불려주는 일을 하는 금융 및 증권 중개인이 느끼는 스트레스에 대한 이야기를 나눴다. 이 직종에 종사하는 사람들은 대개 나이가 젊은 편이며, 하루종일 컴퓨터 화면을 통해 전 세계 시장 현황을 따라잡으면서 순식간에 주식을 사고팔아야 하기 때문에 시종일관 긴장 속에서 지내야 한다. 그러나 이 직업은 대단히 역동적인데다가, 30년이 채 되지 않아 대기업 소유주보다 더 많은 돈을 벌 수도 있다는 점에서 상당히 매력적이기도 하다. 그런 까닭에 이 직업에 종사하는 사람을 '골든 보이' 혹은 '골든 걸'이라 부른다.

전화를 한 사람도 스트레스에 시달린 나머지, 조언을 구하는 골든 보이일지도 모른다는 생각에 나는 그를 만나보고 싶었다. 지하의 좁은 진료실에서 인조피혁 의자에 앉아 철제 스탠드 불빛 아래 진료를 하고, 기껏해야 한두 명의 동료의사와 대화를 나누는 것이 일상의 거의 전부인 셈이라서 가끔은 다른 세상 이야기를 듣고 싶었다. 골든 보이는 멋진 대로변에 사무실이 있고 비행기 1등석을 타고 이 도시 저 도시를 돌아다니며, 마흔이 안 돼서 은퇴를 꿈꾸는 직업이라고들 하지 않던가. 물론 그 세계에도 정신과 의사와는 또다른 나름대로의 어려움이 있을 테지만 말이다.

그런데 나를 알지도 못하면서 만나고 싶어하는 이 골든 보이는 도대체 누구일까? (나는 영문을 짐작할 수 없었다.)

"아, 박사님, 말씀을 나누게 되어 영광입니다."

"제 인터뷰 기사를 읽으셨다고요?"

"네, 맞습니다. 멋지더군요. 기사가 정말 인상깊었습니다. 사진도 상당히 멋졌어요. 냉철한 모습이 한마디로 놀라웠습니다."

"제 사진 말씀입니까?"

"물론이죠. 인터뷰 기사에 실린 박사님 사진 얘기죠. 제가 지금 그 얘기를 하고 있질 않습니까, 하하."

"제 사진이라…… 그런데 어떻게 제게 관심을 갖게 되셨나요?"

"제가 박사님 사진을 처음 봤을 때 이 분이라면 저를 이해해주시리라 생각했습니다. 특히 박사님 눈을 보니까 말입니다."

"무엇을 이해해 줄 수 있다는 말씀이신지요?"

"바로 저 말입니다. 적어도 박사님은 제가 메시지를 보낼 수도 있고 받을 수도 있다는 것을 이해해주시리라 직감했습니다."

"그럴 수도 있겠지요."

"아! 박사님께서 지금 절 시험하고 계시군요."

"어째서 제가 시험을 한다고 생각하시나요?"

"그냥 직감입니다. 지금 박사님께서는 저에게 메시지를 보내고 계십니다. 지혜로운 메시지라서 저까지 지혜로워지는 것 같습니다."

"지혜로운 메시지라……."

"맞습니다. 사진에서도 그랬지만, 박사님은 현자의 모습을 하고 계십니다."

"그래서 절 만나려 하신 거군요?"

"네, 바로 그런 이유때문입니다."

"그럼, 정식으로 약속을 잡아보도록 하지요."

"네, 좋습니다. 이거 정말 기쁘네요!"

"오늘 저녁 일곱시면 가능하겠군요."

"아주 좋습니다. 그때 만나뵙도록 하겠습니다. 박사님과 말씀을 나누게 되어 얼마나 기쁜지 모릅니다. 오늘 저녁에 뵙겠습니다."

샤를 에두아르 D의 이상스러울 만큼 지나치게 유쾌한 목소리나, 기사만 읽고서 잘 알지도 못하는 의사를 만나려는 것이나, 말장난하는 경향 등은 과연 그가 진짜 금융 전문가인지 의심하게 하였다. 나는 또다른 가능성을 고려하여, 필요할 경우 그를 즉시 입원시킬 수 있게 조치를 취했다. D는 일곱시까지 도저히 기다리지 못했는지, 전화를 건 후 불과 얼마 되지 않아 정신과 접수 창구에 도착했다. 그는 볼이 불그레하고 체격이 컸으며 매우 명랑했다. 둥근 얼굴과 작고 파란 눈 때문에 마치 동화책에 나오는 인물처럼 보였다. 입고 있는 회색 양복은 고급스러웠지만 구김이 나 있었고 밝은 톤의 튀는 붉은색 넥타이를 하고 있었다. 그는 활기가 넘쳤으며 자리에 앉기도 전에 말을 하기 시작했다.

"아, 박사님, 드디어 모든 해결책을 갖고 계신 박사님을 만나뵙게 됐습니다."

"해결책이라니요?"

"손쉬운 해결책 말입니다. 하하! 떠들썩할 정도로 손쉬운 해결책 말입니다. 전 불사조처럼 언제나 되살아나지요. 지금 제가 박사님 앞에 있지 않습니까."

"대단히 기분이 좋으신 것 같군요."

"그러면 안 될 이유라도 있나요?"

"아닙니다. 천만에요. 단지 저는 무슨 일로 이렇게 오시게 되었는지 궁금해서요."

"제가 왜 왔느냐, 그 말씀이시죠? 왜 왔느냐, 그 멋지고 호사스런 박사님 전신 사진만 보고도 온몸이 떨리고 박사님을 믿게 되었는데 왜 왔느냐, 이 말씀이시죠? 거, 묘한 메시지입니다."

"메시지라니요?"

"네, 박사님께서 저한테 방금 메시지를 보내셨습니다."

"무슨 메시지를요?"

"하하! 저한테 물으시다니요. 박사님께서 더 잘 아실 텐데요."

"저는 정말 선생께서 무슨 메시지를 말씀하시는지 궁금합니다."

"조금 전 고개를 끄덕거리셨지요? 그게 저한테 어떤 에너지를 보낸다는 메시지가 아니고 뭐겠습니까?"

"오히려 선생께서 에너지로 충만하신 것 같은데요?"

"네, 맞습니다. 저는 세상의 에너지를 모두 받습니다."

이때 전화가 왔다. 정신과 접수계였다.

"어떤 사람이 D씨 건으로 선생님과 통화하고 싶다고 합니다."

"바꿔줘요."

전화를 건 사람은 D의 동료였다. 몹시 불안한 목소리였다. 그는 D의 행동이 며칠 전부터 몹시 이상해서 은행에서 함께 일하는 동료들이 모두 걱정하던 참이라고 했다. 문제는 월요일에 시작되었다고 한다. 그날 D는 미국 본사에서 온 간부와의 미팅 중에 마치 그 간부와 예전부터 친한 사이인 것처럼 반말을 하고 엉뚱하게도 "숭고한 주여"라고 부르기도 했다. 다행히 그 간부는 프랑스어를 전혀 몰랐기 때문에 아무 것도 눈치 채지 못하고 바로 떠났다. 그때부터 D는 동료들에게 계속 실없는 말장난을 해대고, 수시로 자리를 비웠으며, 어디 갔다 왔느냐고 물으면 "송아지 발을 자르게 하고 왔다"라고 엉뚱한 말을 했다. 평상시 그는 여성에게 매우 친절했는데, 최근에는 여자동료에게 "어이, 미스 갈보 양" 하고 저속하게 부르면서 추태를 부린 일까지 있었다. 게다가 아주 최근에는 자신의 책임 한도를 훨씬 넘는 주식 거래를 하는가 하면 아주 위험한 투자도 서슴지 않았다. 보다 못해 동료 하나가 어째서 그런 모험을 하느냐고 했더니 그는 기쁜 표정을 지으며 "빛의 인도를 받는 사람은 아무것도 잃는 법이 없다네" 하고는 점잖지 못한 노래를 부르더라는 것이었다.

전화를 건 사람은 기어드는 목소리로 다음과 같이 말했다. "박사님도 짐작하시겠지만, 그런 행동은 은행원한테는 절대 용납될 수 없는 행동입니다." 그런 다음 D가 추태를 부렸다던 여자동료를 바꿔주었다. 그녀는 조심스럽게 D가 정신적으로 문제가 있는 듯하다고 말했다. 사실 D에게 인터뷰 기사를 읽어보라고 권한 사람은 바로 자기라고 했다. D는 기사를 읽고 매우 기뻐했지만 그것은 치료를 받을 수 있다는 생각 때문이 아니었다. 오히려 '일벌레처럼 종일 일에 매여 사는 사람들'보다 몇 갑절 뛰어난 혜안이 있는 자기 같은 사람이 접하는 계시를, 나라면 이해해줄 수 있을 거라는 생각에서였단다. 어쨌든 그는 다시 그녀에게 추근거리기 시작했다고 한다.

통화를 하는 동안 곁눈질로 D를 관찰해보니 그는 의자에 앉아서 몹시 갑갑해하는 표정을 짓고 있었고 볼은 더욱 붉어져 있었다. 뭔가 편치 않다는 표정이 역력했다.

"누군가 제 이야기를 하고 있군요. 그런 느낌이 듭니다."

나는 전화기를 내려놓으며 대답했다.

"네, 맞습니다. 선생과 같은 직장에 있는 사람이라고 하더군요. 선생께서 얼마 전부터 평소와 다른 행동을 보이신다고 하던데요."

"제 행동이 변했다고요? 물론 완전히 변할 수밖에요. 바로 주님, 세상을 주관하는 주님으로부터 부름을 받았기 때문이지요. 쩍쩍거리며 날지도 못하고 오줌도 싸지 못할 것 같은 작은 들새들까지 굽어살피시는 주님 말입니다. 하하!"

"선생께 묻고 싶은 게 있는데, 직장동료분 말이 최근에 선생께서 '빛의 인도를 받는 사람은 아무 것도 잃는 법이 없다'는 말을 하셨다는데, 그게 무슨 뜻인가요?"

"아! 박사님께서 저한테 그런 걸 다 물으시다니요. 그건 주님의 영험한 계시를 말한 거지요. 현명하신 박사님이라면 그 정도는 물론 알고 계실 텐데요."

"네, 하지만 정확히 무슨 뜻인지 알고 싶습니다. 선생께서는 빛의 인도를 받으시나요?"

"신, 신께서 저를 인도하십니다. 신께서 박사님도 인도하시지요. 무한한 선의를 가지고, 찬란한 영광의 빛에 둘러싸여 계시며, 저 높은 곳에 계신 그 분 존재 앞에서 우리는 모두 먼지에 불과한 존재이고 그 분 손바닥 안의 모래 알갱이 같은 존재입니다."

"그럴 수도 있겠지요. 그런데 신께서 선생께 특별한 의도를 품고 계시다고 생각하십니까?"

"아! 아! 주님, 주님, 드높은 존재인 주님! 우와!"

"한 번 말씀해보세요. 선생께서는 신의 존재에 대해 어떤 생각을 가지고 계신지요."

그에게 여러 차례 다른 방식으로 질문을 해보았지만, 그는 계속해서 말장난을 하며 장황하게 잡담을 늘어놓았고, 끝내는 자신이 신과 서로 통하는 사이라고 주장했다. 자신은 신의 뜻에 따라 주식 거래를 하고 있으며, 돈을 엄청나게 많이 벌어서 세상의 가난한 사람들을 모두 구제하고, 더 나아가 자기 이름으로 교단을 세워야 할 의무를 지고 있다고 하였다.

"신이 선생님께 의무를 내린 지 오래되었나요?"

순간 그의 파란 눈이 묘하게 번쩍였다.

"그렇진 않습니다. 다만 저는 그걸 느낄 따름입니다. 신께서 저한테 직접 말씀을 하시죠. 신께서 말입니다. 고함지를 일이 아닙니다."

갑자기 D의 태도가 돌변했다. 그는 내가 시종일관 정중한 태도를 취하기는 하지만 사실은 자기 말을 믿지 않는다는 생각에 화가 난 듯했다.

"제 얘기 잘 들으세요. 지금부터 우리가 할 일을 말씀드리겠습니다."

내 말이 끝나기도 전에, 그가 벌떡 일어섰다.

"아닙니다. 전 지금 가봐야겠습니다. 안녕히 계세요. 이대로 이야기를 끝내는 게 좋겠습니다."

"가지 마시고 저하고 조금 더 이야기를 하시는 편이 좋을 듯한데요. 제가 드릴 중요한 말씀이 있습니다."

"아닙니다. 더이상 말할 필요 없습니다. 충분히 내뱉고 떠들고 썰을 풀었으니까요. 전 갑니다. 제기랄!"

그가 진료실을 나가자마자 나는 접수계에 전화를 걸어 무슨 일이 있어도 D가 병원을 나가지 못하도록 붙잡아야 한다고 말했다. 그런 다음 재빨리 복도로 나갔지만 그는 벌써 현관에 다다른 상태였다. 간호사 한 명이 그를 붙잡으려고 했지만, 그는 이를 뿌리치고 건물 밖으로 나갔다.

환자를 잡으러 뛰어가는 일은 사실 의사로서 그리 보기 좋은 행동이 아니다. 게다가 이해심 많은 의사의 모습을 보이다가 갑자기 환자를 바닥에 눕혀서까지 붙잡아두어야 하는 모습을 보여야 하는 상황에 이르러서는 더더욱 그러하다. 하지만 정신과 의사라면 대부분 환자를 완력으로 제압해야 하는 사태를 경험한다. 이런 험악한 일은 병원 경비 임무를 맡은 직원들에게는 다반사이다. 그런데 D처럼 제 발로 병원을 찾아 왔고, 당장에 위험을 주지도 않는 사람을 나가지 못하게 하는 것은 윤리적으로 문제의 소지가 있으며 물리력으로 제지할 수 있는 지도 사실 의문이다. 하지만 나는 무슨 수를 써서라도 그를 붙잡아야 한다는 생각이 들었다. D의 과대망상증은 위험스러울 만큼 지나친 수준이었기에, 이대로 둘 경우 그 다음에 무슨 일이 벌어질 지 매우 걱정스러웠기 때문이다.

D가 보이는 모습들은 우울증^{depression}과는 정반대의 증상인 조증^{mania}이라고 설명할 수 있다. 우울증에 빠진 사람들은 표정이 어둡고 말수가 적으며 동작이 느리고 활기가 없어 보인다. 반대로 우리의 '골든 보이'는 쾌활하고 활기에 넘치고 말이 많으면서도 빨랐다. 그가 하는 말장난도 기분이 들떠 있고 사고의 움직임이 활발하다는 증거였다. 또한 우울증에 빠진 사람은 열등감이나 무력감을 토로하고, 자신의 삶을 실패한 인생으로 규정한다. 하지만 '골든 보이'는 자기가 천부적 재능을 갖췄고

모든 일에 성공하리란 확신에 차 있었다. 또 주변사람들은 자기 생각을 무조건 받아들여야만 한다고 여겨서, 그렇지 않을 경우 도통 이해할 수 없다는 반응을 나타냈다. 반대로 우울증에 빠진 사람은 매사에 자신감이 없고 사람들이 자기를 이해해주지 못한다고 생각한다.

D가 처음 병원에 왔을 때 그는 조증 상태에 있었다. 과대망상증이 심각했으며, 환각 증상을 보이기까지 했다. 앞서 말했듯 조증 상태의 환자들은 심각한 우울증 환자들과는 정반대의 증상을 보인다. 우울증 환자들은 상태가 심각할 경우 극도의 허무감과 상실감을 보이며, 자기가 저지르지도 않은 일에까지 몹시 괴로워한다. 예전에 어느 우울증 환자는 가족을 모두 앗아간 유태인 대학살이 자기 때문이라는 죄책감에 시달리기도 했다. 하지만 조증 상태에 있던 D는 자기가 남다른 재능을 가졌기 때문에 신의 선택을 받았으며, 세상을 구원해야 할 의무를 부여받았다고 생각했다. 이처럼 조울 상태의 환자들은 자기 능력이나 성공을 비정상적으로 과신하기 때문에 때로 아주 어이없는 일을 저지르곤 한다. 모든 재산을 말도 안되는 일에 헛되이 쏟아 붓기도 하고, 심지어 목숨이 위태로울 수 있는 위험한 일에 거침없이 뛰어드는 경우도 있다. 일례로 어떤 조울증 환자는 바쁜 하루를 보낸 후 허름한 나이트클럽에 갔다. 먼저 그는 춤을 추러 온 모든 사람에게 술을 한 잔씩 샀다. 조증 상태가 극에 달한 그는 그 곳 사장에게 자신이 여기를 사서 국제적인 카지노로 만들고 싶으니 팔라는 제안을 했다. 사장이 자신의 말을 믿지 않자 그는 즉시 전 재산에 가까운 액수의 수표를 써서 사장에게 내밀었다. 그때서야 사장은 관심을 보였지만, 그가 '멋진' 농담과 말장난을 계속 하자 아예 그를 무

시하기에 이르렀다. 이에 화가 난 그는 자신보다 2배는 덩치가 큰 나이트클럽 사장에게 시비를 걸고 욕설을 퍼부었다. 다행히 환자와 동행했던 일행이 경찰을 불렀기에, 더이상 위험한 상황은 벌어지지 않았다.

조증 상태의 환자가 다른 사람에게 물리적 위협을 가하는 경우도 있지만, 대개 주변사람들이 자신의 뜻을 거스르지 않는 한, 이상스러울 만큼의 지나치게 유쾌한 기분을 보일 뿐 아주 폭력적인 행동을 보이는 일은 드물다. 하지만 이 부류의 환자들은 운전석에 앉거나 일을 할 때, 자신의 능력을 지나치게 과신하여 다른 사람에게 피해를 줄 수 있다. 일반적으로 조증 환자들은 충동적으로 돈을 쓰는 경향이 있다. 평소에는 가족에게 헌신적이고 살림도 알뜰하게 하던 어떤 환자는 조증 상태에 이르면 값비싼 물건들을 정신없이 연거푸 사대는 바람에 배우자를 질겁하게 만들었다. 또다른 환자는 무척 부유한 편이지만 평소 때는 대단히 신중한 성격인데, 어느 날 조증 상태가 이르자 고급 외제차 대리점에 들러서 느닷없이 같은 모델로 스포츠 카 두 대를 즉시 구입했다. 한 대는 뚜껑이 열리는 컨버터블 차이고, 또 한 대는 겨울에 타겠다면서 2인용 쿠페로 구입한 것이다. 극단적으로는 단 며칠 만에 전 재산을 탕진하는 환자도 있었다. 이처럼 조울증 환자들의 큰 문제는 조증 상태에 있을 때는 무분별하고 충동적인 행동을 보인다는 점으로, 정작 평상시로 돌아오면 어째서 자기가 그런 행동을 했는지 이해하지 못한다.

D 역시 다르지 않았다. D의 경우 평소와 판이하게 다른 무모한 주식 매매 양상을 보였고, 성적으로도 문란한 모습을 나타냈다.

병원을 빠져나간 D가 다시 발견된 곳은 어느 큰 호텔 로비였다. 그는 몸 파는 여자들을 부르기 위해 방 하나를 빌려 놓은 상태였고, 그의 방에는 여자들이 번갈아가며 들락거렸다고 한다. 하지만 D가 여자들과 방에서 시간을 보내다 말고 로비에 내려와 큰 소리로 주님을 찬양하는 노래를 부르는 등 소란을 피우는 통에, 경찰이 신고를 받고 출동하게 되었다. 경찰은 즉시 D가 자신들 소관이 아니라는 판단을 내리고, 그를 정신과 병동 응급실로 보냈다. 응급실의 정신과 의사는 D가 조증 상태라고 판단하여 바로 치료를 받아야 한다고 설득했다. 하지만 D가 거세게 반발하자 의사는 강제적으로 입원 수속을 밟았으며, 진정제 복용을 거부하는 그에게 수면제 주사를 놓아야 했다.

D는 정신병적 증상 중 하나인 과대망상 증상을 보이는 등 상당히 심각한 상태였다. 또한 모든 분야에서 극도의 활동성을 보였으며, 잠도 거의 자지 않고 끊임없이 새로운 일을 꾸몄다. 그러나 아주 초기에는 나름대로의 균형감각이 유지되는 경조증 hypomania(경도에서 중등도 수준의 조증) 수준의 증상을 보였는데, 이 때문에 일시적으로 평소보다 능력이 더 뛰어나보이고 창의력도 넘쳐나는 것처럼 보이기도 했다.

실제로 예술가나 작가, 사업가들 중에 경조증 상태에서 가장 뛰어난 역량을 발휘한 예들이 있다. 소설가 발자크가 대표적인 경우다. 그는 상상력이 넘치고, 화술이나 집필에 있어서 타의 추종을 불허했으며, 잠시도 가만히 있지 못하는 사람이었다. 그는 뫼동(프랑스 파리 지방 오드센 주에 있는 도시—옮긴이)에 파인애플 농장을 세우거나 코르시카에서 아편을 재배해서 큰 돈을 벌려는 생각까지 했었다. 낭비벽이 심하고 여자를 남달리 좋아했다는 점 또한 그의 경조증을 보여주는 예이다.

대개 조증 상태를 경험한 환자들은 이때의 기분을 극도의 행복감으로 묘사한다. 내가 만난 어느 환자는 조증 상태에서 경험한 극도의 행복감을 다시 맛보기 위해 치료를 갑자기 중단하기도 했다. 하지만 그의 부인에게는 그 순간이 불행의 시작이었다. 그 이후 남편이 정신없이 써댄 수표를 수습하느라고 지옥같은 나날을 보내야 했기 때문이다. 조울증 환자들은 조증 상태가 절정에 이르렀을 때 느끼는 행복감을 도저히 말로는 설명할 수 없다고 고백한다. 정신과 의사 중에는 종교적 신비체험도 조증 상태의 일종이 아닐까 하고 추정하는 이들도 있다.

조증과 우울증은 서로 정반대의 증상을 보이기 때문에 마치 소설 속에서 쓰인 극단적인 대조법처럼 느껴지기도 한다. 하지만 조증과 우울증은 실제 현실 속에 존재하는 증상들이다. 더욱 놀라운 것은 상반된 두 증상이 동일한 사람에게서 나타날 수 있다는 것이다. 조증을 보이는 환자들은 거의 대부분 들뜬 상태가 지나면 우울 증상을 보이게 된다. 그리고 안타깝게도 조증 상태에 있던 환자가 우울증 상태에 빠지게 될 때 자살하는 비율이 가장 높은 편이다.

D는 강제 입원 직후에는 자살은커녕 신의 도움을 받아 세상을 구원할 포부로 가득 차 있었다. 처음 사흘 간은 강한 진정제 탓에 반수면 상태에 빠져있었지만, 진정제 복용 횟수를 줄이자 다시 말이 많아지고 빨라졌으며 말장난을 다시 하기 시작했다. 약물치료로는 리튬^{Lithium} 처방이 내려졌는데, 이 약은 며칠이 지나야 효과가 나타나기 때문에 즉각적인 변화를 기대하기는 어렵다. 그뒤 상태가 조증에서 갑자기 우울증으로 바뀌면

서 강제 입원시킨 병원을 고소하겠다면서 침울해했다. 그러다가 차츰 잠잠해지면서 정상으로 돌아왔고, 자신의 입원에 대해서도 아무런 불평을 하지 않게 되었다. D는 내가 근무하는 병동에 있었기 때문에 나는 매일 그를 보러 갔다. 나는 평상시로 돌아온 D가 지적이고 예의바른 사람이라는 사실을 알게 되었다. 본인 말로는 잠시 "정신이 약간 이상해졌다"라고 했다.

문병을 자주 오는 그의 여동생 말에 따르면, 그가 6년 전 미국 대도시에 있는 프랑스 영사관에서 근무하고 있을 때 처음으로 비슷한 증상을 보였다고 한다. 그래서 그는 미국 현지 병원에서 치료를 받았고 한 달이 되지 않아 정상으로 돌아왔다고 한다. 또한 여동생은 D가 지난 겨울 매우 우울하게 지냈다면서, 말수가 적어지고 친구들과 외출도 않고 직장을 그만두겠다는 말까지 했다고 전했다. 그녀는 오빠의 직장이 꽤 괜찮은 곳인데 어째서 그런 말을 하는지 걱정을 했었지만, 얼마 후 전화 통화 중 오빠의 목소리에 활기가 차 있는 것을 깨닫고 오빠의 우울한 상태가 지나갔음을 알게 되었다.

나는 그녀에게 가족력에 대해서 물었다. 그녀는 외삼촌 한 분이 자살했다는 말을 들은 적이 있다고 했다. 또 사업가였던 할아버지뻘의 어느 친척은 수년 동안 엄청난 재산을 탕진하면서 화려한 여성 편력을 보여 집안에서 유명하다고 했다. 그녀의 어머니 역시 우울증으로 여러 차례 치료를 받은 적이 있었다. 이런 가족력을 전해 들은 나는 D가 계속해서 리튬을 복용해야 한다는 생각을 굳혔다. D가 앓고 있는 병은 조울증으로, 조증과 우울증이 번갈아가면서 찾아들기 때문에 양극성 기분 장애

bipolar disorder 라고도 부른다. 내가 본 것은 조증 증상이었지만, 여동생 말로 짐작건대 그가 우울 증상 또한 겪었던 것으로 보인다. 또한 가족력을 살펴 볼 때, 가족 중에도 동일 증상을 가진 사람이 여러 명 있었던 것으로 추정된다. 외삼촌은 우울증 상태에 있을 때 자살했을 가능성이 대단히 높으며 할아버지뻘 되는 친척분은 D처럼 조증 상태에서 충동적으로 재산을 탕진했을 것으로 짐작된다.

양극성 기분 장애 환자들은 지속적으로 치료를 받아야 하고, 주변가족 또한 세심한 관심을 쏟아야 하는 것이 현실이다. 지속적으로 관심을 기울이면 환자나 가족들은 본격적으로 조증이나 우울증을 앓기 전에 찾아드는 전조 증상을 누구보다도 쉽게 파악할 수 있다. 전조 증상은 대개 수면 이상이나 기분의 변화 등으로 나타난다. 이 단계에서 환자가 빨리 치료를 받으면 증상의 진행을 막을 수 있고, 입원 기간도 단축시킬 수 있다. 환자에게 언제 전조 증상이 나타나는지 신속 정확하게 진단하는 일이야말로 양극성 기분 장애를 치료하는 정신과 의사의 본질적 의무이기도 하다.

D는 3주간의 입원치료를 받은 후 퇴원했다. 그는 퇴원하면서 진정제 때문에 정신이 약간 멍한 것을 빼놓고는 모든 면에서 정상이었다. 진정제 역시 점점 투약 분량을 줄이도록 계획되어 있었다. 그는 다시 은행에 다니려 했으나 이미 퇴직당한 상태였다. 그가 입원하기 전 감행했던 주식 매매로 인한 손해는 그다지 크지 않았지만, 직장상사는 그가 했던 기이한 행동을 용납하려 들지 않았다.

나는 D의 부탁을 받고 그의 상사에게 전화를 걸었다. 환자의 의료비

밀은 반드시 지켜야 하기 때문에 나는 D의 병에 관해서는 함구하는 대신, 지난달 그가 저질렀던 행동은 일시적인 것이며 지금은 완전히 정상이란 말을 했다. 더불어 D는 계속 치료를 받고 있기 때문에 똑같은 일이 되풀이 될 가능성은 거의 없으리란 말도 했다. 하지만 상사는 생각을 바꾸지 않았다. "우리 은행에선 정상적인 사람만 씁니다. 문제 있는 사람이 발붙일 데가 아닙니다." 그는 단호하게 말했다.

하지만 D는 남다른 활력과 나름의 재능을 가지고 있었기 때문에 얼마 후 자기가 다니던 은행과 경쟁관계에 있는 은행에 입사할 수 있었다. 그는 새 직장에서 여느 때처럼 두각을 나타냈다. 그러나 대개의 조증 환자나 우울증 환자는 이런 행운을 누리지 못한다.

그후로도 나는 D에게 처방한 리튬이 효과가 있는지 확인하기 위해 한 달에 한 번씩 그를 진료했다. 그는 입원치료 후에 인생이 완전히 달라졌다고 말했다.

"예전에도 리튬을 계속해서 복용해야 한다는 사실을 알고는 있었습니다. 하지만 그러기가 싫었습니다."

"어째서지요?"

"제가 매일 리튬을 복용해야 하는 '환자'라는 생각이 들어서였습니다. 자살한 외삼촌 생각도 나고, 오 년마다 한 번씩 모조리 재산을 날렸던 할아버지 생각도 나고…… 리튬을 복용하면 불행했던 가족 생각이 뇌리에서 떠나질 않습니다. 뭐 그리 자랑할 만한 가족들은 아니잖아요? 마치 내가 그분들처럼……."

"하지만 지금은요?"

"지금은 달라졌어요. 약을 먹을 때가 되면 속으로 이렇게 말합니다. 어이, 성가신 친구, 자네를 그만 좀 봤으면 좋겠네. 하지만 자네 덕에 내가 바보짓을 하지 않게 되니 고맙긴 하군."

"거, 좋은 현상입니다."

"네, 그렇지요. 그래서 빠뜨리지 않고 꼬박꼬박 약을 먹습니다."

조울증

샤를 에두아르 D의 사례는 흔치 않은 경우인가   우울증은 주변에서 흔

히 볼 수 있는 질병이다(일생 동안 여성은 다섯 명 중 한 명, 남성은 열

명에 한 명꼴로 앓는다). 하지만 조증과 우울증이 번갈아 찾아드는 양극

성 기분 장애는 훨씬 드문 질병이다. 여러 연구에 따르면, 이 병은 일생

동안 전체 인구의 0.5~1퍼센트의 비율로 발병한다고 한다. 또 주목할

만한 사실은 양극성 기분 장애는 서민층보다는 경제적으로 윤택한 계층

에서 발병률이 높다는 것이다. 이러한 현상에 대한 설명은 여러 가지로

나뉜다. 우선 부유층은 의료 혜택을 받을 기회가 많기 때문에 양극성 기

분 장애가 상대적으로 더 많이 확인될 수 있었다는 가설이다. 하지만 몇

몇 병리학자들은 이것이 잘못된 가설이며, 양극성 기분 장애가 사회적

수준에 비례한다는 결과를 발표했다. 또한 사회적으로 성공하기 위해서

는 일정 수준의 모험이 필요한데, 정도가 심하지만 않다면 양극 증세 환

자는 특유의 과감성과 정력적인 활동 덕에 신분상승에 유리하다는 점도

고려해볼 수 있다. 실제로 내가 치료했던 양극성 기분 장애 환자 가운데

예술가나 지식인 비율이 지극히 높았으며, 이는 다른 정신과 의사들도

동의하는 사실이다.

양극성 기분 장애는 그 어떤 정신병보다 유전적 요인이 강하게 작용한

다. 특히 조증은 보통의 우울증보다도 유전적 요인이 훨씬 강하게 작용

한다. 물론 가족력이 없는데도 양극성 기분 장애를 앓는 환자들도 있다.

조증이나 우울증 발병과 주변환경과의 연관성에 대해서는 아직 자세히 밝혀지지 않았다. 단지 처음 병이 나타나기 전, 발병을 촉진하는 특정 상황이 존재할 수 있다는 사실만이 밝혀졌을 뿐이다. 이를테면 유전적으로 양극성 기분 장애에 취약한 소인을 갖고 있는 사람이 스트레스가 급작스럽게 증가되자 발병하게 되는 경우가 빈번하다. 반면 어떤 환자는 마치 몸속에 어떤 시계라도 있는 것처럼 6개월마다 또는 2년마다 주기적으로 증상이 나타나기도 한다.

어째서 리튬인가   양극성 기분 장애는 정신과 치료 중에서 시급히 치료해야 하는 증상 가운데 하나이다. 치료 원칙은 간단하다. 우선 환자를 안정시키고 격리시켜야 한다. 그래서 의사들은 대부분 환자에게 신속하게 진정제를 투약한다. 이미 증상을 경험한 바 있는 환자들은 자기가 전조 증상을 겪고 있다는 사실을 의식하기 때문에 의사의 지시에 순순히 따르곤 한다. 반대로 조증이 상당히 고조된 상태의 환자들은 모든 치료와 강제 조치에 거세게 반발하곤 한다. 이때는 어쩔 수 없이 물리력이 동원되는데, 이 때가 정신과 의사로서는 가장 힘든 순간이기도 하다. 정신과 의사가 편안히 진료실에 앉아 환자를 보기만 한다고 생각한다면 큰 오산이다.

1960년대 이후 양극성 기분 장애의 치료는 리튬의 도입으로 괄목할 만한 발전을 이룰 수 있었다. 1949년 오스트레일리아 의사 케이드는 심각한 조증 환자에게 리튬 요산염을 주입하자 며칠 만에 증세가 호전되는 것을 발견했다. 하지만 연구 결과를 일반화시키기에는 피험자의 수가 적었고, 또다른 연구 결과 리튬이 중독성을 갖고 있음이 확인되어 결국 치료약으로는 부적절하다는 평가가 내려졌다. 하지만 이후 덴마크 의사 쇼우의 지속적인 연구로 리튬염이 정신과 치료에 여전히 도움이 된다는 사실이 입증되었다. 혈중 리튬 용량을 조절함으로써 중독을 방지할 수 있다는 사실을 알아낸 것이다.

그러나 리튬은 혈액 내에서 일정 수치보다 낮으면 효과가 없는 반면, 너무 높으면 중독 현상이 일어나기 때문에 적정 수치를 반드시 유지하면서 사용되어야 한다. 이를 위해 환자에게 리튬을 사용할 때는 정기적으로 혈액검사를 하고 있으며 1년에 한 두 차례씩 간과 갑상선, 다른 몇몇 장기에 대한 검사를 실시하여 리튬이 미치는 영향은 없는지 확인하곤 한다.

만일 D씨가 리튬의 부작용을 견디지 못하는 사태가 벌어진다면

환자에 따라 리튬을 견디지 못하는 경우도 있다. 리튬을 복용하고 나면 피로가 느껴지고 힘이 빠진다거나 체중이 느는 등 기타 부작용을 호소하는 환자들이 있다. 또는 리튬을 복용해도 전혀 증세가 호전되지 않는다는 이유로 복용을 거부하는 환자도 있다. 사실 환자에 따라서는 리튬을 정기적으로 복용해도 병이 재발하기도 한다. 이는 리튬 복용량이 충분하지 않다는 증거일 수도 있다. 이때는 병이 재발되지 않을 정도로 복용량을 늘리는 것으로 효과를 볼 수도 있지만, 양을 늘려도 조증이나 우울증이 재발하는 경우도 있다.

이런 여러 이유 때문에 리튬을 치료약으로 쓸 수 없는 환자들에게는 또다른 치료제를 사용하기도 한다. 카르바마제핀carbamazepine은 항경련제로써 오랫동안 간질 치료제로 사용되었는데 1970년대 말부터 양극성 기분 장애에도 효과가 있다는 사실이 밝혀졌다. 이 약물 역시 리튬처럼 정기적으로 환자에게 혈액검사를 받게 하면서 혈중 농도 허용치 내에서 투약을 해야 한다. 이밖에 항경련제인 밸프로에이트valproate(발프로익산) 또한 1995년 조증 치료제로 식약청(FDA)의 승인을 받아 사용되고 있다. 한편 라모트리진lamotrigine, 가바펜틴gabapentin, 토피라메이트topiramate 등의 항경련제 신약들도 기분안정 효과가 있는지를 알기 위해 연구가 진행 중이다.

약물을 평생 복용해야 한다는 말은 사실인가 일단 환자에게 약물을 처방하면 이 약을 '평생' 복용해야 하는 것으로 흔히 잘못 알려져 있다. 우선 현재 복용하는 약이 환자에게 맞지 않다고 판단되면 이 약을 대신해서 여러 종류의 약을 처방할 수 있다. 또 환자가 약을 수년간 복용했고, 병이 재발하지 않는 경우 의사와 상의해서 잠정적으로 복용을 중단할 수도 있다.

하지만 양극성 기분 장애의 경우, 약물 복용을 중단하면 몇 달 후 재발 위험성이 대단히 높다는 사실을 명심해야 한다. 이에 대비해서 환자는 전조 현상이 보이는 즉시 의사를 찾아야 한다. 약물을 계속 복용할 것인가, 중단할 것인가의 문제는 충분한 관찰 및 환자의 유전적, 직업적 상황을 고려해서 신중히 결정해야 한다.

양극성 기분 장애는 약으로만 고쳐지는가

양극성 기분 장애가 약물치료를 통해 치료되는 병이라고 해서 모든 심리치료가 불필요한 것은 결코 아니다. 양극성 기분 장애로 고통받는 환자들은 무엇보다도 사회와 주변 사람들의 도움과 조언을 절실히 필요로 한다. 특히 조증과 우울증의 순환을 주기적으로 겪고 있는 환자의 경우 심리치료는 더더욱 필요하다. 사실 모든 정신질환이 그렇지만 과도한 심리적 압박을 받고 있는 환자에게 배우자나 가족의 도움은 재발의 원인이 되는 스트레스를 경감시켜주고, 병의 특징과 진행을 정확히 파악하는 데 대단히 중요한 역할을 한다.

Epilogue

D는 리튬을 지속적으로 복용한 이후 더는 증상 재발을 겪지 않았으며, 단지 1년에 한 차례씩 몇 주 정도 지나치게 들뜬 기분이 드는 정도에 머물렀다. 그때는 평소보다 더 열심히 일했고 더 많은 돈을 썼다. 하지만 심각한 수준은 아니었고, 오히려 이때를 직업적으로 발전하는 계기로 삼았다. 이 시기에 그는 직장을 그만두고 친구 둘과 함께 동업하여 개인 사업체를 세웠다. 이후 조증 상태가 지나가자 피로감과 우울한 기분이 엄습하는 시기가 찾아왔지만, 그는 여전히 일을 했고 정상적인 생활을 해나갈 수 있었다. 이때가 조증과 우울증이 교차했던 힘든 시기였음이 틀림없지만, 리튬을 복용하면서 어느 정도 증상이 완화되었던 것으로 보인다. 나는 그에게 리튬 복용량을 조금 늘리든가 아니면 카르바마제핀을 함께 복용하면 어떻겠냐고 제안했다. 그는 조금 생각을 하더니 괜찮다고 대답했다.

"저조한 시기가 뭐 그리 심각한 정도는 아닙니다. 하지만 박사님, 기분이 좋아질 때가 오면 말입니다, 그때는…… 정말 그땐 인생이 얼마나 멋져 보이는지 모릅니다!"

D는 마치 평온한 바다에 싫증이 난 항해사가 폭풍 치는 바다를 그리워하듯, 양극 증상이 요동치는 분위기를 조금은 간직하고 싶어하는 눈치였다. 하지만 우리 둘 모두 언제 다시 폭풍이 닥칠지 경계를 풀 수 없었다.

기사(騎士)의 죽음

우울증

　B는 얼마 전부터 '남편이 예전 같지 않다'고 호소하는 부인 손에 이끌려 진료실을 찾았다. 그는 키가 크고 체격도 건장했으며 근엄하면서도 슬픈 얼굴을 하고 있었는데, 좁은 진료실에 앉아 있으려니 몹시 갑갑하다는 표정이 역력했다. 각진 얼굴과 입을 꾹 다문 모습이 마치 중세의 대영주 같았다. 그가 만일 중세의 갑옷이라도 걸치고 있었더라면 터키군을 물리치기 위해 예루살렘 성벽을 침울한 시선으로 쳐다보는 십자군 기사 같다고 했을 것이다. 그는 자기 부인이 말을 하는 동안 내내, 시선을 아래로 떨군 채 슬픈 생각에 빠진 듯한 표정이었다.

　B는 큰 컴퓨터 회사의 간부였다. 3개월 전 십여 명의 직원을 거느리고 프로젝트를 이끌어야 하는 팀장으로 임명되어, 평소보다 일이 많아졌다. 그래서 그는 주말에도 일감을 집으로 가져와야 했으며, 열 살, 열네 살 된 두 딸아이에게도 관심을 둘 여유가 없었다. 평소 즐기던 테니스도 그

만두었고, 부인 말로는 최근 몇 주 동안 점점 더 혼자 보내는 시간이 많아졌다고 한다. 그는 식사 때 식구들과 대화를 나누지도 않았고 아침부터 저녁까지 시종일관 우울한 표정을 지었으며, 평소 그렇게 예뻐하던 딸들에게도 무관심으로 일관했다.

B의 부인은 여러 차례 남편에게 무슨 일이냐고 캐물었지만 이렇다 할 답변을 듣지 못했다. 다만 그는 부인에게 자기가 새 일을 맡아서 할 만큼 능력 있는 사람이 아니기 때문에 처음부터 일을 맡지 말 걸 그랬다는 얘기를 했다고 한다. 걱정스러운 일은 그뿐만이 아니었다. 부인은 평소 남편보다 훨씬 일찍 일어났는데, 그 즈음에는 벌써 열흘간 남편이 새벽 다섯시면 잠이 깨곤 했다는 것이다. 잠이 깬 남편이 슬그머니 일어나 아래층 거실 소파에 앉아 있는 모습을 목격한 일이 있는데, 멍하니 무슨 생각에 빠져 있더라는 것이다.

오늘 아침, 부인은 일찍 잠에서 깨어난 남편이 거실에서 울고 있는 모습을 발견했다고 한다. 너무나 놀란 부인이 남편을 위로하면서 무슨 일이냐고 묻자 남편은 자기가 식구들 모두에게 짐이 될 뿐이라고 흐느꼈다. 그녀는 친구인 의사에게 전화를 걸어 남편 일을 상의했고, 그 의사는 즉시 남편을 정신과에 데려가 진료를 받아보라고 했다.

금발에 키가 작고 활달한 성격의 부인이 나에게 그간의 정황을 말하는 동안에도 B는 넋이 빠진 채 자신이 이야기의 화제가 되고 있다는 사실이 못내 불만인지 떨떠름한 표정으로 나를 바라보았다. B의 부인은 전에는 남편이 무척 자상하고 자식 사랑도 지극했기에 아주 행복한 가정생활을 했다고 말했다.

"선생님께서도 부인 말씀에 전적으로 동의하십니까?"

"네…… 물론이지요……."

B의 나지막하고 울림 있는 목소리는 우람한 몸집과 잘 어울렸다.

"언제부터 상태가 안 좋아지셨나요?"

"한…… 일주일 전부터요."

"아니잖아요, 여보. 제 생각엔 훨씬 더 오래됐어요. 맞아요, 이이가 아침 일찍 잠을 깬 건 일주일 정도 되었어요. 하지만 말수가 적어진 건 족히 한 달은 되는 것 같아요."

"사실입니까?"

"네…… 그런 것 같습니다……."

짧은 시간 안에 중요한 결정을 내리는 습관이 배어 있을 대기업 간부치고는 매우 소극적이고 더딘 답변이었다. 그는 생각을 정리하는 데 어려움을 겪는 듯했다. 평소에도 그런지, 아니면 정신과 의사와 대면해서 그런 건지 알 수 없었다. 어쨌든 사정을 자세히 알아볼 필요가 있었다.

"남편분께서 한 달 전부터 말수가 적어졌다고 하셨지요? 보통 때는 말씀이 많으신 편인가요?"

"아뇨. 원래 말이 많지는 않은 사람이에요. 오히려 제가 수다스러운 편이지요. 신혼 초만 해도 이이가 너무 말이 없어 걱정했을 정도였어요. 제가 마음에 들지 않아서 저러나 하는 생각까지 들었으니까요. 사실은 원래 말수가 적은 성격이었죠."

"그런데 왜 요사이 걱정을 하시게 되었나요?"

"그건 다른 문제예요. 평소보다 말이 훨씬 느려졌고, 뭘 물어도 제대로 된 대답을 잘 듣질 못했거든요. 뭔가에 정신이 팔려 있다는 느낌을 받았어요. 아이들과 있어도 웃지도 않고요."

"잠시 남편 분과 둘이서만 있어도 될까요?"

"네, 그렇게 하세요."

부인이 잠시 자리를 비웠다.

"선생님께서는 무엇 때문에 지금과 같은 상태에 이르렀다고 생각하십니까?"

그는 오랫동안 주저했다.

마침내 그의 눈가에 눈물이 맺히면서, 이야기가 시작되었다.

"글쎄요…… 뭐랄까…… 자신이 없습니다."

"뭐가 말씀입니까?"

"제가 하는 일 말입니다. 제 일이며, 가족이며……."

"하지만 부인께서는 가정이 항상 화목했다고 하시지 않습니까?"

"제 아내는 정말 좋은 사람이에요. 언제나 노력을 하지요. 반대로 전 사실 자신이 없습니다……."

"선생님께서 능력이 있으시니까 회사에서 중책을 맡긴 것이 아닐까요? 그러니까 맡으신 일을 열심히 하시면 될 테고요."

"회사 사람들은 저를 잘 모릅니다……."

"새 일을 맡으시기 전, 예전 직책에 계실 때에 일을 잘 해내셨지요?"

"그땐 일이 쉬웠을 뿐, 그때도 사실 전 그리 유능하지 못했습니다."

"미래를 어떻게 전망하시는지요?"

B는 고개를 떨구고 대답을 하지 않았다.

"혹시 좋지 않은 생각을 하시는 건 아닙니까?"

그는 고개를 가로저었다.

"최근에 자살을 생각하신 적이 있습니까?"

"네……."

"어째서 그런 생각을 하시게 되었나요?"

"도저히 이 상태로는 더이상 못 살 것 같다는 생각이 들어서요. 전 세상에 짐만 되는 존재입니다."

"좋습니다. 제 생각에 선생님께서는 지금 우울증 때문에 힘드신 것으로 보입니다. 무척 괴로우시겠지만, 이제부터 저희가 도움을 드릴 수 있습니다."

"……."

"치료를 받으시려면 며칠 입원을 하시는 편이 좋겠습니다."

"불가능한데요."

"어째서입니까?"

"제가 맡은 일 때문에……."

"하지만 좀전에 선생님께서는 지금 상태로는 도저히 일을 하기 힘들다고 하지 않으셨던가요? 차라리 일을 조금 미뤘다가 좋은 컨디션에서 하시면 안 될까요?"

"병원에 갇혀 있기는 싫습니다."

"물론 입원하는 것이 그리 기분 좋은 일이 아니라는 건 잘 압니다. 하지만 약속드리죠. 입원 기간이 길어지지 않도록 최선을 다하겠습니다. 제가 선생님을 도울 수 있다고 확신합니다."

"하지만 불필요하게······."

B는 이처럼 삶에 아무런 의욕도 느끼지 못하고 모든 것이 점점 더 나빠지기만 하며 그 누구의 도움도 받을 수 없다는 우울한 생각에 사로잡혀 있었다.

"부인께서도 들어오셔서 함께 이야기를 나눠보았으면 합니다."

나는 부인에게 B가 처해 있는 상황을 설명하고, 입원치료가 필요한 상태라는 말을 했다. 부인도 그런 생각을 하고 있던 터라, 그녀는 남편에게 제발 입원해서 치료를 받으라고 강권하였다. 하지만 그는 고개를 가로저으며 고통스런 표정으로 거부 의사를 밝혔다. 그러자 부인은 남편을 뚫어져라 쳐다보며 반드시 입원해야 한다는 무언의 압력을 보냈다.

"제발 부탁이에요. 절 위해서라도 입원하세요. 당신이 병원에 있으면 제 마음이 편할 것 같아요."

남편은 조금 놀란 듯한 표정으로 부인을 쳐다보았다. 이 광경이야말로 이들 부부가 평상시 서로를 대하던 태도가 아닐까 하는 느낌이 들었다. 남편은 본인에겐 없는, 활달하고 적극적인 태도를 지닌 부인 앞에서 조금은 당황하면서도 그 점에 무척 끌렸을 것이다. 결국 마지못해 그는 입원을 수락했다.

B의 부인이 이처럼 남편을 설득해줌으로써, 나는 정신과 의사라면 누구나 직면하는 어려운 순간을 무사히 넘길 수 있었다. 정신과 의사에게는 언제 자살을 기도할지도 모르는 환자를 그냥 집으로 돌려보낼 것인가, 강제로라도 입원을 시켜 안전한 환경에서 치료해야 할 것인가를 놓고 고민해야 하는 곤혹스런 순간이 적지 않다. 누군가를 본인의 의사에

반하여 강제로 입원시킨다는 것은 그리 유쾌한 일도 아니고, 어떤 이에게는 명백한 인권 침해로 보여질 것이다. 하지만 때로 이것은 환자를 자포자기한 자기 자신으로부터 지켜주는 가장 확실한 방법이기도 하다. 우울증 환자라고 해서 모두 자살을 기도하는 것은 아니지만, B의 경우는 대단히 위험한 상태였다. 부인의 도움이 없었다면 과연 그를 입원시킬 수 있었을까 의문이다. 나는 환자가 보호자와 함께 진료실을 찾는다는 것이 얼마나 중요한가 다시 한 번 깨달았다.

간호사실과 마주한 1인용 병실을 B가 사용하도록 조치했다. 간호사들이 들락날락하면서 수시로 살필 수 있기 때문이다. 또한 회진 차트에 '자살 기도 위험성'이라고 명시해놓아 의료진의 경각심을 높였다. 한편 환자가 정신과 병동을 벗어나면 안 되며, 공동시설에 있을 때 면밀하게 지켜보아야 하고, 밤에 혼자 방에 있을 때 수시로 들여다봐야 한다는 지침을 적어놓았다. 그리고 즉시 약물치료가 시작되었다.

B는 처음 며칠간은 우울증으로 체력이 소진되고 진정제의 영향으로 기운이 빠진 상태라, 하루종일 침대에 누워서 지냈으며, 다른 환자들과 어울려 하는 식사 때만 몸을 움직였다. 여전히 말이 없었고 간호사가 묻는 말에 힘겹게 겨우 대답하는 정도였다. 나는 그를 매일 보러 갔는데, 상태는 전혀 호전될 기미를 보이지 않았다. 그에게 기분이 어떤가, 잠은 푹 잤는가, 낮시간을 어떻게 보낼 생각인가, 부인은 자주 면회를 오는가 따위의 통상적인 질문을 해도 그는 시종일관 자기는 맡은 일을 해낼 자신이 없으며 가족들에게 짐만 될 뿐이란 대답만 되풀이했다.

그러다가 열흘 정도가 흘렀을 때 B에게 조금씩 변화가 보이기 시작했다. 간호사가 그에게 인사를 하거나 내가 그의 병실로 들어서면 살며시 웃음을 짓고 마음을 털어놓기 시작한 것이다.

그는 오남매 중 장남으로 자랐다. 열세 살 때 세일즈맨이던 아버지가 교통사고로 돌아가신 이후 줄곧 어린 동생들을 돌봐야 했다. 그의 어머니는 남편의 죽음으로부터 영영 헤어나오질 못했기 때문에 그는 어린 나이였음에도 가장 노릇을 해야만 했다. 가정형편은 어려웠지만 그는 당당히 명문 기술학교에 진학했고, 여전히 동생들과 우애가 돈독해 행여 동생들에게 무슨 일이 생기거나 중요한 결정을 내려야 할 때는 두 발 벗고 앞장을 섰다. 현재 동생들은 모두 결혼을 했으며, 지극히 평범한 사회생활을 하고 있었기에 맏형보다 사회적으로 더 높은 지위에 오른 동생은 없었다. 그는 기술학교 학생일 때 지금의 부인을 만났다. 동급생의 여동생이었던 부인은 그보다 부유한 집안 출신이었는데, 처음엔 이 점 때문에 의기소침한 적도 있었다. B는 직장생활 외에도 이민자 아동들에게 장학금을 지원하는 단체의 간부를 맡고 있으며 일주일에 한 번 그 모임에 참석한다고 한다. 나는 그와 대화를 나눈 후 진료카드에 '집중력 향상, 굼뜬 행동의 감소'란 소견을 적었다. 마침내 항우울제가 효력을 발휘하는 듯했다.

다음날 야간 회진을 하던 간호사가 병실에 들어갔을 때, 그가 잠을 이루지 못한 채 시선을 한 곳에 멍하니 고정하고 있는 것이 발견되었다. 그에게 말을 걸어보았지만 희미하게 우물거리면서 혼잣말로 "이대론 안돼……"라고 자꾸만 중얼거리더라는 것이었다. 간호사는 그에게 잠이 깼을 때 먹도록 되어 있는 수면제를 복용하라고 말했다. 다른 생각에 골똘해 있던 그는 그러겠다고 대답했다. 간호사는 그가 잠이 든 것을 보고서야 병실을 나와 회진 차트에 그 일을 기록했다.

그 다음날 아침, 담당 레지던트가 회진을 돌면서 간밤에 무슨 일이 있었느냐고 그에게 물었다. 한참을 망설인 끝에 그는 밤에 잠에서 깼으며, 자살만이 유일한 해결책이란 생각이 들었다고 털어놨다. 자기가 사라지면 세상이 더 나아질 것 같다면서, 자기 부인이며 동료들도 자기 같이 못나고 무능한 사람에게 더이상 기만당할 필요가 없다는 것이었다. 세상을 하직하면 주변사람들도 편해질 것이고, 자기도 더이상 목숨을 연장시킬 힘이 없는 바에야 차라리 그 편이 나은 일이라고도 했다. 레지던트는 그에게 지금도 그런 우울한 생각이 드느냐고 물었다. 그는 조그맣게 잦아드는 목소리로 지금은 조금 나아졌다고 대답했다. 하지만 곧이곧대로 믿기 힘든 목소리였다. 아직 항우울제가 제 효력을 발휘하지 못하고 있음이 틀림없었다. 이 상태로라면 그는 며칠 더 자살충동 그리고 더없이 침울한 생각과 맞서 싸워야 할 형편이었다. 즉시 그가 겪는 고통을 완화시키고 아무 일이 없도록 조치를 취해야 했다. 그래서 그에게 상황을 설명한 후 진정제의 양을 2배로 늘렸다. 병실도 알코올 중독으로 입원한 다른 환자가 있는 2인실로 변경했다. 알코올 중독자는 새 동료를 맞게 되어 무척이나 기쁜 표정이었다. 하지만 이내 실망하지 않을 수 없었는데, B는 2배로 늘어난 진정제 때문에 일주일을 비몽사몽간에 보내야 했기 때문이다.

그후 나는 B의 부인을 만나 새로운 이야기를 들었다. 부인은 남편이 입원해 있는 동안, 남편의 상사로부터 B의 근황을 묻는 전화를 받았다. 상사 말로는, 회사 사람들도 최근 B가 침울해한다는 사실을 알고는 있었지만 업무가 정상적으로 이루어져서 크게 걱정하지는 않았다고 했다. 다만 마지막 두 차례 회의에서 B가 발언도 거의 하지 않고 우물거렸으며, 진행 중이던 프로젝트에 대해 비관적으로 말해서 사람들을 놀라게 했다고 전했다. 하지만 상사는 B를 높이 평가한다는 말을 빠뜨리지 않았고, 어서 쾌차해서 복직하기를 바란다는 말을 덧붙였다.

입원한 지 이십이 일째 되는 날, 간호사들은 B의 태도가 변했다는 것을 발견했다. 그가 말도 훨씬 쉽게 하고 시선도 한결 편안해졌기 때문이다. 매일 있는 면담 시간 때도 그는 상태가 좋아졌다면서 이제는 신문도 읽는다고 했다. 나는 진정제를 줄였지만 항우울제는 여전히 높은 수준으로 유지시켰다.

날이 갈수록 상태가 호전되었다. 그는 전보다 말이 많아지고 식사량도 많아졌으며, 복직을 대비하는 마음도 비쳤다. 그의 부인이 보기에도 남편의 상태는 좋아져 있었다. 날이 갈수록 B는 진료 시간에 자기 속마음을 쉽게 털어놓았다.

나는 대화를 거듭해나가면서 그가 하는 일의 성격을 더 자세히 파악할 수 있었고, 그의 성격과 우울증의 유발 원인에 대해서도 폭넓게 살필 수 있었다. B는 언제나 남보다 자신에게 엄격한 사람이었고, 항상 자기가 모든 면에서 더 잘해내지 못할까봐 미리 걱정하는 성격이었다. 그렇기에 회사에서의 승진은 그에게 큰 걱정거리를 안겨주었다. 승진하기 전에만 해도 그는 자신의 지적 능력이나 역량으로 감당할 수 있는 자리에 있다고 만족하는 편이었다. 하지만 승진해서 많은 사람을 거느리게 되면서 겁이 나기 시작했다. 더욱 곤란해진 것은 입사동기들을 부하직원으로 부려야 한다는 사실이었다.

그의 우울 증상은 부하직원이 된 입사동기 한 명이 주의를 줬음에도 불구하고 일을 제대로 하지 않고 오히려 프로젝트를 고의로 지연시키려 할 때 시작되었다. 그는 입사동기를 어쩔 수 없이 야단쳐야 하는 상황이나 어쩌면 해고해야 할 상황이 올지도 모른다는 생각에 진저리를 쳤다. 밤에 잠도 제대로 이루지 못했고 집중력은 점점 더 떨어졌다. 회의 때는 큰 목소리로 발언도 하지 못하고, 자기 같은 비겁한 남자와 결혼한 부인에 대한 죄책감은 날이 갈수록 커졌다. 자살하고 싶다는 생각은 이때 시작되었다. 다행히 이 무렵 그의 부인은 남편의 상태가 심상치 않다는 것을 깨닫고 주위에 도움을 청했다.

B는 상태가 호전되어 최근 몇 주간은 자신의 우울증에 대해서 어느 정도 객관적으로 바라볼 수 있게 되었다. 집중력도 예전 상태로 돌아왔다. 그는 부인과 함께 있는다는 조건으로 처음엔 오후 동안, 다음에는 주말 내내 외출할 수 있는 허락을 받았다. 모든 것이 순조로웠고, 그 다음주에 퇴원하기로 일정이 정해졌다.

하지만 그는 복직한다는 생각에 여전히 불안해했다. 나는 도심에 진료실이 있는, 우울증 치료를 전문으로 하는 동료의사를 소개해주었다. 새 의사의 도움으로 B는 점차 자신이 스스로에게 너무 엄격하다는 사실을 깨닫게 되었다. 또한 전과는 달리 똑같은 상황을 다른 시각에서 얼마든지 좋게 볼 수 있다는 사실을 알게 되었다. 특히 의사는 그의 직장동료들 역할을 해주면서 상황을 재조명해주어, 복직에 대한 두려움을 덜어주었다.

  퇴원한 지 한 달이 되었을 때 B의 회사 사장은 그에게 적응훈련도 시킬 겸 새로운 업무를 맡겼다. 한창 사세를 확장 중인 분야의 합병이 예정되어 있어, 작은 기업들에 대한 기술 진단을 맡긴 것이다. 이 업무는 특별히 사람들과 부딪칠 필요가 없는 감리 일이었기 때문에 B는 큰 어려움 없이 해낼 수 있었다. 하지만 그는 예전보다 민첩성이 떨어지고 쉽게 피로를 느끼며 지적 능력도 80퍼센트밖에 발휘되지 않는 것 같다고 자신을 진단했다.

우울증

우울증은 왜 나타나는 것일까?   우울증 depression 은 전 세계 모든 나라
의 정신건강을 심각하게 저해하는 질병이다. 환자 자신이나 그 가족들이
치러야 하는 고통의 대가가 상당한 것이다. 미국의 어느 연구에 따르면
한 해에 우울증 때문에 소요되는 사회적 비용이 수백억 달러에 이른다고
한다. 여기서 치료약에 쏟아 부어지고 있는 것은 일부이고, 나머지는 발
병이나 자살로 인해 빚어지는 사회적 손실이다. 따라서 우울증을 제대로
치료한다는 것은 경제적 관점에서 보더라도 대단히 중요한 일이다.

  B는 항시 기분이 우울하고 기력과 에너지가 감소하는 등의 대표적인
우울 증상을 앓고 있었다. 그는 일할 의욕을 잃고 피로감에 젖어 있었으
며, 활동 의욕이 저하되고 말수가 적어졌다. 깊이 잠들지 못한 채 평소보
다 잠에서 일찍 깨고, 식욕도 떨어졌으며, 말과 행동이 전반적으로 굼뜨
고 느려졌다.

  여기에 두 가지 사실을 덧붙일 필요가 있다. 우선 B가 예전에 즐겨하
던 행동을 그만두었다는 사실이다(그는 딸들에게도 관심을 잃었고, 테
니스도 중단하였다). 또한 그가 언제나 죄책감을 느껴왔다는 사실이다
(그는 자기가 주변사람들에게 짐이 되며, 그들의 사랑을 받을 자격이 없
다고 생각했다). B가 보여주듯이 이 두 가지 사실이 지속되는 경우는 우
울증 중에서도 가장 심각한 상태로 진단한다.

하지만 B처럼 사회적으로 성공을 했고, 동료들에게도 인정을 받으며, 가족을 사랑하는 사람이 어떻게 스스로를 비하하고 자살까지 고려하는 상황에 이르게 되었을까?

대답은 간단하지 않다. 20세기 초부터 정신의학자나 심리학자, 생물학자들은 우울증의 원인에 대해서 여러 각도로 탐구해왔다. 특히 정신의학자들은 의학 수련에서 어떤 교육을 받았으며 어떤 스승의 지도를 받았느냐에 따라 환자를 대하는 태도가 결정되고 세계관에 차이를 보일 수 있다. 요컨대 우울증의 원인을 '설명하는' 방식은 다양하다. 이를테면 서로 다른 의학과정을 수료한 정신의학자와 심리학자들이 위원회를 구성해서 B의 사례를 놓고 각자의 의견을 피력하는 상황을 설정해보자.

정신분석학적 분석　　　우선 우울증에 관한 '정신분석학자'의 설명을 들어보자. 사실 정신분석학자들이 사용하는 말은 이해하기가 그리 쉽지 않기 때문에 나는 왜곡의 위험을 무릅쓰고 다음과 같이 소개하고자 한다.

정신분석학자라면 B가 뭔가를 상실한 상황에 놓였기 때문에 우울한 상태에 빠지게 되었다고 말할 것이다. 현재의 상실경험이 어릴 때의 심리적 발달 단계로 되돌아가는 계기가 된다고 보는 것이다. B가 상실한 그 '대상'은(정신분석가들은 이것이 사람이거나 사물일 때도 '대상'이란 용어를 사용한다) '어떤 상황에서도 전력투구해서 일할 수 있어야 한다'는 자신에 대한 남다른 기대감일 수 있다. 따라서 자신이 기대한 만큼 일을 하지 못하는 상황에 이르자 스스로의 이미지에 대한 상실의 감정이 생겨났고 또 이 상실감은 과거 그가 아기였을 때 느꼈던 감정(퇴행)을 불러일으켰다고 보는 것이다.

정신분석학자들은 아기가 애착을 느끼는 사람이나 사물을 잃어버렸을 때(혹은 떨어져 있을 때), 잃어버린 그 '대상'에 대해 적대심을 느낀다고 말한다. 이후 성인이 되어 다시 상실경험을 하게 되면 어린 시절에 내재화된 상실과 상실된 '대상'에 대한 적대심이 재활성화된다는 것이다. 하지만 상실된 대상은 이미 자기의 일부로 내재화되어 있기에, 결국 대상을 향했던 이 적대심은 자신을 향하게 된다는 설명이다. 이를테면 B의 경우에는 자신을 향한 적대심이 스스로에 대한 자책감과 자살 충동으로 나타난 것이라고 보는 것이다. 우울증 환자가 보이는 증상과 우리가 몹시 애착을 느끼던 무언가를 잃어버렸을 때 나타내는 반응 사이에 유사성이 존재한다는 점은 여러 사람들에 의해 입증된 사실이다. 또한 프로이트는 우리가 소중한 존재를 잃었을 때 겪는 애도반응이 우울 증상과 유사하다는 점을 지적한 바 있다. 영국의 심리학자 볼비도 아이가 어머니로부터 떨어졌을 때 나타내는 반응과 성인의 우울증 사이에 존재하는 유사성에 관해 언급하였다.

'행동주의' 분석　　　이번에는 '행동주의' 심리학자의 소견을 들어볼 차례이다. 앞서 소개한 정신분석학자들은 B의 어린 시절과 무의식에 관심을 쏟는 반면, 행동주의 심리학자들은 환자가 현재 처해 있는 환경과 그

환경에 적응하려고 기울였던 노력에 특히 주목한다. 행동주의자들은 행동의 '강화', 즉 우리가 하는 행동의 결과 측면에 주력한다. 다시 말해 행동을 긍정적 방향으로 이끌어 환자로 하여금 어려움을 극복하도록 하는 것이다. 예를 들어 당신이 초콜릿 과자를 먹고 싶어하는 아이에게 매번 과자를 주지 않다가, 아이가 소리를 지르고 발을 동동 구르게 돼서야 과자를 주었다고 가정해보자. 이런 일이 있은 다음부터는 당신이 과자를 주지 않을 경우 아이는 점점 더 자주, 더 오랫동안 떼를 쓸 가능성이 높다. 따라서 당신은 아이가 동일한 상황에 놓일 때 분노를 점점 더 집요한 방식으로 터뜨리는 방향으로 사태를 강화시킨 셈이다. 또다른 예를 들어보자. 만일 당신이 주례회의에 늦은 사람을 기다렸다가 회의를 시작했다면, 그 사람은 다음에도 지각할 가능성이 높다. 당신은 지각한 사람을 기다려줌으로써 그가 '지각'하려는 행동 성향을 강화시킨 것이다(역으로 지각하는 사람에게 모질게 질책을 하는 경우도 생각해볼 수 있다).

이처럼 우리는 우리 자신의 행동에 대해서 곰곰이 생각해볼 때, 행동 강화의 원칙에 따라 처신하는 경우가 대단히 많다는 것을 알게 된다. 예를 들어 '일'이라고 불리는 행동은 '봉급'이나 '사회적 신분'이란 긍정적 강화에 의해서 유지된다고 볼 수 있다. 또는 드물긴 하지만, '일하는 즐거움'이란 긍정적 동기부여가 강화로 작용할 수도 있다. 또한 우리가 하는 행동은 불쾌감을 주는 부정적 강화를 회피하고자 하는 노력으로도 이해할 수 있다. 때로 우리가 하는 행동이 긍정적 강화를 직접적으로 가져다주지는 않는다 하더라도, '물질적 어려움'이나 '고독'과 같은 부정적 강화를 면하도록 해줄 수 있기 때문이다.

　물론 모든 행동이 강화라는 기준에 따라 이루어지지는 않는다. 우리가 지향하는 행동은 개개인의 능력이라는 기본 조건이 갖춰져야 성립되기 때문이다. 예를 들어 누가 나에게 엄청난 돈을 줄 테니 〈백조의 호수〉의 주역 발레리노 역할을 맡아달라고 하더라도 내가 그 기대에 부응하는 동작과 연기를 할 수는 없다. 차라리 내가 아니라 관객들에게 돈을 주는 편이 나을 것이다. 즉 우리는 교육이나 유전을 통해 이미 우리 능력으로 이룰 수 있는 행동만을 행할 수 있는 것이다.

　따라서 행동주의자들은 B가 우울증에 빠진 까닭은, 그가 새로운 환경에 처했을 때 긍정적 강화를 이끌어낼 수 있는 행동을 해낼 수 없었기 때문이라고 말할 것이다. B에게 있어 새로운 환경이란 승진해서 새로운 프로젝트를 맡게 된 일인데, 불행히도 그는 경영에 관한 행동 경험이 없었다. 따라서 그의 서툰 행동은 만족 내지 긍정적 강화(예컨대 동료들로부터 인정을 받는다거나, 계획한 일을 성공적으로 이끄는 따위)를 이끌어내지 못했다. 새 환경에 적응하려고 노력을 했지만 강화를 받지 못했고, 결국 실패할 경우 일어날 수 있는 수동적 행동과 상황 회피로 치닫게 되었다고 보는 것이다. 즉 행동주의자가 볼 때 B의 우울증은 그가 처한 환경으로부터 충분한 긍정적 강화를 이끌어내지 못한 데서 비롯되었다.

　행동주의자들은 자신들의 가설을 입증하기 위해 쥐나 비둘기 등의 동물들을 가지고 실험을 실시하였다. 다음에 소개하는 실험은 B가 헛되이 부하직원들을 이끌고 프로젝트를 추진했을 때의 상황과 대단히 유사하다.

우선 쥐 한 마리를 물이 가득한 병 속에 넣는다(새로운 환경). 연구자들은 고약하게도 병의 가장자리를 미끄럽게 만들어서 쥐가 오르지도 못하고 지탱하지도 못하게 하였다. 따라서 불쌍한 쥐는 병 속에서 발버둥치지만 발이 바닥에 닿지 않는다. 쥐는 아무리 노력을 해도 보상·강화받는 상황이 아님을 경험하는 것이다. 마침내 일정 시간이 지나면 쥐는 더이상 발버둥치지 않는다. 연구자들이 '학습된 무기력'이란 부르는 행동을 보이는 것이다. 하지만 놀라운 사실은 물이 담긴 병 속에 넣기 몇 주 전부터 쥐에게 항우울제를 투약할 경우, 보통 쥐보다도 훨씬 오래 발버둥친다는 점이다.

생물 정신의학적 분석   "B의 우울증은 신경전달물질의 문제, 즉 뇌세포에 신경 자극을 전달하는 물질의 이상 때문에 발생한 것이다."

이처럼 생물 정신의학자는 일련의 생물학적 개념들을 빌어서 우울증을 설명한다.

이를테면 자살 충동을 느끼는 우울증 환자들은 신경전달물질인 세로토닌serotonin 유도체의 함량이 비정상적으로 낮으며, 노어에피네프린norepinephrine이나 도파민dopamine과 같은 신경전달물질의 기능저하가 관찰된다고 한다.

또한 우울증 환자들은 신경내분비적으로도 문제가 있어 호르몬 수치 역시 정상인과 다르다고 한다. 몇몇 호르몬 테스트에 의하면 상당수 우울증 환자들은 코르티솔^{cortisol}이나 갑상선 호르몬 수치가 비정상적인 것으로 나타났다. 이와 같은 호르몬 이상은 시상하부의 기능 부전에 의해 발생하는 것으로 우울증의 원인이 된다는 견해이다. 시상하부는 뇌의 기저에 위치한 내분비선으로, 자율신경계의 최고 중추이다. 시상하부는 모든 호르몬 내분비선의 활동을 주관하는 뇌하수체를 직접 통제한다.

생물 정신의학자는 각성 시와 수면 시의 뇌파검사 결과를 통해 우울증의 원인을 설명하기도 한다. 연구 결과에 따르면 우울증 환자들은 전체적인 수면시간이 적고, 잠들기 시작한 뒤 처음 꿈을 꾸게 되는 REM수면단계^{rapid eye movement}에 이르는 시간이 정상인에 비해 매우 짧은 반면 Non-REM 수면(서파 수면)은 감소되어 있다고 한다.

또한 신경해부학적 소견으로 우울증이 뇌의 변연계, 기저절 및 시상하부의 병리와 관계가 깊다는 가설을 지지하는 연구 결과가 많이 보고되고 있다. 일례로 기저절과 변연계의 신경질환들이 우울 증상과 비슷한 양상을 보인다고 한다. 즉 시상하부의 기능이상이 있는 경우 우울증 환자에서 볼 수 있는 수면, 식욕, 성 행위의 변화, 내분비, 면역계에서의 생물학적 변화와 유사한 증상이 나타난다는 것이다.

한편 생물 정신의학자는 우울증과 뇌기능과의 상관관계를 좀더 명확히 확인하기 위해 뇌영상 결과를 이용한다. 그 예로 PET(전자 방출 단층촬영)를 설명해보자. PET 영상을 보면 뇌의 각 부위가 '온도'에 따라 명도가 다르게 찍힌다는 사실을 확인할 수 있다. 이 기계는 뇌를 단층촬영할 때 사용하는데, 뇌 영역별 신진대사 상황은 물론 혈액 분포까지 포착한다. 그래서 이 기계를 사용하면 '뜨거운' 부위와 '차가운' 부위가 표시됨으로써 우리 뇌의 각 영역이 어느 만큼 신진대사를 하고 있는지 한 눈에 알 수 있는 두뇌지도를 만들 수 있다. 예컨대 PET를 사용하면 우리가 지금 수학 계산을 하고 있는지 아니면 베토벤 음악을 듣고 있는 지 알 수 있다. 우리가 수학 계산할 때와 음악 멜로디를 회상할 때 활성화되는 영역이 다르기 때문에 PET 영상에서 활동 부위가 서로 다르게 포착되고 포도당 소비량도 다르게 나타나기 때문이다. 따라서 PET를 사용하면 우리의 '사고'가 정상인지 아닌지 포착이 가능하다. 우울증 환자의 경우, 전반적인 대뇌 피질 특히 전두엽 피질에서의 혈류 감소가 확인된 바 있다.

우울증에 관한 학계의 견해

그렇다면 우리가 만든 가상의 위원회는 이처럼 다양한 의견 중 과연 어떤 것을 B의 우울증의 원인으로 결론내려야 하는 걸까? 오늘날에는 우울증을 심리학적, 생물학적, 환경적 요인들이 어우러져 나타나는 복합적 현상으로 이해하는 관점이 주류를 이루고 있다. 따라서 많은 정신과 의사들이 절충적 입장을 취하고 있는 상태이다. 현재 우울증 연구는 진단 기준을 세분화하는 한편, 우울증의 메커니즘을 보다 정확히 이해하고 또 이에 대한 치료 효과를 높이려는 쪽으로 진행되고 있다.

과거 병력을 통한 우울증 진단　　우울증 진단에 있어서 빠뜨릴 수 없는
또 한 가지 주요한 사항은 환자의 과거 병력을 알아보는 일이다. 만일 기
분이 과도하게 들뜨고 대책 없이 낙관적인 태도를 보였던 경험이 있다
면, 이는 우리가 이미 앞장에서 본 것처럼 우울증과는 정반대인 조증 증
상을 겪은 것임에 틀림없다. 이처럼 과거에 조증이나 경조 증상을 보였
던 우울증 환자는 양극성 기분 장애 환자로 구분해야 한다. 많은 연구에
따르면 양극성 기분 장애 환자는 그렇지 않은 환자보다 항우울제에 더
잘 반응하며, 유전적 요인도 더욱 강하고, 자살 위험도 훨씬 높은 것으로
나타났다.

　B는 과거 조증이나 경조증을 보인 적이 없는 순수한 우울증 환자이다.
그가 나타내는 대표적 증상들, 불면증, 아침에 특히 기분이 저조해지는
것, 느린 거동과 식욕부진 등은 항우울증 치료를 우선시되어야 함을 보
여준다.

우울증 촉발 요인　　우울증을 야기하는 여러 요인들을 열거해보자면
기질적 요인(유전, 태생적 성향), 사회환경적 요인(가정환경, 교우관계,
의사전달 능력, 여가활동), 스트레스 요인(친지의 죽음, 환경악화, 질
병, 과도한 스트레스) 등을 들 수 있다. 오늘날에는 이미 기질적 취약성
있는 사람에게 스트레스 요인과 사회환경적 요인 등이 작용하여 우울증
이 유발된다는 가설이 일반적으로 받아들여지고 있다(스트레스-취약성

가설).

B의 경우, 우울증을 유발시킨 기질적 요인은 무엇이었을까? 흔히 사람들이 우울증에 대해 언급할 때는 '성격'을 문제 삼으면서, 특정 성격을 가진 사람들이 우울증에 잘 걸린다는 말을 하곤 한다. 그렇다면 B의 성격은 어떠한가? B는 완벽주의 성향이 강한 편으로 남에 대한 배려가 투철하며 신중하고 의무감이 강한 사람이라고 할 수 있다. 독일의 의학자 텔렌바흐는 이런 성격을 '멜랑콜리 타입'이라고 규정하여 설명한 바 있다. 텔렌바흐는 우울 증상을 보이다가 회복한 환자 백여 명을 면밀하게 관찰하여 B와 유사한 성격적 공통점을 발견하고는 이를 '멜랑콜리 타입'이라고 이름붙였다. 하지만 텔렌바흐 이후 실시된 연구에 따르면, 남에 대한 배려가 철저한 완벽주의자라 해서 우울증에 특히 취약하지는 않으며, 이와는 전혀 다른 성격을 가진 사람들에게서도 우울증이 빈번히 발병할 수 있다고 한다.

기질적 요인은 생물학적 관점에서도 조망해볼 수 있다. 우울증 소인과 같은 생물학적 취약성은 키나 눈의 빛깔처럼 유전될 수 있다. 가족이나 친척 중에 우울증 환자가 있는 사람은 우울증에 걸릴 확률이 그렇지 않은 사람에 비해 높고, 특히 양극성 기분 장애의 경우 그 확률이 더욱 높다고 한다. 통계에 따르면, 양극성 기분 장애 환자의 경우 가까운 가족 중에 우울증 병력이 관찰되는 비율이 무려 50퍼센트에 달하였다.

B의 경우, 그의 어머니는 한 번도 정신과 의사의 진료를 받아본 적은 없지만, 남편이 교통사고로 죽은 후 여러 해 동안 우울증을 앓았음에 틀림없다. 큰일을 당한 후 그녀는 직업적으로나 가정적으로 정상적인 생활

을 회복하지 못했다고 한다. 어쩌면 B는 부분적으로나마 유전적으로 우울증에 취약한 인자를 물려받았을 수도 있다.

하지만 기질적 요인이 전부는 아니다. 어린 시절 정서적인 외상을 입은 경우 우울증에 취약해질 수 있기 때문이다. 영국에서 행해진 한 연구에 의하면, 열한 살이 되기 전 어머니를 잃은 아이는 그렇지 않은 아이보다 성장해서 우울증 발병률이 높았다고 한다. B는 열세 살일 때 무척 좋아했던 아버지를 잃었다. 이상의 내용을 종합해볼 때 우울증 유발 요인 중 심리학적 요인과 생물학적 요인을 명확히 구분하는 것이 대단히 어려운 것임을 알 수 있다. 심리학적 현상은 생물학적 근거를 필요로 하며, 생물학적 현상은 심리적인 양상으로 나타나기 때문이다.

B의 우울증을 사회환경적 요인의 관점에서 살펴볼 수도 있다. 가정환경이 안정되고 따뜻한지, 직장동료와는 우호적인지 등 주변환경에 좀더 관심을 기울이는 접근법이다. 일반적으로 미혼남성은 기혼남성에 비해 우울증에 빠지는 비율이 높고, 주변의 도움을 흔쾌히 받아들이는 사람은 우울증에 빠질 가능성이 상대적으로 낮은 것으로 나타났다. 하지만 이러한 관점의 설명이 B에게는 잘 맞지 않는다. 왜냐면 그는 좋은 환경에 있음에도 속내를 잘 드러내지 않는 성격이라서 다른 사람과의 대화를 통해 쉽사리 용기를 얻는 유형이 아니기 때문이다.

B의 우울증을 촉발시킨 요인 중 가장 눈에 띄는 것은 승진이었다. 그는 승진을 통해 여러 부하직원을 거느리게 되었고, 그들을 해고할 수도 있는 권한을 갖게 됨으로써 남에 대한 배려가 몸에 밴 자신의 인성과 갈등하는 상황에 처하게 됐다. 게다가 그는 자기 자신이나 세상을 향해 완

벽주의를 고수하고 있었기 때문에 스스로의 기대치에 미치지 못한다는 생각이 들 때 몹시 괴로워했다.

원인이야 무엇이 됐든 우울증 발병 후 적절한 치료를 받기 전까지, B의 뇌에 생물학적 기능 부전이 일어난 것은 의심할 수 없는 사실이었다. 처방한 항우울제는 바로 생화학적 기능 이상을 치료하는 약이었고, 그는 약물의 도움으로 다시 평상시의 기분을 되찾았고 두려운 상황에 맞닥뜨렸을 때도 집중력과 에너지, 그리고 예전의 능력을 다시 회복할 수 있었다.

하지만 B는 우울증 치료를 받았던 다른 환자들처럼, 정상으로 돌아온 이후에도 여러 달 동안 두뇌의 신진대사 이상을 경험해야 했다. 바로 이런 이유 때문에 우울증 환자는 정상으로 돌아온 후에도 적어도 6개월에서 1년간은 치료를 계속 받아야 한다. 그러나 치료약의 일시적인 부작용을 겪었던 환자들은 증상이 호전되면 바로 약물치료를 중단하고 싶어하는 경향이 있다. 이럴 때 의사는 치료를 급격하게 중단하면 재발의 위험성이 있다는 사실을 반드시 환자에게 주지시켜야 한다.

우울증 치료에 인지-심리치료가 필수적인 이유

마지막으로, 비록 치료약이 좋은 효과를 가져온다 하더라도 심리치료를 병행하는 것이 바람직하다는 사실을 말하고 싶다. 심리치료에는 여러 유형이 있는데, 환자의 개별적 특성이나 상황을 고려해서 결정해야 할 것으로 보인다. B의 경우는 환자의 성격과도 잘 맞았고, 환자 자신이 과학에 대한 믿음을 가지고 있었으며, 가능하면 빠른 시일 내에 복직하기를 희망했기 때문에 인지-심리치료가 바람직한 선택이라 여겨졌다.

인지-심리치료는 기본적으로 환자가 인지적 정보를 잘못 해석하여 스스로에게 해를 자초한다는 입장을 견지하고 있다. 우울증 환자는 특정상황에 맞닥뜨릴 때, 자신에게 가장 불행하고도 나쁜 방식으로 해석하는 행동 특성을 보인다고 한다.

널리 알려진 예를 들어보자. 우울증 환자는 복도에서 동료와 마주쳤을 때 자기한테 인사를 하지 않고 지나치는 경우, 그가 자기를 무시하기 때문이라고 생각한다. 인지-심리치료의 개척자 가운데 한 명인 미국의 정신의학자 벡은 우리가 어떤 상황을 겪을 때 머릿속에 자연스럽게 떠오르는 생각을 '자동적 사고'라고 부른다. 인지-심리치료자는 환자가 이처럼 우울한 '자동적 사고'를 할 때 동일 현상을 해석하는 방법이 매우 다양하다는 사실을 주지시킨다. 예를 들어, 동료가 그를 보질 못했다, 동료가 바빴다, 동료가 다른 생각에 골똘했다, 동료는 아는 사람을 만나도 대개 인사를 하지 않는다, 동료가 그를 두려워한다 등의 해석이 가능하기 때문이다. 하지만 치료자는 이러한 다양한 해석을 환자에게 직접 제시하는 대신, 환자 자신이 찾아내도록 유도해야 한다. 치료과정을 통해 환자는 스스로를 우울하게 만드는 '자동적 사고'가 비합리적이며, 있을 수 있는 다양한 해석 가운데 하나일 뿐이라는 생각에 이르게 된다. 그런 다음 치료자는 환자에게 어떤 해석이 가능한지를 묻는다. 그러면 환자는 앞서 소개한 예에서처럼 동료의 행동이나 다른 사람들의 행동을 고려해서 그때의 상황에 대한 여러 해석을 시도한다. 동시에 환자는 동료와 과거에 있었던 일을 회고하기도 하고, 다른 사람들에게 질문을 하기도 하며, 마침내는 문제의 동료와 직접 만나서 말을 하거나 그와 마주쳤을 때 먼저 인사를 하기도 하게 되는 것이다. 이런 과정을 거치면서 환자는 점차 여러 상황에 부딪쳐서 적극적으로 처신하는 마음가짐을 다지는 한편, 예전처럼 즉각적으로 우울한 해석을 내리고 여기에 집착하는 태도를 버리게 된다.

사실 문제의 동료가 환자를 무시해서 그런 행동을 취했을 수도 있다. 하지만 치료자는 환자에게 우울증을 촉발하는 요인은 상황 그 자체라기보다 특정상황에 중요성을 부여하는 환자의 태도에 있음을 깨닫도록 만든다. 왜냐하면 다른 사람들이라도 똑같은 상황에 직면했을 때 화가 나고 기분이 상할 수는 있겠지만 우울증 환자처럼 지독한 자기 모멸감으로 이어지지는 않을 것이기 때문이다.

일찍이 그리스의 철학자 에픽테토스는 "사람에게 영향을 미치는 것은 사건 자체가 아니라 그 사건에 대해서 어떻게 생각하느냐이다"라고 말했다. 앞선 사례 속 환자에게 있어서 동료에게 무시당한다는 것은 도저히 견딜 수 없는 일인데, 이는 환자가 자기 자신이나 세상에 대해서 품고 있는 관념과 대치되기 때문이다. 이러한 관념을 벡은 '도식'이라 명명했는데, 도식은 무의식적인 수준에서 작용하지만 마치 눈에 보이지 않는 색안경처럼 세상을 바라보는 우리의 시선을 끊임없이 왜곡시키기에 문제가 될 수 있다. 이 관념이 외부적으로 표출될 경우에는, 환자 자신이 소중히 생각하는 일종의 격언 형태로 나타나게 되는데, 이 때문에 '무언의 가정'이라고 불리기도 한다. 예컨대 앞서의 환자가 동료로부터 무시를 당했을 때 자동적으로 작용하는 '무언의 가정'은 아마도 다음과 같을 것이다. '나는 내가 중요하게 생각하는 사람들로부터 사랑을 받고 좋은 평가를 받아야 한다. 그렇지 않는다면 나는 하찮은 존재에 불과할 것이다.' 또는 '나는 내가 하는 모든 일에서 성공해야 한다. 그렇지 못한다면 나는 못난 사람이다.' 또는 '나의 가치는 다른 사람들의 평가에 달려 있다.' 등등 말이다. 사실 우리 모두는 무의식적으로 이런 종류의 관념을 가지고 있다. 우리는 바로 이 관념에 따라 우리 자신과 다른 사람들을 바라보며, 우리가 어떻게 행동해야 할 것인지를 결정한다. 대개 관념은 우리가 어린 시절 겪었던 경험과 우리들이 받았던 교육에서 비롯한다. 그중 우울증 환자들은 이와 같은 '무언의 가정'이 보다 경직되고, 더욱 엄격하게 작용하는 듯하다.

인지-심리치료자의 역할은 이처럼 개인적이고 은밀하게 작용하는 내면세계 '무언의 가정'을 바깥으로 끄집어내도록 한 다음, 우울증을 야기했던 상황을 재경험하도록 하는 것이다. 그런 다음 치료자는 환자가 제시하는 가정들이 과연 근거가 있는지 다시 생각해보도록 유도하여 환자가 자기 자신과 세상에 대해서 더욱 객관적인 시선을 가질 수 있도록 돕는다. 인지-심리치료는 예방 차원에서 활용되기도 한다. B의 경우 그가 특정상황에 부딪혔을 때 비관적 견해로 상황을 단정짓지 않도록 하고, 타인의 평가에 민감하고 또 성공이나 실패에 대해 지나치게 경직된 기준을 가진 B의 '무언의 가정'을 수정하도록 함으로써, 장차 스트레스를 줄 수 있는 상황을 이겨내고 우울증이 재발하지 않도록 돕는다.

우울 증상만을 보이는 환자집단에서 인지-심리치료의 효과와 약물치료 효과를 비교하는 다양한 연구가 이루어졌다. 그 결과를 자세히 서술하기는 힘들지만 10건 이상의 비교 연구에 따르면, 인지-심리치료의 치료 성공률이 약물치료 성공률과 거의 비슷한 수준이었다고 하며, 그중에서도 둘을 병행할 때 치료 효과가 극대화되는 것으로 나타났다.

하지만 심리치료의 효율성을 측정하는 데에는 방법론적으로 적지 않은 난관이 있다. 동일한 증상을 나타내는 충분한 수의 환자를 연구 대상으로 삼아야 하기 때문이다. 환자들은 모두 비슷한 수준의 치료를 받아야 한다는 사실이 전제되어야 하며, 또한 비교가 가능하도록 그룹 내에서 각기 다른 치료를 받는 대조집단이 있어야 한다. 치료 효과의 평가 기준과 방법도 객관적이며 신뢰할 수 있는 것이어야 하며, 평가하는 사람도 자기가 평가하는 자료가 어떤 치료법에 의한 것인지 모르는 상태에서 무작위로 선택되어야 한다.

이러한 비교 연구의 목적은 심리치료의 우월성을 증명하기 위한 것이 아니라, 각기 다른 유형의 환자에게 어떤 치료법이 가장 잘 맞는가를 확인하는 데 있다. 오늘날 정신의학자들은 각각의 치료법이 다양한 증상과 다양한 환자 특성에 따라 어떤 장점과 한계를 나타내는지 비교 연구하고 있다. 따라서 이 연구들은 특정 치료법이 다른 치료법보다 더 우월하다는 식의 이분법적이고 이데올로기적 성격을 지양하고, 환자 개개인의 특성에 가장 잘 맞는 치료법이 무엇인지를 알아내는 데 목적을 둔 연구라 할 수 있다. 정신이 아니라 육체에 병이 났을 때, 자사의 약이 가장 좋다는 제약회사의 말만 믿고 약을 복용하는 사람은 없을 것이다. 어떤 약이

가장 좋은지는 실제로 여러 약들을 비교해보아야 알 수 있다. 심리치료
에서도 다르지 않다.

Epilogue

B는 정기적으로 담당 심리치료자를 만나고, 항우울제도 거르지 않고 복용했다. 그는 퇴원한 지 6개월이 지나자 거의 정상으로 돌아왔다. 그래서 부하직원들을 거느릴 수 있는 마음의 준비도 갖추어졌지만, 회사 내에서 그간의 사정을 모두 알아버린 터라 실제로 그렇게 이루어지기 힘든 상태였다. 이에 그는 회사를 옮기길 희망했고 다른 회사에서 예전처럼 순탄하게 업무를 이어갔다. 또한 성격상의 취약점도 서서히 자취를 감췄다. 그는 한 달에 한 번씩 의사를 만나서 자신의 생각을 객관적 시각에 비추어 수정해나갔다. 6개월째에 접어들면서 항우울제 복용량을 서서히 줄이기로 결정했다. 1년이 되었을 때 아무 이상도 발견되지 않자 마침내 모든 치료를 중단하기로 했다. 이제 B는 우울증의 전조 현상도 스스로 의식할 수 있게 되었고, 언제 의사를 찾아야 하는지도 알고 있다. 그는 인지-심리치료를 통해 자신에게 너무 엄격했던 과거의 태도를 버림으로써 스트레스도 통제할 수 있게 되었다. 우울증을 앓았던 모든 환자가 그렇듯 그 또한 재발의 위험이 완전히 사라진 것은 아니지만, 예전 그 어느 때보다 스스로 잘 무장되었다고 느끼고 있었다.

내가 그를 마지막으로 본 것은 그가 치료를 완전히 중단하고 나서 과연 잘 지내고 있는지 확인하려고 가졌던 추후 면담 때이다. 그는 많은 시련을 겪었음에도 평온하면서도 책임감 있는 면모를 보여주었다. 재미있는 사실은 그에게서 예전엔 볼 수 없었던 유머감각을 엿볼 수 있었다는 점이다. 그가 진료실에 앉아 있는 동안 나는 서류함을 뒤져 그의 서류를 찾으려 했으나 허사였다. 어딘가에서 분실한 것이다. 나는 서류를 찾을 수 없다고 솔직하게 말했다. 그러자 그는 웃으면서 이렇게 말했다.

"그 정도 일로 죄책감 느끼지 마십시오."

네번째 특별한 만남

피 흘리는 어린 왕자 | 자폐증

다섯 살인 뢱은 거의 말이 없었다. 가족들은 뢱처럼 말이 없는 아이는 본 적이 없다고 했다. 뢱은 혼자서 아무 말 없이 실을 만지작거리거나 창 밖을 바라보면서 시간을 보냈고, 형들과 함께 놀지도 않았다. 형들이 마당에 나와서 함께 놀자고 소리치면 뢱은 화난 표정을 지으며 돌아서거나 한쪽 구석에 처박혀 있곤 했다. 학교에서도 선생님들은 뢱이 교실 바닥에 누워 뒹군다고 불만을 토로했다. 뢱은 선생님이 야단을 쳐도 전혀 아랑곳하지 않았다. 휴식 시간이 되면 뢱은 친구들과 떨어져서 학교 아래쪽 공터에 있는 옛 철길로 가곤 했다. 거기 앉아서 이제는 기차가 지나다니지도 않는 철길을 멍하니 바라보는 것이다. 선생님이 수업 시간이 되었다고 찾으러 오기까지 뢱은 그 자리에서 꼼짝도 하지 않았다. 선생님은 뢱이 학교를 옮겨야 하지 않을까 고민하고 있었다. 한편 글을 읽을 줄 아는지 모르는지 알 수는 없지만, 뢱은 학교에서 돌아오면 자기가 제일 좋아하는 장소인 소파 뒤편에 자리를 잡고서 오랫동안 책을 뒤적였다. 뢱이 읽는 책은 언제나 똑같은 세 권이었다. 한 권은 바다를 횡단하는 작은 거북이의 모험이 담긴『어린 거북이 레아』, 또 한 권은 원래 뢱의 할아버지 책으로 물고기 판화가 여러 장 수록되어 있는『강에서 낚시하는 법』, 또 한 권은 세 살가량 된 아기를 위한 책으로 뢱의 여동생이 군데군데 색칠을 해놓은『집안의 살림살이』란 책이다. 한번은 뢱의 여동생이 이 책 한쪽을 또다시 색칠했다. 이를 발견한 뢱은 길길이 날뛰면서 벽을 향해 책을 내동댕이쳤다. 뢱은 자주 화를 내는데, 부모는 어째서 아이가 화를 내는지 까닭을 몰랐다.

***

뢱의 어머니는 눈물을 훔치며 말했다. "예전엔 아주 얌전한 아이였어요." 뢱의 부모인 T씨 부부는 소아정신과 의사인 안 J의 진료실에 앉아 있었다. 그 당시, 6개월 전부터 소아정신과 레지던트로 일했던 나도 그 자리에 있었다.

"그간 여러 의사 선생님을 만나보았지만 허사였어요."

"제 안사람 말은 의사 선생님들이 잘못했다는 게 아닙니다. 저희도 의사 선생님들이 최선을 다했다는 걸 알지요. 하지만 쉽지 않았을 뿐이겠지요."

"뢱은 저한테 말을 하지 않아요. 쳐다보지도 않는 걸요. 제가 안아주어도 쳐다보질 않아요. 엄마인데도 말이에요."

뢱의 아버지가 이어서 말했다.

"박사님, 저희가 특히 염려하는 것은 아이가 거의 먹질 않는다는 겁니다. 그래서 성장도 멈췄습니다. 게다가 아이의 행동이……."

우리는 때로 우리가 아는 세상과 전혀 다른 세상에 사는 존재를 만나게 된다. 이런 잊지 못할 만남은 종종 병원에서, 특히 정신과나 소아정신과 병동에서 이루어진다. 하지만 바로 곁에 서 있는 존재가 겪는 고통을 이해하지 못하는 한, 우리는 그들만의 세계에 접근할 수 없다.

꼬마 뢱을 처음 본 사람들은 누구나 '어린 왕자'를 연상할 것이다. 뢱은 생텍쥐페리의 소설에 나오는 주인공처럼 눈망울이 커다랗고 투명했다. 어린 왕자처럼 우리가 사는 세상과는 다른 세상을 알고 있으며, 여전히 그 속에서 살고 있는 듯이 보였다. 뢱은 마음속으로 다른 세상의 기억을 좇기라도 하듯 접시나 곰 인형, 문고리 같은 하찮은 물건들에 사로잡혀 한참을 관찰하곤 했다. 그 애는 사람보다는 사물에 더 많은 관심을 보이는 듯했다. 뢱과 시선을 마주하기는 대단히 어려웠다. 왜냐면 뢱은 언제나 사람들의 시선을 피하는 듯했으며, 어쩌다 그애와 시선이 마주치더라도 그 시선은 강렬하면서도 텅 빈 듯 해서 마치 지나다가 몸이 부딪히지 않으려고 가구나 문에 잠시 눈길을 주는 것처럼 보여, 바라보는 사람을 무색케 만들기 때문이었다.

뢱은 어린 왕자를 닮긴 했지만, 어린 왕자처럼 양을 그려달라고 한 적은 한 번도 없었다. 그 애는 양에게 관심도 없을 뿐 더러, 남에게 부탁하는 법도 없는 아이였다. 뢱이 말을 거의 하지 않은 지 벌써 6개월이 되었다. 유일하게 하는 말이 있다면, 식사 때 "먹어"하고 고함을 지를 때와 이따금씩 음악을 들으며 "노래, 난 노래를 좋아해"라고 중얼거리는 것이 전부였다.

사람들이 뤽에게 장난감을 주면서 관심을 끌려고 하면 가끔 장난감을 집어들기도 했지만, 대개는 장난감보다는 아이 곁으로 다가 앉으려고 끌어당기는 의자나 벽에 비치는 빛, 그림자에 더 많은 관심을 보였다. 그러면 뤽의 관심을 끌려던 사람은 손에 장난감을 쥔 채로 멍하니 있을 수밖에 없었는데, 마치 새로 부임한 외교관이 현지 국가의 젊은 왕 앞에서 의전상의 큰 실수를 저질러 왕으로부터 말 한마디 제대로 듣지 못하고 철저히 외면을 당하는 듯한 형국이었다.

뤽은 누가 자신을 씻기거나 옷을 입힐 때도 사람을 쳐다보는 법이 없었다.

간호사는 뤽이 입원해서 사흘째 되는 날에도 밥을 먹으면서 피를 흘렸다고 전했다.

"피라니요?"

"뤽은 음식을 한 입 먹을 때마다 자기 몸을 부딪쳐요."

"자기 몸을 부딪치다니요?"

"밥을 먹을 때마다 팔꿈치를 탁자에 부딪치거나 머리를 벽에 박고 있어요. 피가 날 정도로 말이에요. 그래서 지난 번에는 두 바늘이나 꿰맸어요."

"현재 몸무게가 얼마나 나가지요?"

"줄지도 않고 늘지도 않아요. 간신히 십오 킬로 정도 나갈 겁니다. 성장이 아주 더뎌요."

"뤽이 집에 있을 때는 어떻다고 하던가요?"

"마찬가지예요. 먹을 때마다 지금처럼 몸을 부딪쳤다고 하네요. 그래서 입원시킨 거지요. 부모도 도저히 어떻게 할 수 없었으니까요."

뤽은 형이 둘이고 여동생이 하나 있는데 모두 건강했다. 여동생은 뤽의 책인 『집안의 살림살이』에 색칠하기를 좋아했고, 여덟 살과 아홉 살 난 두 형은 뤽을 데리고 놀기를 이미 포기한 상태였다. 뤽의 아버지는 대형 수퍼마켓의 직원으로 일했고, 어머니는 예전엔 마을 시청에서 일을 했으나 막내가 태어난 이후에는 집에서 살림만 하고 있었다.

태어날 때 뤽은 조금 늦게 울었던 것을 제외하곤 모든 것이 정상이었다. 갓난아기일 때는 아주 조용했다. 잘 울지도 않고 웃는 일도 없었으며 잠을 많이 잤다. 밤에도 잘 자고 먹기도 잘 먹었다. 그래서 엄마는 뤽을 낳고 아주 흡족해했다. 위로 두 사내아이는 갓난아기 때 꽤나 애를 먹였기 때문이다. 그러나 뤽이 돌 무렵이 되자, 부모는 불안해지기 시작했다. 뤽이 전혀 웃지도 않고 도무지 걸으려 하지 않기 때문이다. 엄마가 기저귀를 갈아주거나 먹을 것을 줘도 웃음으로 화답하는 일이 없었다. 때론 엄마 얼굴을 아예 쳐다보지도 않았다. 당시 뤽을 진찰했던 의사들은 뤽이 '경미한 수준의 정신지체'인 것 같다고 말했다. 검사도 여러 종류 받아보았지만 모든 게 정상이었다. 의사들은 뤽의 부모에게 너무 걱정하지 말라고만 했다. 그후 뤽은 조금씩 나아지는 듯했다. 걷기 시작했고 말도 조금씩 하기 시작했기 때문이다. 하지만 엄마는 여전히 자기 아이가 여느 아이들과는 다르다고 느꼈다.

뤽은 네 살이 되자 놀이방에 들어갔다. 놀이방 보모는 뤽이 혼자 놀기를 좋아하고, '사람들에게 관심을 쏟을 줄 모른다'고 했다. 당시 뤽은 언어치료를 받고 있었는데, 담당 의사는 뤽에게 사람들과의 대화를 진전시키기 위해서 그림과 찰흙 놀이를 이용했다. 하지만 뤽은 여전히 말이 거의 없었다. 가끔 완전한 문장을 구사하기도 하지만, 자주 '나' 대신에 '너'란 단어를 썼다. 이를테면 "나는 연필이 있었으면 해"란 말 대신 "넌 연필이 필요해"라고 말하곤 했다.

유아원에 들어가면서 뤽의 상태는 더 나빠졌다. 뤽은 선생님이 뭐라 하든 교실 바닥에 드러눕는 버릇이 생겼다. 자기 형들과는 가끔씩 놀기도 하지만, 다른 아이들과 어울리려 하지 않았다. 또 뤽은 식탁에 새로 냅킨을 깐다거나 가구를 옮긴다거나 새 접시를 쓴다거나 하는 것처럼 사소한 변화를 목격하면 불같이 화를 내곤 했다. 가정의학과 의사는 뤽을 정신과 의사에게 보이라고 했다.

내가 처음 뤽을 만난 것은 소아정신과 의사인 안과 뤽의 어머니 세실, 그리고 뤽이 입원할 때부터 줄곧 그를 돌봐온 간호사와 함께였다. 뤽의 어머니가 아이의 손을 잡고 진료실에 들어섰다. 뤽은 멈춰 서더니 우리를 쳐다보았다. 아이는 호리호리하고 아주 창백했다. 얼굴은 마치 누구에게 맞은 것처럼 멍투성이였는데, 코 밑에는 피가 엉겨붙어 있었고 관자놀이에는 꿰맨 자국이 있었다. 아이는 1초가량 우리를 쳐다보더니 이내 어머니의 손을 놓고 벽에 기댄 채 드러누웠다. 그리고 앞 뒤로 몸을 흔들거리며 바닥을 응시했다.

"뤽, 이리 와."

아이가 일어나 창문가로 향했다. 그리고 한참 동안 밖을 내다보았다. 계절은 겨울이었고, 창 밖에는 앙상한 가지만 남은 플라타너스뿐이었다. 뢱은 눈을 감고 한동안 꼼짝하지 않았다. 그러더니 여전히 눈을 감은 채 얼굴을 창문으로 가져가 유리창에 이마를 댔다.

"뢱?"

아이가 눈을 뜨고 어머니에게 갔다. 그리고는 쳐다 보지도 않은 채 손만 잡았다.

"뢱, 이리로 오라니까."

엄마가 아이 볼을 만져주니 아이는 눈을 감은 채 이끄는 대로 따랐다.

"자, 착하지?"

엄마가 아이를 우리 곁으로 데려왔다. 뢱과 나는 서로 잠깐 눈길을 마주쳤는데, 아이는 이내 엄마 손을 놓고 창문가로 향했다. 그리고 다시 눈을 감았다.

엄마는 아이의 볼을 쓰다듬어주면서 여러 차례 채근을 한 다음에야 비로소 아이를 우리 곁에 앉힐 수 있었다. 뢱은 슬퍼보였고, 얼굴은 멍이 든 채 창백했으며, 시선은 공허했다. 소아정신과 의사 안이 아이에게 붉은색 플라스틱 오리 장난감을 건넸다. 아이는 장난감을 받아들고 냄새를 맡더니 바닥에 내동댕이쳤다. 동시에 아이는 자기 턱을 가슴에 거칠게 부벼댔다.

"뢱, 이제 그만!"

뢱이 멈췄다. 자세히 보니 아이의 턱은 전에 여러 차례 똑같은 행동을 했는지 시커멓게 변해 까칠해져 있었다.

잠시 후 식사 때가 됐다. 뤽이 식탁에 앉았다. 조금은 명랑해진 듯했다. 아이는 앉은 채로 몸을 흔들며 "먹어, 먹어" 또는 "뤽, 이제 그만"이란 말을 되풀이했다. 아이는 어머니가 수프가 담긴 접시를 가져다주는 모습을 유심히 쳐다보았다.

"아이 혼자 먹게 내버려둘까요?"

"네, 당분간은요."

엄마는 수프를 아이 앞에 놓았다. 그러자 뤽은 급히 숟가락을 쥐고 허겁지겁 먹기 시작했다. 수프를 먹으면서도 아이는 연신 턱을 어깨에 문질러댔다.

"뤽, 이제 그만!"

뤽은 동작을 멈추고 엄마 손을 잡더니 숟가락을 집어던졌다. 나는 뤽에게 새 숟가락을 건넸다. 아이는 나를 쳐다보지도 않고 엄마 손을 놓지도 않은 채 숟가락을 잡았다. 뤽은 수프를 먹으면서 또다시 턱을 어깨에 부볐다. 엄마가 아이의 어깨를 눌러 동작을 못 하게 하자, 뤽은 얼굴을 파르르 떨더니 접시를 휙 집어던지고 이번에는 팔 앞쪽을 식탁에 부벼댔다.

다른 방법도 써봤지만 결과는 마찬가지였다. 뤽은 먹을 때마다 턱을 어깨에 부볐고, 동작을 저지시키면 팔을 식탁에 부비거나 머리를 찧어댔다. 뤽이 또다시 코피를 흘렸을 때 우리는 아이의 행동을 저지하는 것을 포기하기로 했다.

우리는 첫 관찰면담 후 뤽의 엄마인 세실로부터 자세한 이야기를 들었고, 비로소 아이의 상태를 좀더 온전히 알 수 있었다. 무엇보다도 식사

습관을 바로잡아야 할 필요가 있었다. 계속 이런 식으로 자해행동을 내 버려둔 채 굶길 수는 없었다.

당시 내가 레지던트로 있던 정신과에서는 행동주의 치료법에 관심을 기울이고 있었다. 우리는 뤽에게 행동주의 치료법을 적용해보기로 했다. 우선은 뤽의 행동을 주의깊게 살필 필요가 있었다. 구체적으로 우리는 뤽의 행동 가운데 정상적인 행동과 비정상적인 행동을 구분해내고, 가능 하면 정상 상태로 이끄는 방도를 찾아보기로 했다.

뤽은 이상행동을 하는 경우가 많았다. 가장 큰 문제는 다른 사람과 대 화할 줄 모른다는 점이었다. 뤽은 말을 할 때 보통 아이들과 전혀 달랐 다. 무엇을 달라고 자주 요구하기는 했지만 제대로 말하지 못했다. 예컨 대 사탕을 원할 때 손을 벌리면서 "너는 사탕을 원해"라고 말했다. 또 장 난감을 갖고 싶다는 식의 요구를 할 때 외에는 사람들과 거의 말을 하려 들지 않았다. 자기가 말을 걸 때도 아이건 어른이건 상대방의 얼굴을 쳐 다보지 않았다. 누군가 손을 내밀거나 안아주어도 알은 체 않고, 어른의 물음에 대답도 하지 않았다.

뤽은 물건에 대해 특이한 반응을 보였다. 플라스틱 오리 장난감을 주 면 다른 아이들처럼 가지고 노는 대신 냄새를 맡고 마치 촉감에나 관심 이 있는 것처럼 만지작거리기만 했다.

뤽이 입원했을 때 부모는 아이가 좋아하는 책들을 집에서 가져다주었 다. 뤽은 이 책들을 여느 아이들과는 다른 방식으로 대했다. 책의 내용에 는 별반 관심을 나타내지 않고, 책 표지를 더듬거나 냄새를 맡고 책장을 규칙적으로 넘기면서 촉감에만 관심을 두었다.

앞서 본 것처럼 뢱은 심각한 행동문제 또한 보이고 있었다. 아이는 한 자리에서 몸을 흔들어댔으며, 밥을 먹을 때 자해를 했다.

하지만 뢱을 자세히 관찰해보면 행동이 모두 이상한 것만은 아니었다. 뢱은 우리가 처음 만났을 때처럼 가끔은 사람들 얼굴을 쳐다보기도 했다. 엄마가 손을 내밀면 흔쾌히 손을 붙잡기도 했다. 엄마가 볼을 어루만져주면 가만히 있고, 은근히 좋아하는 듯도 했다. 식사 때 식기를 제대로 사용하기도 했다. 또 아주 이상스런 행동을 하다가도, "뢱, 이제 그만!" 하는 소리가 들리면 그만두었다. 마지막으로, 뢱이 우리에겐 거의 말을 하지 않아도 몇 달 전보다 말수가 많아졌다는 사실을 관찰할 수 있었다.

일단 우리는 뢱의 행동 가운데 가장 손쉽게 접근할 수 있는 것에서부터 치료를 시작하기로 했다. 물론 뢱의 행동 중 정상적인 경우는 사실 드물었고, 있다하더라도 일시적으로 이루어질 때가 많았다. 하지만 우리는 드물긴 해도 뢱의 정상행동에서부터 치료를 시작하는 편이 바람직하다는 결론을 내렸다.

우선 뢱에게 가장 중요한 순간이라고 할 수 있는 식사습관에서부터 시작하기로 했다.

행동주의 치료관점에서, 우리는 뢱의 자해행동을 수정하고, 뢱이 보이는 정상적인 행동의 범위를 넓히는 것을 목표로 삼았다. 우리는 뢱이 두 종류의 정상행동을 나타낸다는 것을 관찰했다. 우선 뢱은 밥을 먹을 때 자리에 앉아서 숟가락을 제대로 사용했다. 또 뢱은 엄마가 손을 잡으면 엄마가 하는 대로 내버려둔 채 가만히 쳐다보기도 하며, 항상 그런 것은 아니지만 엄마 말을 듣기도 했다. 우리는 이러한 관찰 결과를 토대로, 아이가 물건과 사람에 대해서 나타내는 정상행동을 강화시키기로 했다. '강화'란 말은 '보상'이란 말과 거의 같은 맥락으로 이해하면 된다. 우리는 강화물로 뢱이 좋아하는 책과 음식, 볼을 어루만져주는 행동을 사용했다. 이 강화물들은 매우 단순한 것이었지만, 계속해서 관찰을 해봐도 이외에는 다른 것들을 찾을 수 없었다.

물론 우리의 장기적인 계획은 뢱이 사람들의 말이나 표정에 반응을 하고, 사람들과 정상적으로 대화를 나누게 하는 데 있었지만, 우선은 뢱의 몸무게를 늘리고 자해행동을 멈추도록 하는 소박한 목표를 정했다.

이리하여 뢱이 밥을 먹을 때 우리가 취할 행동방침이 정해졌다. 우선 엄마 세실이 뢱과 마주 앉아서 왼손을 아이에게 뻗도록 했다. 뢱은 내 무릎에 앉히기로 했는데, 내 역할은 뢱이 자해를 못 하도록 막는 것이었다. 우리는 뢱이 자해행동을 시작하려 할 때마다 음식 접시를 재빨리 빼앗고, 자해행동을 하지 못하게 막았다. 이런 일련의 과정이 반복되면 뢱은 자해할 때마다 접시가 치워진다는 사실을 알아차릴 것으로 보았다. 이때 학습의 일관성이 지켜지려면 자해를 가로막는 사람이 동시에 강화를 담당하는 사람이 되어서는 곤란했다. 그래서 뢱은 내 무릎에 앉아 있긴 했지만 내 얼굴은 보지 못하게 했으며, 엄마가 아이와 마주 보고 손을 붙잡은 채 아이에게 말도 하고 필요할 경우 접시를 치우는 역할을 하도록 했다.

뢱은 음식에 관심이 많았기 때문에 접시를 치우면 반응을 보였다. 하지만 우리의 진짜 목표는 뢱이 사람의 말과 표정에 반응을 보이도록 하는 것이었다. 그래서 엄마가 음식 접시를 아이 가까이 놓거나 치울 때, 웃기도 하고 야단도 치도록 했다. 이 때의 목표는 우선 뤽이 가장 중요하게 생각하는 음식을 엄마의 말이나 표정과 결부시켜 생각하도록 하는 것이었고, 이 단계가 이루어지면 그 다음으로는 음식과 별개로 사람의 말과 표정에 반응하도록 유도할 예정이었다. 이처럼 환자에게 이미 친숙한 강화 요인(음식)을 다른 요인(사람의 말과 표정)과 연합시켜 조건 형성하게 만드는 것이 전통적 행동주의 치료법의 핵심이다. 뤽의 경우 우리는 음식물 통제로 시작해서 다른 사람과의 대화에 이르는 방향을 택했다.

우리는 뤽이 주변의 사소한 변화에도 대단히 민감한 반응을 나타낸다는 점을 알고 있었다. 따라서 뤽이 심한 혼란을 겪지 않도록, 가능하면 행동치료상황을 평상시와 비슷하게 만들어야만 했다. 그래서 아이가 친숙하고 안전하게 여기는 엄마가 곁에서 아이의 손을 시종일관 붙잡고 있도록 했다.

마지막으로, 우리는 뤽에게 식사 시간만큼은 즐거운 시간이라는 인식을 심어주기 위해서 아이가 제일 좋아하는 책들을 방에 가져다 놓았다.

첫 식사 때 뤽은 먹을 때마다 몸을 부딪쳤다. 처음에 나는 이런 갑작스런 행동을 예상하지도 못했고, 막을 짬도 없었다. 아이는 온 힘을 다해 식탁 손잡이에 몸을 부딪쳤다. 그러자 엄마가 즉시 접시를 치웠다.

"안 돼, 뤽. 이제 그만!"

엄마가 눈살을 찌푸리며 말했다.

이번엔 뤽이 내 팔에 대고 몸을 부딪쳤다. 뤽의 몸은 다른 아이들과 달리 아주 가볍게 느껴졌다. 아이는 접시가 사라지자 숟가락을 허공에 내뻗은 채 칭얼거렸다. 세실은 몇 초를 기다렸다가 다시 접시를 아이 앞에 놓았다. 아이는 숟가락을 수프 접시에 담그고 다시 먹기 시작했다. 두번째 자해행동은 다행히 막을 수 있었다. 세실이 다시 접시를 치웠다.

"안 돼, 뤽. 이제 그만!"

그후로도 식사는 계속되었다. 처음에는 모든 것이 너무나 힘들었다. 뤽은 몇 술을 뜨고 나면 마치 악마가 된 양 온 힘을 다해 몸을 부딪치려 안간힘을 썼다. 엄마가 잡고 있는 제 손을 빼내어 식탁을 힘껏 내려치기도 했다. 세실은 그럴 때마다 접시를 치우면서 눈살을 찌푸렸다. 아이는 숟가락을 접시 쪽으로 뻗었다. 세실은 잠시 기다렸다가 다시 접시를 아이 앞으로 가져다주었으며, 이런 과정은 계속 반복되었다.

우리는 모두 지칠 대로 지쳤다. 앞으로의 치료도 결코 쉽지 않을 것이었다. 창백하고 온몸이 상처투성이인 뤽을 보고 있자면 여간 안쓰러운 것이 아니었다.

네번째 아침 식사 때 작은 변화가 감지되었다. 뤽이 첫 술을 뜨고 나서도 몸을 부딪치지 않고 잠시 엄마를 쳐다본 것이다. 엄마가 뤽을 보고서 웃었다. 아이가 다시 숟가락을 들어 수프를 떠먹었다. 이번에도 몸을 부딪치지 않았다.

"브라보, 뤽!"

엄마가 웃으면서 아이를 잡고 있지 않은 손으로 아이를 쓰다듬어주었다.

다음 번 먹을 때 아이가 또다시 몸을 부딪쳤다. 하지만 우리는 변화가 일어났다는 사실을 느낄 수 있었다.

이후로 밥을 먹으면서 몸을 부딪치는 행동은 점점 더 줄어들었다. 처음에는 두 번 연달아 얌전히 있다가, 다음엔 세 차례까지, 그 다음엔 또 한바탕 규칙적으로 몸을 부딪치긴 했지만 횟수가 줄어든 것은 분명했다. 열번째 식사 때는 자해행동이 눈에 띄게 줄어들었다.

더 중요한 변화도 생겼다. 뢱이 엄마를 쳐다본 것이다. 접시만 쳐다보는 것이 아니라 사람에게 관심을 나타낸 것이다. 아이는 엄마가 웃고 말하고 화내는 모습을 쳐다보았다. 어떤 때는 밥을 먹다가 갑자기 숟가락질을 멈추고 놀란 표정으로 엄마를 쳐다보기도 했다. 뢱은 자기 앞에 벌어지는 현상을 처음으로 발견한 듯한 표정을 지으면서 이 새로운 사태를 어떻게 받아들여야 하나 골똘히 생각하는 듯했다.

열두번째 식사 때 뢱은 새로운 모습을 보였다. 막 팔꿈치를 부딪치려다가 행동을 멈칫한 것이다. 세실이 눈살을 찌푸리면서 접시를 거두려하자 뢱이 하던 행동을 그쳤다. 아이가 엄마를 쳐다보면서 팔꿈치를 얌전히 내려놨다. 그러자 세실은 나를 쳐다보았고, 뢱에게 웃으면서 도로 접시를 주었다. 뢱은 아주 재밌다는 표정을 지으면서 다시 먹기 시작했다.

그후로 뢱은 엄마를 더 자주 쳐다보았다. 몸을 부딪쳐도 살짝 부딪칠 따름이어서 더는 내가 붙잡을 필요가 없었으며, 세실도 아이가 동작을 할 때마다 야단만 칠 뿐 접시는 그대로 두었다. 뢱은 자기가 몸짓을 할 때마다 엄마가 어떤 반응을 나타내는지 궁금해하는 듯했다. 몸을 심하게 부딪치면 접시를 빼앗았지만, 몸짓이 대수롭지 않을 때는 야단만 쳤다.

요컨대 뤽은 자해하는 횟수가 점차로 줄어든 대신 엄마를 쳐다보았다. 뤽은 식사 때만 되면 기뻐서 소리를 질렀다.

마침내 뤽은 혼자 앉아서 식사를 하게 되었다. 그후 엄마 손을 붙잡을 필요도 없게 되었으며, 그 다음으론 엄마가 접시에 손을 댈 필요도 없게 되었다. 그러자 아이는 다시 몸을 부딪치는 행동을 했다. 우리는 그대로 내버려두기로 했다. 뤽이 우리의 관심을 끌기 위한 유일한 수단으로 몸을 부딪치는 행동을 하도록 해서는 곤란했다. 뤽이 몸을 부딪쳐도 세실은 다른 곳을 쳐다보면서 무관심을 가장했다. 뤽이 다시 정상적으로 밥을 먹으면 그때서야 엄마는 아이에게 부드러운 목소리로 말을 했고 웃음을 지었다. 그로부터 얼마 후 뤽은 몸을 부딪치는 행동을 완전히 그만두었다.

다음 과정으로, 뤽에게 엄마만이 유일한 지표가 되지 않도록 하기 위해서 이번엔 내가 식사 때 세실이 맡았던 역할을 하기로 했다. 그러자 뤽은 다시 몸을 부딪쳤다. 뤽에게는 변화가 생길 때마다 예전 상태로 돌아가려는 경향이 있었다. 하지만 뤽은 점차로 자해행동을 그만두었는데, 어쩌면 야단치는 데 엄마보다 훨씬 굵직한 남자 목소리가 효과가 있었는지도 모를 일이다.

세실은 새로운 학습을 고안해냈다. 뤽이 식사를 하고 나면 엄마가 아이와 함께 침대에 앉는 것이었다. 그러면 뤽은 엄마를 쳐다보고, 엄마는 아이를 어르면서 손을 잡기도 하고 볼을 쓰다듬기도 했다. 처음에 뤽은 잠시 엄마에게 눈길을 주는 것 외에는 아무런 반응을 보이지 않고 엄마가 하는 대로 내버려두었다. 그러다 얼마 후 뤽은 엄마 손을 잡고, 얼굴을 어루만지기도 했다.

이리하여 뤽과 세실은 보통의 모자 사이에서 볼 수 있는 다정한 장면을 연출하게 되었다. 뤽은 엄마를 쳐다보고, 엄마한테 기대기도 하고 노래도 불렀다. 가끔은, 엄마 얼굴을 쳐다보면서 사람의 얼굴이 자기를 향해 웃음짓는 광경을 처음으로 발견한 듯 멈칫하기도 했다. 뤽은 다시 말하기 시작했다.

처음에 뤽은, "뤽, 이제 그만" "브라보, 뤽" 등 우리가 아이한테 했던 말을 흉내 냈다. 그러다가 "뤽은 배가 고파" "쓰다듬어줘"와 같은 새로운 문장을 구사했다.

뤽은 활기를 찾기 시작했다. 이제는 더이상 창백한 어린 왕자가 아니었다. 뤽은 한 곳에 있지 못하고 나다니는 한 마리 사슴이 되었다. 치료를 담당했던 사람들은 뤽이 외모나 다른 아이들과의 관계에서도 변화를 보인다는 사실을 관찰했다. 잠자리도 예전보다 순탄해졌다. 식사 시간에 뤽이 우리를 향해 큰 목소리로 "아빠"라고 부르는 모습을 보면서, 우리는 아이가 이제는 엄마 아빠와 더 많은 시간을 보낼 때가 되었음을 느꼈다. 우리는 뤽을 치료하는 동안 모든 과정을 하나도 빠뜨리지 않고 뤽의 부모에게 설명했다. 또한 아이가 퇴원해서 부모와 함께 집에 머물 때를 대비해서 아이의 행동을 강화할 수 있는 방안에 대해 여러 차례 의논을 했다.

뤽의 부모는 예전 그 어느 때보다 용기를 얻게 되었으며, 아무리 힘들어도 뤽을 더 좋은 상태로 만들겠다고 했다. 이제 뤽은 부모의 손에 맡겨졌다. 뤽은 우리의 도움을 얻어 처음으로 눈뜨게 된 세상을 계속해서 발견해나갈 참이다. 하지만 뢰은 여느 아이들과는 다르고 또 앞으로도 다를 것이다.

자폐증은 무엇인가?

1943년 미국의 정신의학자 레오 캐너는 「정서적 접촉의 자폐 장애」란 제목의 역사적 논문을 발표했다. 그것은 어린 시절 사람들과 정상적인 관계를 맺지 못했던 열한 명의 아동에 관한 임상 결과를 바탕으로 한 논문이었다. 부모들은 자녀들이 '자기만의 세계에 침잠해 있고' '조개껍질 안에 갇혀 있는 듯이 지내며' '혼자 내버려두길 원하고' '주위사람들이 없는 것처럼 행동하고' '주변세계가 존재하지 않는 것처럼 행동한다'고 말했다. 더불어 캐너는 이 아이들이 말이 늦고 여러 종류의 장애를 동반한다고 했다. 가장 특징적인 것은 '반향 어'로, 사람들이 자기에게 했던 마지막 말을 반복하는 언어습관이다. 또 이 아이들은 대명사를 바꿔 사용하기도 했다. "나는 배가 고파"라고 해야 할 말을 "너는 배가 고파"라고 하는 것이다. 뢱의 경우도 마찬가지지만, 이 아이들은 누가 안아줘도 여느 아이들과 같은 반응을 보이지 않았다. 무미건조하게 똑같은 말이나 소리를 반복하고, 계속해서 같은 행동을 반복했다(상동증적 행동: 한 자리에서 몸을 흔드는 행동같은). 사람에게는 관심을 잘 보이지 않으며, 대신 사물에는 예사롭지 않은 반응을 나타냈다. 더불어 변화를 싫어하고, 자기가 평상적으로 하는 행동을 그만두지 않으려는 집요함을 드러냈다.

캐너는 이런 유형의 아이들에 대해 조기 영아자폐증early infantile autism

이라 명명하였다. '자폐증autism'이란 말은 '자아(self)'를 의미하는 그리스어 '아우토스(autos)'에서 온 말로, 1911년 스위스의 정신의학자 오이겐 블로일러가 처음 도입하여 사용하였다. 블로일러는 자신의 성인 환자들 중 '현실세계로부터 일탈하는 경향이 있고, 내면세계를 상대적 또는 절대적으로 중요시하는' 사람들을 지칭하기 위해 이 말을 만들었다.

1943년 자폐증에 관한 첫 논문이 발표된 이래 전 세계적으로 소아 자폐증에 관한 수많은 연구논문이 발표되고 있으며, 여기에 발맞춰서 자폐증 치료에도 상당한 진척이 이루어졌다.

자폐아동을 어떻게 진단할 수 있는가?

자폐증 아동은 사회성의 결여와 언어적 의사소통의 문제, 제한되고 반복적인 양상을 보이는 상동증적 행동 등 세 가지의 핵심적인 증상을 보인다. 이는 동일한 연령대의 발달 수준이나 정신연령에 비해 명백히 뒤떨어지는 수준이어야 하며, 이같은 자폐 증상은 만 세 살 이전에 발생한다. 현재 자폐증은 뇌의 기능적인 면에서 생물학적 결함을 가지는 전반적인 발달 장애로 이해되고 있다.

구체적으로 핵심 증상을 살펴보자.

첫째는 사회적 상호작용의 문제이다. 자폐아동은 혼자 있기를 좋아하고, 타인과의 접촉을 꺼리며, 사람을 인지하는 듯한 태도를 보이지 않는다. 심리적으로 볼 때, 자폐아동은 타인의 감정이나 반응을 이해하는 데 어려움을 겪는다.

둘째는 언어적 의사소통의 문제이다. 자폐아동들은 언어를 정상적으로 사용하지 못한다. 이 아이들은 대화를 유지하는 경우가 거의 없으며 '혼잣말을 하는' 성향을 보인다. 또 말할 때 시선이 불안정하여 한 곳에 고정시키지 못하고 적합한 몸짓을 동반하지 않으며, 좀처럼 웃지도 않는다.

마지막으로, 제한적이고 반복적인 행동이다. 자폐아동은 똑같은 행동이나 이상스런 행동을 끊임없이 반복한다. 예컨대 뢰처럼 한 자리에서 몸을 흔들어대거나, 언제나 같은 책을 뒤적이고, 장난감을 똑같은 방식으로 다루는가 하면, 변화를 싫어한다(뢰은 집 안에 조그만 변화가 생겨도 싫어했다).

자폐증은 진단 스펙트럼이 점점 커지고 있는데다가, 아동 개인마다 발달상의 문제가 다양하고 개인차가 심하기 때문에 정확하고 빠르게 진단 내리기가 쉽지 않은 경우가 많다. 대개 아이의 연령이 증가하면 진단을 내리기 쉬운 편이지만, 그렇다고 정확한 진단을 그 때까지 미루는 것은 그다지 바람직하지는 못하다. 그만큼 조기진단이 늦어져 개입시기가 늦춰지기 때문이다. 자폐아의 경우 얼마나 빨리 소아정신과 전문의에게 진단을 받아 적합한 특수교육 프로그램에 참여하게 되는가에 따라, 이후 기능수준에 큰 차이를 보이게 된다. 특히 자폐아의 이후 발달은 만 다섯 살 경에 아동이 보이는 언어구사능력과 지능지수에 좌우된다고 알려져 있는 바, 만 세 살 이전에 진단을 받아 적절한 조기특수교육을 받을 수 있도록 하는 것이 중요하다.

어째서 진단이 필요한가?

1960~70년대에 걸쳐 정신과에서 환자에게 진단을 내리는 것에 대한 논란이 있었다. 당시 많은 사람들은 이에 대해 '환자에게 꼬리표를 붙이는 행위'라고 주장하면서 인간의 존엄성을 해치는 것으로 여겨 반대하는 움직임을 보였다. 심지어 정신과 의사들이 사회에 순응하지 않는 인사들을 '미친 사람'으로 진단함으로써 사회적 억압을 자행한다는 비판까지 있었다. 구소련에서는 이와 같은 행위가 실제로 벌어졌던 것이 사실이다.

사실 진단을 둘러싼 문제는 정신과만의 문제는 아니다. 청진기로 진단하는 예를 들어보자. 잘 알다시피, 청진기는 사용이 익숙하지 않은 사람에게는 크렁크렁하는 소리가 들리는 것 같기도 하고 숨소리, 박동 소리, 부비는 듯한 소리인 것 같기도 해서 도대체 무슨 소리인지 분간하기가 거의 불가능하다. 또는 폐를 찍은 엑스레이 사진을 보면 전문가가 아닌 이상 갈비뼈를 제외하고는 사진에 나타난 명암이 무엇을 의미하는지 잘 분간할 수 없다. 그런데 만일 기관지 전문의라는 사람이 환자를 진단하면서 청진기에서 들리는 소리가 무슨 소리인지도 모르고, 희미하고 뿌옇게 보이는 엑스레이 사진이 무엇을 의미하는지도 모른다면 어떻게 될까. 또 이 의사가 현미경으로 환자의 가래를 들여다보는데, 그저 액체 덩어리로만 보일 뿐 아무런 사실도 알아내지 못한다고 가정해보자. 만일 사정이 이러하다면 기관지 전문의들이 모여서 다음과 같이 말할 것이다.

"기관지 계통 진단은 아무런 의미가 없다. 개개의 환자가 모두 달라서 진단하는 행위가 아예 무의미하기 때문이다. 청진기의 박동 소리는 제각각 다를 테고, 기관지 엑스레이 사진도 마찬가지다. 현미경을 통해 환자의 가래를 관찰해봐도 어떤 사실을 이끌어내기에는 너무나 불투명하다. 그러니 우리는 기관지과에서 내리는 진단이나 구분법이 아무 소용도 없다고 결론내릴 수밖에 없다. 우리는 오로지 환자가 '숨이 가쁜가' 아니면 '기침을 하는가'에 따라 숨 가쁜 환자와 기침 환자로만 나눌 수 있을 뿐이다. 하긴 제3의 환자군을 생각해볼 수 있는데, 이는 숨이 가쁘면서 기침을 하는 부류이다."

이상과 같이 희화해서 꾸며본 내용은 1970년대 일부 정신과 의사들이 실제로 당면했던 사태와 상당히 흡사하다. 당시 어떤 부류의 정신과 의사들은 정신병의 진단이란 불필요한 행위이며, 단지 환자가 '정신병'인지 '신경증'인지를 알기 위해서만 필요한 것이라고 여겼었다.

사실 진단의 문제는 정신과에서 결코 수월한 문제가 아니다. 왜냐면 정신과 의사는 기관지 전문의와는 달리 정신질환을 초래하는 원인을 엑스레이 사진을 통해서 관찰할 수도 없으며 생물학적 검사를 통해서도 아주 명확하게 밝혀낼 수 없기 때문이다. 게다가 대다수 정신질환은 다양한 원인들이 복합적으로 작용하여 발병하는 것으로 간주되기 때문에, 결핵처럼 비교적 단일한 생물학적 요인으로 나타나는 질병과는 비교가 불가능하다. 현재 정신과에서는 아직 정신질환의 근본 원인이 완전히 규명된 상태가 아니며, 단지 어느 정도 입증된 가설에 의존하는 경우가 적지 않기 때문에 주로 환자가 나타내는 증상에 따라 진단을 내리고 있다.

이처럼 현재까지도 정신과적 진단은 불확실한 면이 적지 않다. 그럼에도 환자에게, 그와 유사한 증세를 나타냈던 여러 사례를 참작해서 진단을 내림으로써 앞으로 질환의 추이를 예상하고 또 적절한 치료제와 치료 방법을 적용시키려고 노력하고 있다. 물론 이 모든 과정은, 정신과적 진단이 아직 불완전하며 어떤 정신질환이든 겉으로는 유사한 증세를 보이지만 다른 질환일 수도 있다는 점을 고려할 때, 앞으로도 꾸준히 개선돼 나가야 한다. 바로 이런 이유로 현대 정신과적 진단은 지속적인 변화의 도정에 놓여 있다.

자폐증은 흔한 질병인가?

현재, 미국정신의학회의 공식적인 정신의학 진단체계인 DSM-IV에서는 전반적 발달 장애라는 보다 넓은 범주를 두고, 그 하위에 전형적인 자폐 증상을 보이는 자폐성 장애autistic disorder와 이보다 가벼운 증상을 내포하는 비전형적 자폐증atypical autism을 포함시키고 있다.

오늘날 여러 유병률 연구들에 따르면 엄격한 의미의 자폐증은 만 명의 아동 중 네다섯 명 꼴로 발생한다고 한다. 그러나 가벼운 증상의 아동들까지 포함하는 포괄적인 개념인 자폐스펙트럼 장애autistic spectrum disorder의 경우는 만 명 중 이십에서 삼십 명 정도로 보고 있고, 심지어 어떤 연구에서는 만 명 중 아흔 명 꼴로 문제점을 보인다고 주장한 바 있다. 또한 남자아이의 경우 여자아이보다 4~5배가량 발병 가능성이 높다.

자폐증은 몇 살 때 나타나는가? 　자폐증은 태어난 지 몇 달 되지 않은 갓난아기에게도 나타난다. 물론 갓난아이에게 정확한 진단을 내리는 것은 전문가에게도 쉬운 일이 아니다. 자폐아동의 부모에게 아이가 태어나 1년이 되기 전에 뭔가 이상이 있었느냐고 물으면 대부분 아니라고 대답한다. 하지만 진단 연령이 점점 더 낮아지는 추세로, 현재 자폐증 진단이 내려지는 상당수는 갓난아이에서 세 살까지의 유아이다. 어릴 때 진단이 이루어지면 조금이라도 일찍 자폐증의 진행을 누그러뜨릴 수 있으며, 부모로 하여금 아동을 적합한 환경에 적응시킬 수 있다. 하지만 갓난아이의 자폐증을 진단해내는 것은 결코 쉬운 일이 아니다. 청각 장애처럼 얼핏 봐서는 겉으로 드러나는 증상이 비슷한 다른 질환들이 있기 때문이다.

요즘은 자녀의 어릴 때 모습을 비디오에 담는 가정이 많다. 똑같은 비디오라도 전문가가 볼 때는 아동의 자폐증에 관한 귀중한 자료가 될 수 있다. 자폐아동의 예전 모습을 담은 비디오를 보면 당시에는 주변에서 눈치 채지 못한 미세한 이상 징후가 행동에서 보이는 경우가 많다. 부모의 품에 안겨 있을 때도 어딘가 모르게 어색한 자세를 취하는 것이다. 따라서 가족 비디오를 시기별로 관찰해보면 자폐아동의 질환 진행 상태에 관한 귀중한 정보를 얻을 수 있다.

자폐증의 원인은 무엇인가? 　자폐증의 원인에 대해서는 아직 확고한 결론이 내려지지 않은 채 의견이 분분하다. 심지어 자폐증 환자라곤 한 번도 본 적이 없는 일반인들까지 한마디씩 보태고 있는 형편이다.

사실 자폐증에 관한 한 전문가뿐 아니라 일반인들조차 많은 관심을 갖는 데에는 나름대로 이유가 있다. 첫째로, 소아 자폐증을 세상에 처음으로 공표한 캐너가 자폐증이 부모의 양육 방식 때문에 발병할 수 있다고 언급한 사실을 꼽을 수 있다. 그는 자폐아동의 어머니가 차갑고 정이 없으며, 주로 자기 일에 몰두하는 '냉장고 어머니' 유형이라고 언급했다. 즉 냉랭한 어머니가 아기에 대하여 냉혹하고 거부감을 보임으로써, 아기가 이로 인하여 발달지연되고 자폐 증상을 보인다는 것이다. 캐너와 같은 선구자가 한 말은 당연히 커다란 영향을 미쳤을 것이다. 따라서 한동안 자폐증은 가정에서 행해지는 양육 문제 때문에 발생하는 것으로 간주되어 심리치료만으로도 완치가 가능한 것처럼 여겨졌다. 하지만 그후에 행해진 여러 연구에 따르면 자폐아동의 발병 원인이 '냉랭한' 어머니 때문이라는 캐너의 견해는 입증되기 힘든 주장으로 밝혀졌으며, 그의 이론은 사장되었다.

그렇다면 양육 차원에서 심각한 장애를 겪었던 아동은 과연 어떠할까? 이를테면 누군가에 의해 수년 동안 감금되어, 바깥 세상과의 접촉이라고는 문 밑으로 넣어주는 음식물이 전부인 상황에 처했던 아동의 경우라면? 만일 아동이 이런 극한 상황에서 오랜 세월을 지낸다고 한다면 다른 아동들보다 자폐증에 빠질 위험이 더 높지는 않을까? 실제로 유타 프리스는 자폐증에 관한 저서에서 꼬마 제니나 한때 세상을 놀라게 했던 카스파르 하우저처럼 수년 동안 벽장 속에 감금되었던 아동의 사례를 분석했다. 아이들은 일단 감금에서 풀려난 후 지적 장애와 언어 장애를 보였지만, 친절한 새 양육자에게 많은 관심을 보이고 금세 애착을 나타냈다. 결론적으로 이 아이들은 자폐증을 보이지 않았다. 유타 프리스는 같은 책에서 아베롱 지방에서 야생생활을 하다가 발견된 빅토르의 경우도 분석했다. 빅토르는 늑대들과 생활하다 열두 살 무렵 발견된 후 정신과 의사 이타르에게 입양되었는데, 이 사건은 프랑수아 트뤼포 감독의 〈야생 소년〉이란 영화로 유명해졌다. 이후 빅토르는 수년간 지속적인 양육과 치료를 받았음에도 불구하고 심각한 자폐 증상을 나타냈다. 아이는 다른 사람의 감정에 무관심했고, 무엇보다도 혼자 있기를 원했다. 할런 레인에 따르면, 아마도 이 아이는 부모에게서 버림받은 아이로 애초부터 자폐증이 있었는지도 모른다.

생물학적 접근　　　앞서 말했듯, 자폐증의 정확한 발생 원인에 대하여 명확하게 말할 수는 없지만, 여러 관점에서 자폐증의 원인을 찾아보기 위하여 연구가 진행되어 왔다. 현재로서는 뇌의 생물학적인 이상으로 인하여 나타나는 여러 요인들이 복합적으로 작용하여 자폐증을 야기한다는 것이 정설로 알려져 있다.

1960년대에 과학자들은 '약한 X염색체'라 불리는 X염색체상의 이상 현상을 발견해낸 바 있다. 대개 약한 X염색체를 가진 사람들은 정신지체 현상을 보이며, 얼굴은 길고 입술이 두꺼우며 이마가 돌출하고 귀는 길어지는 등의 외형상의 특징을 나타낸다. 하지만 이러한 이상 증상들이 고정되어 나타나는 것은 아니다. 오늘날 약한 X염색체는 유전적 이상 현상, 다시 말해 개인의 발달을 관장하는 일부 유전자가 송출하는 '메시지'에 이상이 있는 경우임을 밝혀냈다. 한편 약한 X염색체를 가진 사람들 중 상당수가 부분적으로 또는 전적으로 자폐 증세를 나타낸다는 사실이 점점 더 많은 연구들에 의해 입증되고 있다. 그래서 오늘날 자폐아동에게는 약한 X염색체 보유 여부에 대한 검사를 시행하고 있다. 최근 연구에 따르면 자폐아동의 2.5~5퍼센트의 경우가 약한 X염색체와 관련이 있다고 하며, 이는 동일질환의 하위그룹 중에서 가장 높은 비율을 차지하고 있다.

다른 질환의 경우도 마찬가지지만, 자폐증 환자의 경우라면 특히 가족이나 먼 친척 중에라도 동일 병력을 가진 사람이 있는지 알아보는 일이 대단히 중요하다. 만일 가족력 비율이 평균보다 높다면 자폐증은 다소간 유전과 관계가 있다는 사실이 입증되는 셈이다. 하지만 그렇다고 해서 전적으로 유전적 요인 때문에 자폐증이 발병한다고 말할 수는 없다. 예를 들어, 심근 경색도 유전과 관계가 있는 질병이지만, 섭생이나 정기적 운동, 흡연 여부 등과 같은 비유전적 요인에 따라 발병 가능성이 높아질 수도 있고 낮아질 수도 있다.

쌍둥이에게 질환이 나타나는 경우, 이란성 쌍둥이보다는 유전자가 완전히 같은 일란성 쌍둥이에게서 동일질환이 나타날 가능성이 높을 수밖에 없다. 자폐아동에 대한 연구도 마찬가지 결과가 나타났는데, 일란성 쌍둥이의 경우 한 명이 자폐증이면 다른 한 명의 90퍼센트 이상이 경도의 인지기능 장애나 사회적 관계맺기의 어려움을 보인다고 한다. 또한 자폐아의 형제, 자매들 중에서 약 12~20퍼센트 정도가, 자폐증의 진단

기준에 부합되지는 않지만, 경미한 인지기능의 장애나 사회성의 부족등을 보인다고 알려져 있다. 이를 'Broader phenotype'이라고 하는데, 그 특징을 살펴보면 자폐증의 전형적인 증상인 언어소통 장애는 뚜렷하지 않으나, 경미한 수준의 상동증적 행동, 대인관계의 미숙함 등이 나타난다고 한다.

한편 자폐아동들은 상당히 높은 비율로 신경 계통 합병증을 보인다. 그리고 이들 중 삼분의 일가량이 신체적 질환인 간질을 동반하는 것으로 조사되고 있으며, 특히 청소년기에 이르러 간질 증상이 나타나는 것으로 알려져 있다. 더불어 자폐아동에게서는 보통 아이들보다 선천성 대사이상이나 선천성 풍진, 기타 바이러스성 감염 비율이 높게 나타났다. 이상 열거한 질병들은 공통적으로 아동의 신경 발달을 저해하는 특성이 있다. 이런 사실들을 종합해볼 때, 아동 자폐증은 유전적이거나 후천적인 생물학적 원인과 관계가 있다는 결론을 내려볼 수 있다. 생물학적 장애에 의해 뇌의 일부에 이상이 생겼다고 볼 수 있는 것이다.

자폐증과 함께 나타나는 문제로는 어떤 것들이 있는가? 뢰이 사람들과 대화를 꺼리는 것은 지적 결함 때문일까? 그렇다면 마찬가지로 지적 능력이 떨어지는 다운증후군 아동들의 경우, 다른 사람들에게 많은 관심을 보이고 대화를 하려는 열의를 보이는 것은 어떻게 설명할 수 있는가? 사실 뢰의 경우는 정반대의 메커니즘이라고 볼 수도 있다. 다른 사람과 대화를 하는 데 어려움을 겪기 때문에 학습 장애가 초래되는 셈이기 때문이다.

그렇다면 자폐증은 지각 능력 이상이라고 보아야 할까? 사실 뤽은 다른 수많은 자폐아동과 마찬가지로 소리와 빛에 대해 특이하게 반응했다. 웬만한 사람이라면 질겁할 정도로 강한 소리나 빛에도 전혀 반응을 보이지 않았다. 그러면서도 뤽은 아주 사소한 소리나 약한 빛 변화에 대단히 신경질적으로 반응하기도 했다. 자폐아동은 이처럼 안정적이지 못한 '감각수용 능력' 때문에 세상에 대해 일관된 생각을 가지지 못하는 것일까? 더불어, 대다수 자폐아동에게서 관찰할 수 있는 야릇한 자세나 어긋난 듯한 행동은 어떻게 설명할 것인가? 포옹을 어색해하는 이유는? 기이한 걸음걸이는 무엇 때문인가?

어린 시절 자폐증을 앓다가 성인이 된 후 비로소 어느 정도 의사 표현을 할 수 있게 된 사람들이 자신의 과거를 회고하는 경우가 있다. 이들은 과거 자기 모습과 현재의 모습 사이에 완전한 단절이 있는 것처럼 묘사하곤 한다. 어릴 때를 회상하면, 모든 것이 가변적이고 놀랍고 이해할 수 없다는 느낌이 많이 들었다고 토로한다. 바로 이 때문에 이들은 영구적인 느낌을 줄 수 있는 친숙한 물건이나 반복적 행위에 남다른 애착을 보였던 것 같다. 한 연구에 따르면 자폐아동은 설사 지적으로 뛰어난 아이라 할지라도, 얼굴 사진을 보면서 거기에 나타난 감정을 읽는 데 심각한 어려움을 겪는다고 한다. 하지만 똑같은 사진을 정신 지체아동에게 보여주면, 얼굴에 나타나 있는 슬픔이나 분노, 기쁨의 감정을 자폐아동보다도 훨씬 더 잘 분간해낸다. 여러 연구에 의하면, 자폐아동들은 사람의 감정을 이해하거나 다른 사람들이 자기와 상이한 생각을 할 수 있다는 사실을 이해하는 데 많은 어려움을 겪는다고 한다. 정상아동의 경우는 감각 기능과 지적 기능(엄마의 얼굴을 보고 분간하기), 감정 기능(엄마의 존재를 알아보고 안도감을 느끼기), 운동 기능(엄마를 향해 팔을 내뻗기) 등이 서로 긴밀한 연관 속에서 함께 움직이며, 상호 간에 신경구조로 연결되어 있다. 그런데 바로 이러한 통합이 자폐아동에게는 제대로 이루어지지 않는 것이다. 이처럼 여러 감각과 감정, 적절한 몸짓 간의 강도를 연결하고 조율하는 신경구조에 이상이 생김으로써 자폐증이 초래된다고 보는 견해도 있다.

자폐아는 특별한 재능을 가지고 있는가?

자폐아동의 10퍼센트가량은 산술 계산이나 시청각적 기억력에 비상한 재능을 나타낸다. 미국 영화배우 더스틴 호프만은 〈레인 맨〉이란 영화에서 자폐증을 가진 인물로 특별한 노력 없이도 두꺼운 전화번호부를 통째로 암기하는 신기를 보여준다. 소아 자폐증 전문가인 로스앤젤레스의 피터 탠구애이 교수와 버너드 림랜드 교수가 이 영화의 과학자문 역할을 맡았다고 한다. 『아내를 모자로 착각한 남자』란 책에서 신경학자 올리버 색스는 쌍둥이 자폐증 환자가 가진 놀라운 두 가지 재능을 소개한다. 하나는 이들에게 어떤 날짜를 대든 대번에 요일을 맞추는 재능이고(이들은 2045년 6월 23일이 무슨 요일이냐고 물으면 몇 초 후 월요일이라고 대답한다), 더욱 신기한 재능은 최첨단 컴퓨터도 부분적으로밖에 해내지 못하는 산술 계산을 해내는 능력이다.

이 쌍둥이 형제는 오히려 간단한 산술 계산은 하지 못하고 언어 지체를 보이고 있었지만, 아주 드물게는 지적으로 나무랄 데 없거나 탁월한 능력을 가진 경우도 있다. 캐너가 소개한 자폐아동 가운데는 IQ가 140이 넘는 경우도 있었다.

미국의 템플 그랜딘이라는 여성은 어릴 때 자폐증을 앓았지만 유명한 건축가로 성장하였고, 농가와 가축 도살장을 설계,건설했다. 그녀는 어릴 때 농촌에서 자라면서 경험한, 반추동물의 생태에 대한 놀라운 관찰을 기반으로 새로운 개념의 건축을 했다. 정신의학 세미나에서 그녀는 어린 시절 경험을 얘기하면서, 다른 사람의 감정을 분간해내는 일, 그리고 감정이란 것이 무엇인지 이해하는 일이 얼마나 어려웠는지에 대해 감동적으로 증언한 바 있다.

저지 코진스키의 소설 『굿바이, 미스터 챈스』에 나오는 주인공은 정신 지체를 동반하지 않는 자폐증의 사례로 볼 수 있다. 소설에서 챈스는 어느 나이 많은 부자의 저택 정원사로 단조롭고 쓸쓸한 삶을 살아간다. 그는 저택 바깥으로 한 번도 나가본 일이 없으며 오로지 정원수를 돌보고 텔레비전을 시청하는 데에 시간을 바친다. 그러다 주인이 죽자 그는 난생 처음으로 바깥세상과 맞닥뜨린다. 그후 우여곡절 끝에 그는 어느 정치인의 집에 머물게 된다. 그는 여전히 다른 사람들의 행동이나 감정을 이해하지 못하지만, 텔레비전을 보면서 어떤 상황에선 어떤 식으로 행동해야 한다는 것을 흉내 내며 상황에 대처한다. 그는 어떠한 일에도 동요하지 않지만(자폐증 환자에게 위협이 통할 리 없다), 정원 일에 빗대어 말하는 습관 때문에 주위를 놀라게 한다(현재의 경제 위기에 대해 어떻게 생각하느냐는 텔레비전 인터뷰에서 그는 "그 소식을 들으면 나무들이 놀라서 나뭇잎을 떨구고 대신 줄기를 살찌우려 하고, 더 튼튼하고 높게 성장하려 할 겁니다"라고 대답했다). 사람들은 점차 그를 잠재적 정치 '거목'으로 여기게 된다. 그는 텔레비전 화면을 잘 받는 외모였기에, 기자들에게 점점 더 많은 인터뷰 요청을 받게 되었고, 결국 소설은 그가 고위 공직을 맡게 되는 것으로 끝이 난다.

1944년 오스트리아의 정신의학자 아스퍼거는 동명(同名)의 장애인 아스퍼거 증후군에 관한 논문을 발표했다.

그는 이 논문에서, 지적으로는 뛰어나지만 날씨나 기차 시간표, 컴퓨터 등 기술적이거나 반복적인 일에 과도하게 집착하는 기이한 습성을 가진 아동과 청소년 사례들을 다루고 있다. 특히 이 아이들은 언어를 야릇하고 추상적인 방식으로 사용하는데(예컨대, 양말에 난 구멍을 가리켜 '천의 비연속성'이라고 지칭하는 따위), 일단 이야기를 시작하면 듣는 사람 입장이야 어떻든 간에 끊임없이 계속한다거나, 아니면 대화의 흐름과 관계없이 뜬금없이 화제를 바꾸기도 한다. 이 아이들은 대인관계에 많은 어려움을 느끼며, 아주 간단한 사회적 규율도 제대로 파악하지 못한다. 그래서 설사 많은 노력을 기울인다 할지라도 사회적 경험을 통해 성장하는 것이 힘들다. 행동이나 몸짓도 하는 말과 어긋나기 일쑤이며, 태도도 부자연스럽고 목소리는 단조로워서 가뜩이나 평범해 보이지 않는 분위기를 한층 더 기이하게 보이도록 한다. 이 아이들은 자폐아동과는 달리, 친구들과 어울리려 하지만, 기이한 행동 때문에 또래들에게 따돌림을 받기 쉽다. 이들은 사회 적응 중에 겪었던 좌절감 때문에 혼자 있기를 원한다. 때로 주변의 놀림이나 따돌림을 받고 우울증에 빠지기도 한다. 하지만 이들 중 일부는 뛰어난 지적 능력 덕택에 정상적인 사회생활을 하기도 한다.

이상 소개한 아스퍼거 증후군을 캐너가 말했던 자폐증의 한 형태로 이해해야 하는지, 아니면 별개의 질환으로 봐야 하는지에 대한 의견이 갈리고 있다. 두 장애는 유사한 특징들을 많이 공유하고 있지만, 자폐 증상은 아스퍼거 증상보다 쉽게 확인되는 편이여서 이들의 관련성은 지속적으로 연구되고 있다.

가족은 어떻게 대처해야 하는가?

다른 정신질환도 마찬가지지만, 자폐증 환자에게 있어 가족은 환자를 치료하고 보살피는 데 가장 중요한 환경이다. 사실 가족 중에 자폐아동이 있어서 돌봐야 한다는 것은 대단히 고통스럽고 힘든 일이다. 누가 옆에서 계속 돌봐줘야 하는 심각한 자폐아동도 있고, 그렇지 않은 경우도 있지만, 대개 가족에게 혹독한 시련을 안겨준다. 가족은 자폐아동에게 완전히 매달리거나, 정반대로 아예 포기하는 태도를 취하기도 하고, 또는 여러 해에 걸쳐 두 태도를 번갈아 취하기도 한다. 사실상 소아 자폐증을 치료하는 의료진의 가장 큰 임무는 어떻게 대처해야 좋을지 몰라 하는 환자 가족을 교육하고 돕는 일이다. 환자 가족은 의료진에게 환자에 관한 귀중한 정보를 제공해주고 또 의료진에 뒤이어 치료를 담당하기도 하는 주체이다. 하지만 자폐아동이 부모의 헌신적인 보살핌을 받는 경우라 할지라도 전문 의료진에 의한 장기치료가 반드시 필요하다.

학교는 무엇을 해야 하는가?　　자폐아동의 학교생활은 결코 쉽지 않은 문제이다. 지난 수십 년간 여러 나라에서 이 문제에 관한 여러 실험이 행해졌다. 처음에는 자폐아동을 일반 학교에 편입시켜 통합교육해야 한다는 주장과, 반대로 이들을 위한 특수학교를 만들어 수용해야 한다는 주장 사이에 논란이 있었다. 물론 두 주장은 모두 나름대로 일리가 있다. 우선 일반 학교에 편입시켜야 한다는 주장은 자폐아동이 비장애아동과 함께 지내면, 적응력이 높아져 이후 사회 진출이 수월해질 수 있다는 것이다. 반대의 주장은 자폐아동이 지적으로나 정서적으로 상당한 어려움을 겪는 사실을 고려할 때 이들을 위한 '특수' 학교를 만들어서 교육시키는 편이 바람직하다는 견해이다. 사실상 가장 성공을 거둔 방식은 두 주장을 절충한 방식으로, 이는 전문가들이 자폐아동들을 위해 특수교육 프로그램을 시행하는 한편 일정 시간 비장애아동들과 접촉하도록 하는 방식이다. 물론 자폐아동과 접촉하는 비장애아동들은 사전에 교육을 받은 아이들로, 나름대로 치료자 역할을 수행하는 셈이다.

　자폐아동을 위한 특수교육 프로그램은 대부분 자폐아동을 자녀로 둔 부모들이 의료 전문가들과 열성적인 교육자들의 도움을 받아 만들어낸 것이다. 가장 널리 알려진 프로그램은 '테크(Treatment and Education of Autistic and Related Communication Handicapped Children)'라 불리는 프로그램으로, 미국의 정신의학자 쇼플러가 자폐아동 부모들과 협력해서 만든 프로그램이다. 오늘날 미국에서는 자폐아 다섯 명당 한 명 꼴로 테크에 의한 교육을 받고 있다. 테크가 널리 퍼져 있는 노스캐롤라이나 주에서는 자폐아의 입원율이 8퍼센트로, 입원율이 40~70퍼센트에 달하는 다른 지역에 비해 대단히 낮은 비율이다.

자폐는 약물로 치료될 수 있는가?　자폐증을 근본적으로 치료하는 약물은 없다. 그러나, 자폐아동이 공격적이고 폭력적인 행동, 자해행동 혹은 반복적으로 강박적인 행동을 보이는 경우에는 약물치료를 사용할 필요가 있다. 자폐아동은 어릴 때는 과다활동, 자극민감성이 두드러지며, 아동기 후기에는 특징적으로 공격성과 자해행동을 보인다. 이후 청소년기에 이르면 우울이나 강박 증상을 보이는 경우가 많아지게 된다.

하지만 약물치료는 자폐아동치료의 일부분일 뿐이다. 우리가 앞서 뤽의 사례를 통해 보았던 것처럼 자폐아동은 일상생활의 모든 면에서 어려움을 겪고 있다. 따라서 자폐아를 돌보는 모든 의료진과 교육자는 아이가 사람들이나 여러 상황에 맞닥뜨렸을 때 적절하게 대응할 수 있도록 최선을 다해 도와야 한다. 현재도 자폐아동을 위한 수많은 심리치료가 존재하지만, 뚜렷하고 명확한 효과를 보이는 치료법은 없는 상황이다. 자폐증 치료법에 대한 객관적 평가 또한 결코 용이한 일이 아니다. 객관적 평가를 위해선 우선 충분한 수의 자폐아동이 조사의 대상이 되어야 하는데, 그만큼의 표본을 이루기 힘든 실정이다. 더불어 자폐아동 서로 간의 편차가 너무 심해서 공통의 기준을 설정하기도 어려울뿐 더러 호전

상황도 객관적으로 수치화하기가 여간 어려운 일이 아니다. 하지만 이와 같은 어려움에도 불구하고 이것만은 분명하다. 치료법이 어떤 것이든 치료를 받은 아동은 받지 않은 아동보다 상태가 나아졌다는 것이다.

Epilogue

내가 뢱을 처음 만난 것은 무려 20년 전이었다. 나는 뢱이 치료를 마치고 나서 얼마 되지 않았을 때 과(課)를 옮겨 수련을 계속했다. 그후 나는 이사를 하고 외국생활도 했으며, 다른 직업도 가져본 후 마침내 정신과 의사가 되었다. 그간 나 자신이나 뢱에게는 많은 세월이 흘렀다.

어느 날 나는 뢱이 어떻게 변했을까 몹시 궁금했다. 뢱은 그간 어떻게 지냈으며, 현재 어떤 모습일까? 하지만 여기에 대해서는 키플링이 말했듯이 또다른 이야기가 될 것이다.

다섯번째 특별한 만남

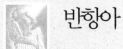

반항아

중재 정신의학

　종합병원에 근무하는 정신과 의사라면 동료의사들로부터 다른 과에 입원한 환자들을 한번 봐달라는 자문요청을 자주 받게 된다. 나름대로 정신과 의사가 나들이 간다는 기분이 드는 때이다. 평소 지내던 곳에서 탈출하여 심장외과나 내과 등과 같은 신천지에 발을 들이게 되기 때문이다. 사실 다른 분야의 동료의사들과 함께 한 환자에 대해 각자의 관점에서 대화를 나눈다는 것은 대단히 유익한 경험이다. 자기가 이제까지 갇혀 있던 틀에서 벗어나 다른 관점에서 환자를 바라보게 되고, 또 직접 해당 분야 전문가로부터 새로운 정보도 전해들을 수 있기 때문이다. 이럴 때면 아직 전문의가 되기 전, 세상이 더 넓게 보이던 인턴 시절 추억이 되살아나기도 한다. 더불어 좁은 진료실에 하루종일 앉아서 때론 까다로운 환자들을 상대하면서 자기 자신의 한계를 실감해야 하는 정신과 의사로서는, 각자의 분야에서 유능하다고 평판이 난 심장 전문의나 재활의로부터 나름대로 정신과를 대표하는 권위자로 대접받기도 하는 흔치 않은 기회이기도 하다. 바로 이런 까닭에 나는 바쁜 진료 일정에도 불구하고 다른 과 의사의 부름이 있으면 지체 없이 자리를 박차고 일어서곤 한다.

어느 날 아침 접수계로부터 전갈을 받았다. 급히 자기 병동으로 정신과 전문의를 보내달라는 S의 요청이었다. 내가 다급히 달려갔을 때 동료 의사는 엑스레이 사진을 세밀히 들여다보고 있었다. 그는 창백한 뢴트겐 영사막 불빛을 받아서인지 평소보다 더 피곤하고 나이가 들어 보였다. 하지만 그는 내 쪽으로 고개를 돌리고는 여느 때와 같은 활기찬 목소리로 말했다. 서른 명가량의 위급환자를 담당하는 의사로서는 반드시 갖추어야 할 긍정적인 자질이다.

"이것 좀 봐. 오늘 아침 찍은 것이야. 이런 지경인데 퇴원하겠다고 우겨대니, 내 참."

그는 가슴을 찍은 것으로 보이는 엑스레이 사진을 가리키며 말했다.

"글쎄, 뭐가 잘못되었는데?"

"폐렴이거든. 경막 주변에 침윤이 있는 것 좀 보게. 여기, 그리고 또 여기."

"그런데 어째서 오늘 퇴원을 한다는 거지?"

"그러게 말이야. 바로 그게 문제야. 앞으로 이 주는 더 입원치료가 필요한데 말일세. 그런데 퇴원하겠다고 막무가내야."

"어째 병원 식사가 마음에 들지 않는 모양이지?"

"아닐세, 그런 문제가 아니야. 사실 나도 잘 모르겠네. 자네가 만나보면 알겠지만, 정말 다루기 힘든 환자야."

동료의사는 상황을 설명했다. 아침 회진 때 서른세 살 된 환자 V가 담당의사가 허락하든 하지 않든 간에 자기는 당장 퇴원해야 한다고 우기더라는 것이었다. 환자는 자신의 상태가 호전되었고 외래에서도 얼마든지 치료가 가능하기 때문에 무슨 일이 있어도 오늘 퇴원하겠다고 고집을 부렸다.

"환자 말대로 외래 진료로 치료할 수 없는 상황인가?"

"환자 T4림프구가 완전히 손상된 상태거든. 폐렴도 그냥 폐렴이 아니라, 뉴머시스티스 카리니야."

이 용어는 이제 일반인들에게도 많이 알려져 있다. V는 후천성 면역결핍증, 다시 말해 에이즈 환자였다.

"환자는 본인이 퇴원하면 어떤 위험이 닥칠 수 있는지 모르는 건가?"

"글쎄…… 아침부터 환자한테 세 번이나 설명했는데도 자기는 무조건 퇴원을 해야겠다는 거야. 만일 퇴원했다가 무슨 일이 생기면 바로 병원으로 달려오겠다면서 말야."

"예전에도 입원한 적이 있는 환자인가?"

"응. 사실 그 점이 놀라워. 여기 사람들이 잘 아는 환자일세. 육 개월 전에도 진료를 받은 적이 있거든. 그때는 모든 것이 순조로웠지. 간호사들한테 물어봐도 모두들 좋은 사람이라고 그럴걸세. 조금 냉정하긴 하지만, 아주 예의바른 사람이지."

"직업이 뭔데?"

"은행 간부라지?"

"어쩌다 감염되었다고 하던가?"

"응, 동성애 때문에…… 하지만 환자는 그 얘기는 안 하려 들더라고."

"찾아오는 방문객은 있나?"

"거의 없어. 여자친구가 가끔 찾아오긴 하지. 그게 거의 전부야. 자네가 간호사들한테 한번 물어보게나. 나보다 훨씬 잘 알 테니까."

"환자가 오늘 아침 퇴원하겠다고 했단 말이지?"

"그래. 아침 회진 때 그렇게 말했어. 병실에 들어가보니까 벌써 옷을 챙겨 입었더군. 그러면서 당장 퇴원하고 싶다는 거야."

"최근에 무슨 특별한 일은 없었나?"

"내가 알기론 아무 일 없었어. 치료도 잘 받는 편이고. 합병증도 없는 상태이고."

"뇌에 이상은 없나?"

"없어. 그런데 아침에 환자 모습을 보니 혹시 하는 생각이 들긴 했지. 하지만 뇌파검사를 한 지가 불과 사흘 전인걸. 정상이었어. 어제 한 신경 검사도 정상이고. 그래도 자네가 미심쩍어 하면 다시 한번 검사를 해볼 순 있어."

"잘 알겠네. 환자가 자기 병명을 알고 있겠지?"

"물론이지. 환자와 가깝게 사귀던 사람이 얼마 전 같은 병으로 죽었다네."

"환자는 자기 병을 어떻게 알았지?"

"이 년 전에 검사를 받았는데, 그때 알게 되었다고 하더군."

"환자가 처음 병을 알고 나서 어떤 반응을 보이던가?"

"예전에 V를 담당했던 의사 말로는 아주 힘들어했다고 해. 그래서 심리치료를 권하기까지 했는데 환자가 싫다고 하더래. 하지만 이내 제정신을 차렸지. 여기 입원해 있는 동안에는 내내 겁을 내고 빈정거리는 식이었어. 자네도 잘 알지, 의사와 마주칠 때마다 '오늘은 어디가 안 좋다고 하실 건가요?'라고 말하는 환자 말일세. 적어도 오늘 아침까지는 그랬어."

"환자가 계속 퇴원하겠다고 고집을 피우면 어쩔 셈인가?"

"그러면 하는 수 없지. 대신 각서를 받아놔야 할 테지. 아니면 정신과 의사의 직권으로 강제입원을 시키든가."

"자네 얘기를 들어보니 그건 불가능한 일이야. 어쨌든 좋아, 내가 직접 부딪혀보는 수밖에."

"그래, 부탁하네. 그리고 참, 그를 만날 때는 마스크를 써야 하네. 환자 호흡기 면역체계가 아직 튼튼한 상태가 아니라서 자네한테 바이러스라도 옮으면 큰일이거든."

내가 병실로 들어섰을 때 V는 마지막으로 병원 풍경을 기억에 담기라도 하려는 듯 창 밖을 유심히 내다보고 있었다. 그는 완전히 옷을 바꿔 입고서 당장이라도 퇴원할 참이었다.

"정신과 전문의시죠? 여기까지 오실 필요는 없는데요."

그는 말랐지만 잘생긴 외모였고 마치 자부심 강한 해적 같은 모습이었다. 이미 병이 상당히 진행된 상태라 많이 쇠약해 있었지만 잿빛 눈동자가 강렬하게 반짝였다. 고급 회색 양복을 입고 있었는데, 강건한 체격을 그대로 드러내는 듯했다. 마치 무엇에 단단히 화가 나 있는 것처럼 보였는데, 사람을 직시하는 듯한 그의 시선이나 목소리에서 그가 사람을 부리는 데 익숙하다는 것을 알 수 있었다.

꼿꼿이 선 채, 누가 자기를 붙잡기라도 하면 단박에 덮쳐버릴 듯 사나운 눈빛으로 응시하는 그의 시선을 보고 있노라면, 그 누구도 그가 불치의 병을 앓고 있는 사람이라고는 생각치 못했을 것이다. 그런데 나는 그의 곁으로 다가서면서, 그의 잿빛 눈동자가 옅은 눈물을 담은 채 조심스럽게 흔들리고 있음을 알았다.

"저는 당장 퇴원해야 합니다. 벌써 똑같은 얘기를 서른여섯 번은 했습니다. 서명할 테니 각서를 가져다주세요. 당신과 말하고 싶지 않습니다."

"제 말 좀 들어보세요. 아무도 퇴원하지 말라고 선생을 붙잡지 않습니다. 원하신다면 각서도 가져오라고 하겠습니다. 하지만 이런 경우 대개 환자는 퇴원하기 전에 정신과 전문의와 상담을 하는 것이 관례입니다. 무슨 말씀인지 아시죠?"

"네, 좋습니다. 어서 끝냅시다."

V는 잔뜩 흥분해서 침대 모서리에 걸터앉은 채 내가 묻는 질문에 건성으로 대답했다.

'네.' 그는 혼자서 살고 있다. '아니요.' 그는 퇴원해서 자기 집으로 돌아가는 것이 아니라, 라방두 지방에 있는 여자친구네에서 요양을 하기로 했다. '아니요.' 그는 외롭지 않을 것이다. 친구도 많고, 외롭다는 생각이 들지도 않을 것이다. '네.' 그는 앞으로 자기가 지낼 곳에 아는 의사가 있다. 어쨌든 본인은 병이 악화됐을 때 상황을 잘 알기 때문에 만일 위급사태가 발생하면 제일 가까운 병원으로 달려갈 것이다. '네' 그는 조기 퇴원을 했을 때 어떤 위험이 닥칠지 잘 알고 있으며, 그럼에도 불구하고 1분이라도 서둘러 퇴원하기를 원한다.

"무슨 언짢은 일이 있으신가요?"

"아닙니다. 의사들도 아주 훌륭하고, 아주 잘 지냈습니다."

"그렇다면, 왜 그렇게 서둘러 퇴원하려 하시지요?"

"병원에 있을 만큼 있었습니다. 그것보다 더 그럴듯한 이유를 대야 하나요? 병원보다 더 쾌적한 곳에 가서 요양하고 싶어서입니다."

"하지만 너무 일찍 퇴원하시면 심각한 위험이 닥칠 수도 있습니다. 면역체계가 아직……."

"압니다. 잘 알고 있습니다. 다른 의사 선생님들도 똑같은 말을 벌써 열 번은 했을 겁니다. 하지만 상관없습니다."

나는 당황하지 않을 수 없었다. V는 무슨 이유 때문에 그토록 퇴원을 서두르는 것일까? 그는 똑똑한 사람처럼 보였고, 또 본인이 일찍 퇴원할 경우 어떤 위험이 닥칠 수 있는지 잘 알고 있었다. 더군다나 그는 퇴원하면서 자기 속내를 밖으로 드러내지 못하는 일부 환자들과는 달리 자기 생각을 분명하게 밝히는 사람이었다. V는 병원 관계자에 대해 아무런 불만이 없다고 했으며, 이 말은 전적으로 사실이었다.

행여 질환으로 인해 뇌손상이 생겨 현실감각이 흐려지고 비이성적 결정을 내린 것은 아닌가 의심해 보았지만, 그렇지 않았다. 그는 내가 묻는 말에 신속하고 명확하게 답변했으며, 조리 있게 말을 했다. 그렇다면 그가 이토록 서둘러서 퇴원하고자 하는 이유는 병원이 아닌 다른 데서 찾아야 할 것 같았다.

"친구분들은 선생님께서 조기 퇴원하는 것에 대해 어떻게 생각합니까?"

V는 망설이는 표정을 지었다. 잠시 내 질문에 당황한 기색이었다.

"친구들한테는 그저 제가 퇴원했다고만 하면 될 테지요."

"친구분들은 선생님께서 병원에 입원한 이유를 알고 있습니까?"

그는 또다시 주저하는 모습이었다.

"저…… 친구들한테는 그냥 바이러스성 폐렴이라고만 했고, 또 그리 대수롭지 않다고 했습니다."

"그렇다면 친구분들은 선생님께서……"

"제가 에이즈란 사실을 모릅니다. 거의 대부분 모르고 있습니다. 오로지 저를 보러 오는 여자친구만 알고 있습니다. 퇴원하면 그 여자친구 집에 가서 지낼 예정입니다. 하지만 다른 사람들은 아무도 모릅니다."

"혹시 친구들이 알면 어쩌나, 두렵지는 않으신지요?"

V의 잿빛 눈동자가 나를 뚫어져라 쳐다보았다. 그는 내가 자기를 잔인하게 고문하려 하는 것인지, 아니면 자기 생각을 정말 알고 싶은지 가늠하는 듯했다.

마침내 그가 입을 열었다.

"한 가지 분명히 해 둘 것이 있습니다. 제가 아는 거의 모든 사람은 제가 동성애자라는 사실을 모릅니다. 제가 일하는 은행에서도 아무도 모르지요. 어릴 적 친구들도 모르고요. 제가 퇴원해서 고향에 가면 친구들은 틀림없이 언제 파리 여자한테 장가들어 국수 먹여줄 거냐며 농담할 겁니다. 제 고향은 시골이거든요. 아시겠습니까?"

"잘 알겠습니다. 하지만 사실을 밝힐 생각을 한 번도 해본 적이 없습니까?"

"없습니다. 제 말을 못 알아들으시는군요. 제 고향은 아주 작은 시골 마을입니다. 모두들 저를 좋아하지요. 저는 고향 사람들을 괴롭히고 싶지 않습니다. 만일 사실을 안다면 저를 받아들이지 않을 겁니다."

고향 사람들이 그의 동성애를 받아들일는지는 명확하지 않지만, 적어도 본인 스스로 받아들이기 힘들어한다는 사실만큼은 확실했다.

"병문안 오는 여자친구분은 어떤가요?"

"그녀는 나에 대해 잘 알고 있습니다. 우리는 중학교 때부터 알고 지냈습니다. 우리 둘은 같은 시기에 파리로 올라왔습니다. 고향 사람들은 우리가 서로 사랑하는 사이라고 오랫동안 생각했지요."

그가 씁쓸한 웃음을 지으며 말했다.

나는 비로소 V가 서둘러 퇴원하고자 하는 까닭을 알 것 같았다.

"부모님들은요? 고향에 사십니까?"

"네, 하지만 이젠 은퇴하셨습니다."

"문병은……?"

"아니요…… 그러기에는 너무 연로하셔서요."

V는 몇 초간 입을 다물었다. 그는 바닥을 응시했다. 고개를 떨구고 떨리는 목소리를 가다듬는 듯이 보였다.

"전, 저는…… 부모님께서 절대 모르셨으면 합니다. 무척 가슴 아파하실 거예요. 전 한시라도 빨리 퇴원해야 합니다. 부모님께서 절대 아시면 안 되니까요."

잠시 후 나는 이 문제를 동료의사 마르크와 함께 의논했다. V의 부모가 병문안을 오더라도 아들의 병명을 눈치 채지 못하게 할 수 있을까? 마르크는 그것은 전적으로 부모의 태도에 달려 있다고 했다.

"자네도 잘 알다시피, 사람들은 자기가 보고 싶어하는 것만 보지 않던가. 나는, 매일 암치료를 받으면서도 정작 본인은 암이라고 믿고 싶어하지 않는 사람들을 상대한다네."

"그런 것을 현실부정이라 부르지."

"현실부정? 자네들 정신과 의사들은 아무튼 말은 언제나 풍성하군. 그런데 이 일을 어떻게 한다?"

물론 V가 원하는 대로 그의 부모에게는 병명을 숨기고 아무도 이런 사실을 발설하지 않기로 했다. 사실 병원 관계자들 사이에 이런 종류의 비밀 엄수는 체질화되어 있다. 하지만 병동을 찾은 V의 부모가, 환자들이 온통 바짝 마른 젊은 사람들뿐이란 사실을 알게 되면, 과연 어떤 반응을 보일 것인가? 또 아들을 면회하려면 마스크를 써야 한다는 사실을 알게 되면?

"눈치 챌 수도 있지."

동료 의사가 말했다.

"응, 맞아."

"그런데도 환자가 계속 있겠다고 할까?"

"응, 내 생각엔. 잠시 동안은."

"그런데 부모님은 언제 오신다고 하던가?"

"이번주. 오늘 오실 수도 있고. V가 전화로 병원에 며칠 더 있을 예정이라고 했더니 병문안을 오신다고 하더래."

"으음."

동료의사는 저녁식사 전 회진을 위해 자리를 떴고, 나는 진료실로 돌아와 미처 끝내지 못한 일을 마쳤다.

그 다음주 어느 오후에 나는 다시 V를 만나러 갔다. 방금 부모님께서 다녀가셨다고 하였다. 그는 환자복 차림이었지만 태도는 여전히 공격적이었다. 마치 우는 모습을 나에게 들키기는 했지만, 그렇다고 해서 속내를 털어놓을 심산은 아니라는 듯이 사나운 눈초리로 나를 노려보았다.

"부모님 뵈니까 어떠셨습니까?"

"아주 좋았습니다. 두 분 모두 저를 무척 사랑하세요. 저도 그렇고요."

나는 뭔가 석연치 않은 느낌이 들었다.

"부모님께서 선생님이 이 곳에 있는 것을 보시고 걱정하지는 않으시던가요?"

"네…… 어쨌든 부모님이 눈치 채지는 못하신 것 같습니다. 이번주 내내 파리에 계시기로 했습니다."

"잘됐군요."

나는 그와 몇 분가량 더 이야기를 나누었다.

그는 병문안 온 부모님 얘기를 할 때는 잠시 누그러진 태도를 취했지만 이내 다시 본래의 공격적인 자세로 돌아왔다. 그가 '심리치료'식 대화를 원하지 않았기 때문에 나는 자리를 뜰 수밖에 없었다. 어쩌면 그는 나중에라도 심리치료사를 만나 대화를 해 볼 수 있을 것이다. 아니면 그가 이제껏 세상을 살아온 방식인 공격적 방어자세를 버리지 않기 위해 심리치료를 결코 받으려 하지 않을는지도 모른다.

나는 병실을 나오다 복도에서 나이 지긋한 부부와 마주쳤다. 노부부는 짙은색 옷을 입고 있었고 고풍스런 느낌을 주는 분들이었다. 이를테면 어릴 때 시골에서 보았던 할아버지, 할머니 같은 느낌을 준다고 할까?

그 때 할머니가 굳은 표정으로 내게로 와서 말을 건넸다.

"안녕하세요, 박사님. 정신과 전문의이시죠?"

"네."

할머니는 속마음이라도 꿰뚫어 보려는 듯 나를 쳐다보았다. 할머니의 여위고 고운 얼굴에서 아들의 뚫어져라 쳐다보는 매서운 잿빛 눈동자를 찾아낼 수 있었다. 할아버지도 내 곁으로 다가와 할머니가 자신 대신 말을 하도록 내버려둔 채, 다만 나에게 부인의 무례함을 너그러이 보아달라는 듯이 미소를 지었다.

"저희 자식이 중병이 든 것 같아요, 박사님."

"저는 아드님 병을 치료하는 사람이 아닙니다. 어쨌든 아드님은 곧 좋아질 겁니다."

"그럴 수도 있겠지요. 하지만 저나 저희 바깥양반이나 사람들이 사실을 말해주지 않는다는 생각이 듭니다."

"으음…… 어째서 그런 생각을 하시지요?"

"제 자식 얼굴을 보니까 그런 생각이 듭니다. 몹시 불안해하고요. 여기 있는 사람들도 그렇고요……."

마치 할머니의 생각을 입증이라도 하듯 환자복을 입은 바짝 마른 젊은
이 한 명이 병문안 온 친구의 부축을 받으며 천천히 복도를 걸어가고 있
었다.

"저희와 이야기를 나눌 수 있으신지요, 박사님?"

"네, 물론입니다. 어디 조용한 데로 가시지요."

마르크는 마침 환자를 보러 나가고 진료실에 없었다.

할머니는 나를 뚫어져라 쳐다보았다. 할아버지는 여전히 옅은 미소를
짓고 있었다. 할머니가 말을 했다.

"박사님, 저희는 우리 아들 병이 뭔지 안다고 생각합니다. 물론 박사
님께서도 아시겠지만요."

"제 생각엔, 아드님께 들으시는 것이……."

오히려 내가 당황해서 말을 얼버무렸다.

"아닙니다. 우리 아들 병명을 가르쳐달라는 말씀이 아닙니다. 제 자식
이 박사님께 아무 말 하지 마시라는 부탁을 했다면 박사님께서는 당연히
함구하실 권리가 있으신 거지요. 저희도 잘 압니다."

할아버지도 고개를 끄덕였다.

"다만 박사님께서 그 아이에게 저희가 그 아이의 병을 안다고만 말씀
해주셨으면 해서요. 그리고 또, 그 애가 자기 때문에 우리가 가슴 아파할
까봐 걱정한다는…… 사실도 알고 있다는 말씀도요. 하지만 저희는 상
관없습니다. 저희는 아들을 정말 사랑합니다. 그 아이에게 그 말씀만 해
주세요. 저희 아이가 혹시 저희가 알까봐 아픈 사실을 숨기려고 애쓰는
모습을 보니 너무나 안쓰럽고 불쌍합니다…… 저희 심정을 아시겠지

요?"

"직접…… 한번 말씀해보시면 어떨까요?"

"저희가요? 네, 그러겠습니다. 하지만 박사님께서 먼저 해주셨으면 합니다. 그애를 놀라게 하고 싶지 않습니다. 무척 놀랄 거예요. 그애는 자기가 놀란 모습을 보이기 싫어합니다. 저도 그렇고요. 저도 놀란 모습을 보이길 싫어하거든요."

할머니는 핸드백에서 흰 손수건을 꺼내 눈가의 물기를 훔쳤다.

그후로도 나는 V가 입원해 있는 병동에 환자들을 만나러 여러 차례 갔었는데, 거기서 가끔 V와 그의 부모를 마주치곤 했다. 그들은 나를 발견하면 멀리서 고갯짓으로 인사를 했다. V의 어머니와 V는 나에게 잠시 강렬한 눈길을 보냈고 부친은 미소를 지었다. 나도 그들을 보면 인사는 했지만 가까이 가서 말을 걸지는 않았다. 행여 서로 아끼고 사랑하는 가족 간에 불필요한 오해의 소지나 남기지 않을까 걱정해서였다.

V의 상태는 호전되었고, 가슴 엑스레이 사진도 훨씬 깨끗해졌다. 그의 T4림프구 수치도 다시 상승했다. 그로부터 얼마 후 정신과 접수계에 그가 보낸 엽서 한 장이 도착했다. 지중해의 작은 만(灣)을 배경으로 한 엽서에는 다음과 같은 짤막한 글이 씌어 있었다.

"태양이 그리울 때 이곳에 놀러 오세요. 여러 가지로 감사드립니다. 앞으로 뵐 날을 기대하며."

V는 정신적으로 아무런 이상이 없었다. 그런데 그는 어째서 임종할 때 정신과 의사인 나를 불렀을까? 사실 그를 치료했던 동료 의사 S는 환자들에게 친절하고 매우 세심하기 때문에 그를 불렀더라면, 내가 본의 아니게 맡았던 역할을 훨씬 더 잘 해냈을 텐데 말이다. 나는 그의 임종을 앞두고, 그와 그의 부모님 속내를 들어주고 그와 부모님 사이에서 다리 역할을 했다. V는 나의 동료 S를 자신을 강제 입원시키려 했던 의료 권력으로 연상했던 모양이다. V는 천성적으로 권위에 반항하는 기질인 데다가 본인의 질병으로 인해 강제적인 입원을 강요당했던 까닭에 더욱더 의료 제도권에 대한 반감이 강해진 것으로 여겨진다. 바로 이 때문에 그와 의료진 사이에 대화가 제대로 되지 않았던 것이다.

이런 상황에서 종종 정신과 의사는 비교적 공평무사한 외부 중재자 역할을 수행하곤 하는데, 바로 이런 까닭에 환자는 우리에게 속내를 보다 솔직하게 드러내곤 한다. 일반 의사들은 과중한 기술적 부담 때문에 환자와 대면했을 때 세심한 마음의 배려를 하기 힘든 형편이며, 그 방면의 훈련이 부족한 것 또한 현실이다. 사실 이 점에 있어서는 정신과 의사도 마찬가지다. 만일 정신과 병동에 입원한 환자가 갑자기 폐렴이나 심장병을 호소한다면 정신과 의사는 다른 전문의들의 도움을 반드시 받아야 하기 때문이다.

나는 정신과가 아닌 다른 병동에 자문 진료를 나감으로써, 이른바 중재적 정신치료를 한 셈이다. 이는 정신과 질환이 아닌 다른 병으로 입원해 있는 환자를 정신과 의사가 돕는 경우를 일컫는 말이다.

이처럼 정신과 의사는 의료진과 환자 사이에 갈등이 발생했을 때 중재역할을 하는 것 이외에, 다른 병동에 입원해 있는 환자가 정신과 질환을 나타낼 때에도 외래 진료를 하게 된다. 병 자체가 커다란 스트레스를 주기 때문에, 다른 질환이 있어 병원에 입원한 환자들 역시 정신과적 질환을 앓을 수 있다. 실제로 불안 장애나 우울증 같은 정신질환이 다른 이유 때문에 입원한 환자에게서 발병하는 일이 적지 않다.

에이즈 환자는 중추신경조직이 손상되어, 정신질환이나 심각한 이상 증후를 나타낼 수 있다. 예컨대 HIV 바이러스에 의한 뇌세포 손상이나 톡소플라스마^{toxoplasma}와 같은 요소와 결부돼서 나타나는 질환을 들 수 있다. 또한 에이즈 환자는 우울증에 빠질 위험성도 높다. 환자가 실제로 주변에서 동일질환으로 사망한 사람을 볼 수도 있었던 만큼 질환이 치명적이란 사실을 잘 알고 있기 때문이다. 이와 같은 여러 이유 때문에 정신과 의사는 에이즈로 사망하는 환자의 임종에 입회하는 경우가 적지 않다.

에이즈 환자는 병원에서 퇴원한다 하더라도 여러 가지 어려움에 부딪히곤 한다. 이들은 사회에서 따돌림을 받기도 하고, 직장에서 쫓겨나기도 쉽기 때문에 경제적인 어려움을 겪기도 한다. 여러 연구와 조사에 따르면 에이즈 환자들을 위해서는 혼자 지내는 것보다 가족이나 친지의 보살핌을 받거나 지원단체 모임에 참여하는 편이 훨씬 바람직한 것으로 나타났다. 그렇기 때문에 가족이나 친지의 뒷받침 이외에, 에즈^{aides}와 같은 지원단체들이 적극 나서서 퇴원 환자들을 도와주고, 이들이 가능한 한 오랫동안 질적으로 더 나은 삶을 누릴 수 있도록 해줘야 한다.

사실상 중재 정신의학은 전혀 새로운 분야도 아니어서 이미 30여년 전부터 의료계의 관심을 받고 있으며, 발표되는 관련논문과 저서가 점차 늘어나고 있는 추세이다. 중재 정신의학은 육체의 병과 정신의 병, 의사와 환자 사이의 관계, 치료의 심리적 국면, 환자에 대한 보호 등과 같은, 의학의 근본적 주제들과 폭넓게 관련되어 있다. 한편 이 분야는 병원이 환자들의 욕구에 보다 세심하게 배려해 줄 것을 촉구하는 분야이기도 하다. 이 방면에 이미 적지 않은 진보가 있었던 것은 사실이지만, 앞으로 더 많은 노력을 기울여야 할 것으로 보인다.

여섯번째 특별한 만남

닿을 수 없는 브르타뉴 미인

강박증

처음 그녀가 진료실로 들어섰을 때, 그녀에게 사람을 놀라게 하는 뭔가가 있으리란 예감이 들었다. 그녀는 날씬하고, 갸름한 얼굴에 뺨이 발그레한 어여쁜 브르타뉴 출신의 여자였다. 가볍게 시선을 내리깔고 있었는데, 푸른 빛과 회색 빛이 도는 옷을 입은 모습에는 마치 미사에라도 가는 사람처럼 예스런 겸양이 배어 있었다. 마치 수도원이나 해군 장교 집안에서 성장했거나, 양초를 잘 먹여 반들거리는 식탁에서 식사를 하고 나서 식구들이 모두 해변 둑으로 산책을 나가는 그런 분위기 속에서 성장한 듯한 느낌이 들었다. 신상카드를 보니 주소가 캥페르(프랑스 브르타뉴 지방의 도시—옮긴이)라고 적혀 있었다.

대번에 내 눈길을 끄는 것이 있었다. 때는 화창한 6월로 따가운 햇볕 때문에 진료실 책상이 뜨거울 정도였는데도 그녀는 푸른 색 면장갑을 끼고 있었던 것이다. 파리 나들이에 장갑까지 갖춰 낀 것인가?

이번엔 그녀가 의자에 앉아 있는 자세가 눈길을 끌었다. 그녀는 의자에 앉아 있긴 했지만 몸이나 팔이 의자에 닿지 않도록 살짝 걸터앉은 상태였다. 마치 의자에서 더러운 뭔가가 묻을 것처럼 조심하는 태도였다.

나는 우선 본론에 들어가기 전에 그녀에게 통상적인 질문들을 던졌다. 나이는 서른이었고, 한 살 된 아들이 있으며, 남편은 해군에서 엔지니어로 일한다고 했다. 가구 회사에서 회계 일을 했는데 넉 달 전부터 직장을 쉬고 있다고 했다. 이 말을 마친 후 그녀는 시선을 내리깔며 말을 멈췄다. 그러면서 장갑 낀 손으로 핸드백을 바짝 움켜쥐었다.

"그런데 어떻게 여기에 오시게 되었는지요?"

"말씀드리기가…… 쉽질…… 않아요."

"최근 일인가요, 아니면 오래된 일 때문인가요?"

"오래된 일이에요. 벌써 일 년이 넘었는걸요."

"일 년 전부터 무엇이 문제이신가요?"

"저…… 저, 집 바깥으로 나갈 수가 없어요."

"겁이 나시나 봅니다."

"네. 사람들이 겁나요."

처음에는 집을 나서는 것을 두려워하는 광장공포증이 아닌가 생각했다. 하지만 조금 전까지만 해도 대기실에 혼자 앉아 있지 않았는가. 광장공포증 환자는 대개 누군가를 동반하고 외출하기 마련이다. 사람들을 겁낸다면 우울증일 수도 있다. 사실 이 젊은 여인은 슬픈 표정을 짓고 있었다. 하지만 단순한 우울증으로는 이 여인이 6월에 장갑을 낀 채 의자에 부자연스럽게 앉아 있는 태도를 설명할 수 없다.

"어째서 사람들이 겁이 나십니까?"

"저…… 어떻게 설명을 드려야 할지."

"설명이 힘든 겁니까, 아니면 설명할 용기가 나질 않는 겁니까?"

"저…… 설명할 용기가 나질 않아서요."

"왜 그럴까요?"

"어리석은 생각이지만…… 매번 부끄러운 생각이 들어서."

"설명할 때마다 부끄럽다는 말씀이신가요?"

"네."

"누구한테 설명하려 한 적이 있으신가요?"

"네. 정신과 치료를 받은 적이 있거든요."

그녀는 무척 망설이다가 마침내 말문을 열었다.

"전 전염될까봐 겁이 나요."

"전염이라구요?"

"네…… 어리석은 생각이지만. 정말 어리석지요. 하지만 겁이 나는걸요."

"뭣에 전염될까 겁이 나십니까?"

"암이요."

"하지만 암은 전염되는 게 아니란 걸 잘 아실 텐데요?"

"네, 알아요. 의사 선생님들도 모두 그렇게들 말씀하십니다. 하지만 저는 겁이 나거든요."

"혹시 암이 전염될 수도 있다는 생각에 두려운 거군요?"

"네, 맞아요. 바로 그거예요. 만일 암에 전염이라도 되면 어떡하나 하는 생각에……."

"그럼, 전염되지 않으려고 어떻게 하시나요?"

"그러자니 사는 게 지옥 같을 수밖에요."

마리가 한 말은 사실이었다. 그녀는 몇 달 전부터 자기한테 암을 옮길 수 있는 사람이나 물건들과 접촉하지 않으려고 무진 애를 썼다. 암은 나타나기 전에 수년간 잠복기를 거치는 것을 알기 때문에, 그녀는 겉으로 멀쩡해 보이는 사람일지라도 악수하는 게 두려웠다. 다른 사람이 만졌던 물건도 만지지 못했다. 마찬가지 이유로 맨손으로 돈을 만지기도 겁이 났다. 지폐나 동전은 무수히 많은 사람 손을 거치기 때문이었다. 그녀는 사람들과 악수를 하지 않을 뿐만 아니라 아예 접촉을 하지 않으려고 노력했다. 그래서 외출할 때는 반드시 장갑을 꼈다.

그녀는 지옥과 같은 자신의 일상생활을 조금씩 털어놓기 시작했다. 더욱 고통스러웠던 것은 바로 이 지옥을 자기 자신이 만들어냈다는 점이었다. 그녀는 물론 이런 모든 생각들이 터무니없다는 사실을 잘 인식하고 있었으며, 이런 그녀의 생각은 그녀의 남편이나 그녀가 속마음을 털어놓은 몇 안 되는 사람들도 잘 알고 있었다. 그녀는 암에 관해 찾아서 읽을 수 있는 모든 기사와 책을 읽어보았지만 어디에도 암이 전염된다는 구절은 없었다. 하지만 아직 과학이 그 점을 밝혀낼 수 있을 정도로 발전한 게 아니라면 어쩌나 하는 생각에 여전히 불안해했다.

그녀의 입장에서는, 그녀가 만나는 모든 사람들이 자신도 모르는 보균자일 수 있었다. 나이 많은 사람이나 담배를 많이 피우는 사람, 술을 많이 마시는 사람은 특히 겁이 났다. 이런 사람들은 암에 걸릴 위험이 높기 때문이었다. 이런 까닭에 그녀는 단골이던 신문가게를 피하게 되었는데, 50대 가게 주인이 칙칙한 피부에 언제나 담배를 물고 있어서 특히 암을 '전염시킬' 위험성이 높아 보였기 때문이다.

이러한 생각 때문에 그녀의 생활에는 막대한 지장이 초래되었다. 그녀는 몇 달 전부터 자신의 어머니와 포옹을 하지 않을 뿐더러 사소한 신체 접촉도 아예 금하고 있다. 그녀의 어머니는 몇 년 전 유방에 종양이 있어서 수술을 받았는데, 심각한 상태는 아니었고, 그후로 산부인과 의사의 지시에 따라 정기적으로 건강검진과 유방암 검사를 받고 있었다. 그녀는 어머니가 증상이 겉으로 나타나지는 않지만 아직 유방암을 앓고 있는 환자라는 생각을 떨치지 못하였다. 그래서 그녀는 여전히 어머니를 만나긴 하지만 어떤 사소한 신체 접촉도 삼가고 있었다. 그녀의 어머니는 그토록 가까웠던 딸의 태도가 급격하게 변한 것을 보고는 몹시 충격을 받았다. 막내인 데다, 그토록 원했던 딸이었던 터라 더더욱 그녀에게 애착을 느꼈던 것이다.

하지만 예외적으로 그녀는 남편과 어린 아들에게는 아무런 두려움도 갖지 않았다. 다만 남편이나 아들이 집으로 물건을 들이는 것은 몹시 두려워했다. 한번은 아들과 공원을 산책하다가 질겁한 적이 있다. 아들이 공원을 걷다가 땅에 떨어진 담배꽁초를 집어들고는 대뜸 빨아대는 광경을 본 것이다. 그녀는 너무나 놀란 나머지 얼른 뱉어내도록 했지만, 그후로도 여러 날 자기 아들이 나쁜 것에 '전염된' 것은 아닌가 하는 불안감에 시달렸다.

"그런데, 언제 처음으로 그런 생각이 들었나요?"

"바캉스 때였어요. 이 년 전이었지요."

그때 그녀는 브르타뉴에 있는 어머니 소유의 별장에서 바캉스를 보내고 있었다. 그날은 뭉개구름이 피어오르는 아주 청명한 날이었다. 그녀는 빨랫줄에 침대보를 널어놓은 마당을 걷고 있었다. 그녀는 울타리까지 걸어갔다가, 마주보고 있는 이웃집 마당을 들여다보게 되었다. 이웃집 여자가 의자에 누워 있었는데 잠을 자는 듯했다. 나이가 꽤 들었고, 아주 마르고 고단해 보였다. 그때 갑자기 마리는 어머니에게서 이웃집 여자가 바로 얼마 전 유방암 수술을 받았다는 얘기를 들었던 것이 생각났다. 동네 사람들은 그 여자가 몇 주 전부터 몸이 마르는 것을 보고서 병이 재발했나 본데 회복되기 힘든 것은 아닌가 하는 얘기들을 했다. 그녀는 이웃집 여자가 누워 있는 모습을 지켜보면서 저렇게 서서히 죽어가는 것은 아닌가 하는 생각이 들어 겁이 났다. 미풍이 불자 널어놓은 침대보가 펄럭였다. 그 순간, 바람이 나쁜 먼지를 자기 쪽으로 몰아오는 것 같은 두려움이 엄습했다. 암으로 죽어가는 이웃집 여자의 나쁜 기운이 뜨거운 공기 중에 떠돌다가, 눈에 보이지 않는 먼지가 되어 자기 쪽으로 날아든다는 생각. 그녀는 겁에 질려 집 안으로 도망쳤다.

이날부터 그녀는 암과 죽음의 공포에 시달려야 했다. 그녀가 파리로 돌아왔을 때 때마침 같은 건물에 사는 어느 부인이 유방암에 걸렸다는 소식을 들었다. 그 여자가 건물을 드나들 때마다 현관 유리문 손잡이를 잡는다는 생각을 하니 두려워서 현관문에 손을 댈 수가 없었다. 그후 마리는 유방암에 걸린 부인이 결코 드나들지 않는 건물 주차장을 통해서 출입하게 되었다. 이것은 그녀가 두려움 때문에 평소 습관을 바꾼 최초의 사건이었다. 그후로도 그녀는 유방암에 관계된 여러 종류의 상황과 마주치게 되었으며, 전염되면 어쩌나 하는 불안감 때문에 점점 더 행동에 제약을 받게 되었다.

그녀의 남편은 아내가 허황된 생각으로 쓸데없이 고통받는 것을 보면서 한편으론 불쌍하다는 생각이 들기도 했지만, 퇴근만 하면 낮 동안의 일들을 늘어놓으면서 어서 신발을 벗고 손을 씻으라고 성화를 하는 통에 짜증을 내기도 했다.

마리는 그간 여러 의사와 치료자를 만나 도움을 청했다.

마리는 친구의 조언으로 어느 여자 정신분석가로부터 치료를 받았는데, 몇 달이 지나도 별다른 변화가 없자 그만두었다. 마리는 그 정신분석가가 지적이고 호의적이었으며, 치료를 받는 동안 소유욕이 강한 자기 어머니에 대한 공격성이 본인의 무의식에 내재하고 있다는 사실을 깨닫게 되었다고 회고했다. 하지만 1년 가까이 정신분석 치료를 받았음에도 증상은 여전했으며, 오히려 어떤 종류의 두려움은 더 커졌다고 했다.

그후 그녀는 냉랭하기로 소문난 어느 정신과 의사를 찾아갔는데, 의사는 그녀가 강박증이라는 진단을 재확인해줄 뿐이었다. 의사는 치료방법을 묻는 그녀에게 강박증은 만성질환으로, 약물치료가 가능하며 증세가 완화될 수는 있지만 완전히 낫는 것은 힘들다고 잘라 말했다고 한다. 그녀는 이 만남으로 인해 대단히 의기소침해졌다. 그후 그녀는 남편의 연이은 권고에도 불구하고 전문가의 도움을 받을 생각을 하지 않았다. 그러다가 이들 부부와 친구 사이인 인지행동치료를 하는 의사와 이야기를 하게 되었고 그 분의 권유에 따라, 인지행동치료를 하는 종합병원을 찾게 된 것이다.

"제가 인지행동치료를 받으면 정말로 나을 수 있나요?"

그녀가 눈을 반짝이며 나에게 물었다.

나는 세상의 모든 의사들이 그러듯이 두 가지 태도 사이에서 번민하지 않을 수 없었다. 하나는 당신을 믿고 의지하려는 환자의 희망을 꺾으면 안 된다는 태도이고, 다른 하나는 그럼에도 불구하고 환자에게 헛된 희망을 안겨주면 안 된다는 태도였다. 공연한 희망을 주었다가는 차후에 환자가 실망하거나, 모든 치료행위를 거부하는 심각한 사태를 가져올 수도 있다.

"제 말씀 잘 들으세요. 저희가 확실히 도와드릴 수 있습니다. 말씀하시는 증상을 치료하는 방법이 있습니다. 똑같은 문제 때문에 고생하던 분들이 있었는데 상태가 호전되었습니다."

"병이 나았다는 말씀인가요?"

"네, 완전히 나은 경우도 있습니다. 어떤 경우는 완전히는 아니지만 처음보다 상태가 많이 좋아졌습니다."

"제 경우는 어떨까요?"

"분명히 말씀드릴 수 있는 것은 저희가 도와드릴 수 있다는 점입니다. '도와드린다'는 말은, 치료는 환자 본인 스스로 적극적으로 임해야 하는 것이고 저희는 옆에서 돕는 역할을 한다는 뜻입니다. 지금으로선 상태가 어느 정도나 호전될는지 장담할 수 없습니다. 백 퍼센트 나아서 아무렇지 않을 수도 있고, 아니면 완전히 낫지 않을 수도 있습니다. 오로지 본인의 노력 여하에 달렸습니다. 어떤 환자는 증상이 완전히 사라지기를 바라지 않기도 합니다. 정상적으로 생활하는 데 문제만 없으면 그것으로 족하다고 생각하는 거죠. 그래서 그 단계에 이르면 치료를 그만두기도 합니다. 증상이 어느 정도까지 누그러들기를 원하시는지 앞으로 두고 봐야겠지요."

"잘 알겠습니다."

그녀는 정신질환 병력이 없었다. 어린 시절에도 성격이 명랑한 모범생이었으며, 친구들도 많았다. 그녀는 열여덟 살 되던 해 부모님 곁을 떠나 가까운 도시에 정착해 대학에서 회계학을 공부했다. 학창생활도 순탄했다. 다만, 어머니보다 연세가 훨씬 많은 아버지가 뇌출혈로 돌아가시는 바람에 크게 상심했으나 그렇다고 해서 특별한 정신질환을 나타내지는 않았다.

그녀는 대학 때 친구들과 함께 제3세계 나라들을 여행한 적이 있다. 여행 중에는 위생조건이 열악한 곳에서 아무렇지도 않게 술을 마시고 밥도 잘 먹었다. 친구들과 마찬가지로 공중변소에서 용변 보기가 꺼림칙했을 뿐 특별히 가리는 일 없이 잘 지냈다. 본인 말로는 자기가 오히려 다른 친구들보다 위생에 신경을 덜 쓰는 편이었다고 한다.

첫 진료는 이렇게 지나갔다. 상담하는 동안 그녀가 몇 달 전부터 잠을 제대로 이루지 못하고 일찍 깬다는 사실을 알았기 때문에 약을 처방할까도 생각했다. 식욕도 많이 줄어 마른 체격인데도 4킬로그램이 빠졌다고 했다. 그리고 항상 피로감을 느낀다고 했다. 이상의 말들을 종합해볼 때 그녀는 아마도 처음 증상이 나타났던 1년 전부터 우울 증상을 같이 앓고 있는 것으로 여겨졌다. 이럴 경우 항우울제를 복용하면 상태가 호전되어 강박 증상도 누그러들 것이 틀림없어 보였다. 하지만 나는 처방전을 주지 않는 편이 나으리라 판단했다. 그녀는 앞으로 자기가 심리치료를 받을 수 있는지 알아보러 내방했기 때문에 대뜸 약을 처방한다면 실망할 가능성이 매우 컸다. 게다가 그녀는 자기에게 약을 처방한 정신과 의사에 대해 나쁜 기억을 가지고 있다고 말하지 않았던가. 나는 그녀가 다시 진료를 받으러 와서 의사에 대한 신뢰감이 더욱 굳어질 때를 기다려 처방하기로 마음먹었다.

한 주가 지나고 나는 다른 두 명의 의료진과 함께 그녀를 맞았다. 한 명은 인지행동치료 수련을 받은 자크란 이름의 남자 간호사이고, 다른 한 명은 정신과 의사를 지망하는 인턴 소피였다. 나는 마리에게 앞으로의 치료가 더욱 포괄적으로 이루어질 수 있도록 그녀의 신상에 관한 모든 것이 우리 세 사람 모두에게 똑같이 전달되어야 한다는 사실을 주지시켰다.

"좋습니다. 오늘은 환자분의 일상생활에 대해서 저희가 낱낱이 알 수 있도록 끊임없이 질문을 던질 겁니다. 특히 환자분이 어떤 때는 괜찮고, 또 어떤 때 두려워하는지 조사하게 됩니다. 그러고 나서 또 질문지를 드릴 겁니다. 이 자료들을 분석하면 저희가 환자분 신상에 대해서 소상히 알게 되고 어떤 방식으로 치료를 할 건지 정하게 됩니다."

질문이 시작됐다. 처음에는 질문과 대답이 더디고 조심스럽게 오갔다.

하지만 점차 시간이 흐름에 따라 자연스럽게 문답이 진행되었고, 우리는 모든 상황에서 마리의 반응을 관찰했다. 특이한 점은 그녀가 당연히 두려워하리라 생각했던 상황에서는 아무렇지도 않아 했고, 대수롭지 않으리란 상황에선 오히려 대단히 겁내는 경우가 적지 않았다는 것이다. 어쨌든 우리는 마리가 호소하는 질환에 대해서 이미 잘 알고 있었다. 동일 질환을 가진 환자에 대한 치료경험도 많았고, 사례연구도 많이 했던 터였다. 하지만 경험적으로 볼 때, 동일질환이라 하더라도 환자 개개인은 모두 자신만의 독특한 대응방식과 세계관을 갖고 있었다. 따라서 환자들의 병명은 같은 식으로 요약될 수 있을지 모르지만, 환자 개개인의 사연은 결코 똑같을 수 없다.

진료가 끝나갈 무렵 우리는 마리의 생활습관에 관한 리스트를 거의 완성할 수 있었다.

- 장갑을 끼지 않은 맨손으로는 돈, 우편물, 바깥에서 들인 물건, 배우자와 아들을 제외한 모든 사람들과 접촉할 수 없음.
- 장갑을 꼈을 때는 겁이 나긴 하지만 돈, 기타 상점 물건을 만질 수 있음. 그러나 상점 주인이나 점원이 나이가 많거나 담배, 술을 하는 전염 가능 인물일 때는 예외임.
- 약국은 나이 많고 병든 '전염 가능성이 있는' 사람들이 드나들기 때문에 출입할 수 없음.
- 밖에서는 식사를 하지 못함. 친구 집에 초대 받아도 가지 못함. 자기 집 식기가 아닌 그릇에 담긴 식사를 하지 못함.

- 자기 집 화장실이 아닌 경우 이용하지 못함.
- 직장동료들로부터 전염될 수 있기 때문에 복직하지 못했음.
- 친구나 친지들과 악수도 하지 못하고 포옹을 하지 못함. 사회생활 제로 상태.
- 위생 조치: 외출 시 꼈던 장갑과 옷을 매일 세탁함. 알코올이나 비눗물로 신발 뒤축, 포장지, 남편과 아들이 아닌 다른 사람이 접촉한 물건을 씻음. 일주일에 대략 2.5리터의 알코올과 세제 삼분의 일 통을 소비함. 위생 처리 시간은 평소 빨래 시간과 거의 같지만, 연거푸 세 차례에 걸쳐 함. 손만 씻을 경우 3분가량이 소요됨.
- '전염 가능성'이 있는 것을 만졌을 때 여러 시간 동안 걱정이 되며, 때론 하루종일 걱정이 되기도 함. 접촉했을 때의 상황을 되새기고 전염 가능성에 대해 추정해봄. 이런 생각이 들면 아무 일도 못 하고 몹시 고통스러움. 다른 일을 생각해보려 노력하지만 소용없음. 가끔 다른 사람과 대화를 하다가 저절로 잊기도 함.

마리는 자신의 두려움을 털어놓는 동안 깊은 고통에 빠져들었다. 그녀는 지옥과 같은 자신의 생활을 하나씩 열거하면서 눈물을 흘렸다. 그러면서 마치 상처 입은 짐승처럼, 감추고 싶은 부끄러움을 낱낱이 실토하게 만드는 우리를 원망의 눈초리로 쳐다보았다.

우리는 그녀에게 상심하지 말라는 위로의 말을 건네면서 앞으로의 치료 원칙을 설명했다.

"우선, 저희는 앞으로 환자분께 어떠한 경우라도 무리한 것을 하라고 강요하지 않을 겁니다. 하지만 환자분께서 어느 선까지 가능한지 말씀해 주셔야 합니다. 저희는 서서히 진행해나갈 겁니다. 치료가 쉽지는 않을 거예요. 만일 힘들어하시면, 감당할 수 있는 수준으로 속도를 조절할 겁니다. 아시겠지요?"

"네. 하지만 뭘 하는 거지요?"

우리는 그녀에게 점진적 노출 테크닉에 관해 설명했다. 그녀는 치료 때마다 '전염 가능성'이 있는 물건을 만질 것이며, 이 과정은 물건을 만져도 그리 겁이 나지 않을 때까지 계속된다고 말했다.

마리는 이 말을 듣고 무척 놀라는 표정을 지었다. 이마에는 땀방울이 맺혔다. 그녀가 제일 겁내는 '전염'이란 말에 직면했던 것이다. 우리는 즉시, 우선 가장 경미한 물건에서부터 시작할 것이며, 치료과정은 언제나 우리 세 사람 중 적어도 한 사람이 지켜보는 가운데 이루어진다고 했다. 또 모든 과정은 환자 본인의 수용 여부에 맞춰서 진행된다는 말도 덧붙였다. 심리적 저항이 적으면 빨리 진행되며, 그렇지 않을 때는 느리게 진행되는 것이다. 치료 시간은 일주일에 두 차례 오전으로 정했다. 오랜 기간 자주 할수록 효과가 높기 때문이다.

그녀는 조금은 마음을 놓는 듯했다.

나는 이 기회를 틈타 그녀에게 항우울제를 복용하면 치료에 많은 도움이 되며 헛된 생각도 상당히 누그러들 것이라고 말했다. 하지만 몇 주가 지나야 효과가 나타나기 때문에 바로 복용을 시작하는 편이 좋겠다는 말을 덧붙였다. 그녀는 흔쾌히 수긍했고, 나는 그녀가 점진적으로 항우울제 복용을 늘려가도록 처방을 했다. 투약이 최초로 시작된 것이다.

마리의 치료는 우선 그녀가 두려움을 느끼는 상황들의 등급을 매기는 것으로 시작됐다. 즉 처음 만든 리스트를 근거로 해서 그녀가 가장 덜 두려워하는 물체나 사람부터 차례로 순서를 매겼다. 마리에게는 이렇게 완성한 리스트 중에서 치료실 문고리가 가장 두려운 물체였다. 그것은 모르는 사람들, 특히 치료를 받으러 온 수많은 병자가 들락거리며 만졌을 것이기 때문이다. 반대로 제일 덜 두려운 물체는 책상 표면으로 밝혀졌는데, 책상을 주로 사용하는 사람들은 그녀가 누구보다도 신뢰하는 의사들이기 때문일 것이다. 하지만 이 또한 비논리적인 사고방식인데, 왜냐면 의사들도 얼마든지 암에 걸릴 수 있기 때문이다.

첫 치료가 시작되었다. 마리가 책상 곁에 앉았다.

"좋습니다. 이제 시작하지요. 우선 장갑을 벗으세요. 네, 좋습니다."

"기분이 좋지 않아요."

"어째서지요?"

"장갑을 벗은 맨손이라서요. 몇 달 동안 집 밖에서는 늘 장갑을 꼈거든요."

"자, 그러면 새로운 기분을 느껴보세요. 이미 환자분께서는 신천지에 첫발을 디딘 겁니다. 아시겠지요?"

"네."

"자. 이번엔 책상을 만져보세요. 여기요, 가까운 곳을요."

"제가 해낼 수 있을지 모르겠습니다."

"두려운 마음이 들 때 정도에 따라 영에서 십까지 등급을 매겨보세요. 영은 두려움이 전혀 없는 상태입니다. 십은 최고로 불안한 상태이고요.

지금 얼마라고 생각하세요?"

"육이요."

"좋습니다. 아주 좋습니다. 이제 실제로 책상을 만지고 나면 두려운 정도가 훨씬 낮아지는 걸 느끼게 될 겁니다. 자, 이제 책상을 만져보세요. 아무렇지도 않을 겁니다."

마리는 조심스레 손가락 하나를 내밀어 책상을 살짝 만져보곤 이내 뒤로 움츠러들었다.

"브라보! 드디어 해내셨습니다."

"네."

"좋습니다. 다시 한 번 해보셨으면 합니다. 하지만 이번에는 손가락을 빼지 마시고 그대로 얹어놓으세요. 자, 해보시죠."

마리는 손가락을 책상에 가져간 후 그대로 있었다.

"이번엔 얼마라고 생각하십니까?"

"팔이요."

"힘드시죠? 하지만 조금만 더 견뎌보세요. 금세 나아질 겁니다. 이번에는 다른 손가락들을 책상에 대보세요."

마리는 우리의 격려를 받으며 몇 분간 검지와 중지 끝을 책상 끝에 대고 있었다.

"이번에는 얼마라고 생각하세요?"

"오에서 육이요."

"그럼 조금 전보다 낮아졌군요."

"네."

"그것 보세요. 두려움이 줄어들었지요? 벌써 변하기 시작한 겁니다. 커다란 진척이 있었던 거죠."

몇 분 후 마리가 이번에는 손바닥을 펴서 책상 위에 올려놓았다. 두려움의 등급은 4라고 했다. 우리는 계속 이런 식으로 조금씩 강도를 높여갔다. 이번에는 흰 봉투를 만져보도록 했다. 그녀는 점차로 봉투를 손에 쥐게 되었다.

"좋아요! 자, 벌써 다음 단계로 넘어갑니다. 이번에는 제가 오늘 아침 받은 편지 중 하나를 쥐어보는 겁니다. 책상 위에 있는 편지인데, 아직 제가 열어보지 않은 상태입니다."

마리는 이미 흰 봉투를 쥐었기 때문에 큰 어려움 없이 내용물이 들어 있는 편지도 쥐어보게 됐다.

우리는 환자의 두려움 수치가 3으로 떨어질 때까지 인내를 가지고 기다렸다. 효과는 10분 후에 나타났다.

"그것 보세요. 훌륭해요!"

"제가 해내다니 믿기 힘든 일이네요."

"아까 제가 했던 말이 정말이지요? 잠깐만요, 봉투를 내려놓지 마세요. 이번엔 그 봉투를 열어보세요."

"열어요? 하지만 선생님 편진걸요?"

"읽으실 필요까진 없습니다."

"그래도 열기 싫은데요."

"어째서죠? 안의 내용물에 손을 대기 싫어서 그러시나요?"

"아니요…… 봉투 만지는 거나 마찬가지인걸요."

"그럼, 무엇 때문이지요?"

"다른 손은 제가 쓰지 않는 깨끗한 손이거든요."

"깨끗하다니요?"

마리는 외출하면서 장갑을 끼지만 돈을 주고받거나 문을 열 때, 또는 물건 살 때처럼 '전염 위험성'이 높은 물체를 만질 때는 오른손을 쓴다고 했다. 왼손은 오로지 핸드백이나 주머니 속을 뒤지거나 안경과 같은 개인 소지품을 만질 때만 사용한다고 했다. 전염의 소지를 아예 없애기 위해서 오른손 장갑이 절대 왼손 장갑과 닿지 않도록 한다고 했다. 그녀는 매우 망설이면서 이 사실을 털어놓았다.

"이런 말씀을 드리기가 부끄러워요. 터무니없는 얘기거든요."

"아닙니다. 바로 병의 일부이지요. 하지만 조금 전에 보셨지요? 얼마든지 이겨낼 수 있다는 걸 경험하셨잖아요."

"네, 약간은요."

"좋습니다. 봉투를 두 손으로 쥐어보세요."

그로부터 5분 후 마리는 마침내 봉투를 열 수 있었다.

첫 치료는 이렇게 끝을 맺었다. 치료는 한 시간 남짓 진행되었다. 나는 치료를 마치면서 마리에게 한 가지 숙제를 줬다. 집에 돌아가서도 조금 전처럼 우편물을 직접 열어보도록 한 것이다.

두번째 치료 때 마리는 자기가 사흘 연속해서 우편물을 자기 손으로 열었다고 했다. 이 광경을 보고 남편도 놀랐다고 한다.

마리는 치료를 거듭해나가면서 리스트에 올라 있는 모든 물체를 마찬가지 방식으로 장갑을 끼지 않은 맨손으로 만질 수 있었다. 하지만 그녀는 여전히 외출할 때는 반드시 장갑을 꼈다. 한편 그녀는 항우울제를 점점 더 많은 용량으로 복용했다.

그녀는 두려움이 점점 수그러든다고 했다. 특히 어쩌다가 전염성 있는 물체를 만지더라도 예전처럼 몇 시간 동안 두려운 마음이 드는 대신 몇 분이 지나면 잊게 되었다고 했다. 항우울제가 강박증에 효력을 나타낸 것이다.

그녀는 행동주의 치료를 일주일에 두 차례씩 유지해나갔다.

이후 간호사인 자크와 인턴 소피가 번갈아가며 치료를 담당했다. 이제 치료과정은 병원 바깥으로 범위를 넓히게 되었다. 그녀가 물건을 살 때 치료자가 맨손으로 물건을 만지도록 유도하는 것이다. 그녀가 수퍼마켓에서 구입한 물품을 운반대에 직접 올려놓고 점원이 계산하도록 하게 함으로써 치료는 한 고비를 넘겼다. 한번은 '전염 위험'이 있는 신문 가판대에서 직접 돈을 받은 일도 있었다.

치료를 받는 동안, 그녀는 집에서도 병원에서 했던 동작을 되풀이해야 했다. 만일 '전염 가능성'이 있는 물체를 만졌을 경우에도 '소독' 과정을 가능한 한 간략히 하도록 했다. 나는 그녀에게 세탁이나 소독에 사용한 시간과 세제, 알코올 분량을 적어보라고 했다. 수치로 표시한 기록을 보면 상태의 추이를 객관적으로 관찰할 수 있기 때문이다.

치료를 시작한 지 두 달이 흘렀을 때 치료는 15회째에 이르렀으며 항우울제 복용은 한 달째에 접어들었다. 그녀는 점차 정상인과 마찬가지로 장을 보게 되었으며, 집에서도 '소독'에 쓰는 알코올과 세제 분량이 전에 비해 절반으로 줄어들었다.

한번은 그녀의 남편이 함께 온 적이 있다. 그는 참을성이 많아 보이지는 않았지만 명랑한 성격이라 자기 아내를 이해하려고 애쓰는 모습이 역력했다. 나는 남편에게 치료 원칙을 설명했다. 그러자 남편은 마리에게 앞으론 비난하는 대신 더욱 적극적으로 도울 테니 자기가 치료에서 어떤 역할을 맡았으면 좋겠냐고 물었다. 남편의 열린 성격과 흔쾌한 마음가짐은 이후 치료에 커다란 도움이 되었다. 이날 마리는 치료를 마치고 떠나면서 나에게 악수를 청했다.

하지만 이들 부부에겐 아직 해결해야 할 중요한 문제가 하나 남아 있었다. 다름 아니라 부부의 바깥나들이에 관한 일인데, 이들은 그간 친구들의 초대에 응할 수도 없었고, 마리가 바깥에선 식사를 할 수 없기 때문에 여행을 갈 수도 없었다.

이리하여 또다른 노출치료를 하기로 정했다. 마리는 간호사 자크의 감독 아래 병원 구내 카페테리아에서 유리잔을 만지고 또 잔에 음료를 담아 마시는 훈련을 했다. 그 다음번 치료 때는 소피와 함께 병원 밖 카페에 가서 미네랄워터를 잔에 부어 마시는 훈련을 했다.

한편 그간 마리와 그녀의 어머니는 사이가 소원했기 때문에 다음번 치료 때는 어머니와 함께 오도록 했다. 이리하여 두 모녀가 함께 진료실에 앉게 되었다. 하지만 딸은 여전히 조심스레 어머니와 간격을 둔 채 자리를 잡았다. 어머니는 딸의 질환에 대해 경청하면서도 줄곧 눈물을 흘렸다. 어머니는 딸이 치료를 받으면서 상태가 무척 좋아진 것은 사실이지만, 여전히 손자를 안아보는 것을 딸이 말린다며 못내 서운하다고 했다. 그러면서 딸이 이 지경이 된 것은 사실 자기가 너무 엄하게 키운 탓이라면서 스스로를 질책했다. 그러자 마리가 눈물을 흘리면서 사실 자기는 어머니를 대하면 무척 죄송스런 마음이 든다고 했다. 우리는 눈물을 흘리며 서로 속내를 주고받는 모녀를 지켜보는 수밖에 없었다. 그러면서도 마리는 여전히 어머니와 일정한 간격을 유지했다. 나는 모녀에게 다음 치료 때는 아이도 함께 오도록 했다.

다음번 치료는 회의실에서 행해졌다. 회의실은 의자가 많고 중앙에 빈 공간이 있는 커다란 방이었다. 소피와 나, 마리, 그녀의 어머니, 이렇게 네 사람이 적당한 간격을 이룬 채 회의실에 모였다. 마리의 아들은 새로운 환경에 빨리 익숙해졌으며, 아이들을 좋아하는 소피와 금세 친해졌다.

마리는 아이에게 몇 가지를 타이른 후 소피에게 가도록 했다. 소피는 아이의 손을 잡았다.

"자, 지금은 상태가 얼마지요, 부인?"

"삼."

"좋습니다. 만일 소피가 아드님에게 뽀뽀를 하면 얼마의 상황이 되겠습니까?"

"거의 비슷할 것 같네요."

마리는 젊은 인턴이 아이를 안고 뽀뽀를 하는 모습을 지켜보았다. 상황은 마리가 아무런 저항도 보이지 않을 때까지 계속되었다. 아이는 만족해하는 표정이었다.

"좋습니다. 이번엔 아드님이 할머니한테 가면 어떻겠습니까?"

"괜찮기는 하지만, 뽀뽀는 안 했으면 좋겠네요."

"좋습니다. 손만 잡는 것으로 하지요. 그러면 몇인가요?"

"칠."

"자, 마리 씨가 직접 확인하시겠지만, 이제 조금 있으면 훨씬 낮아질 겁니다."

"피에르, 피에르, 할머니한테 오렴."

아이는 할머니한테 뛰어갔다. 할머니는 아이를 안아주려다 멈칫하며 아이 손만 잡아주었다.

"지금은 얼마지요?"

"팔."

"좋습니다. 조금만 더 계셔보시지요."

할머니와 손자는 손을 마주치며 장난을 쳤다. 마리는 불안한 모습으로 이 광경을 지켜보았다. 4의 상황이었다.

잠시 후 아이는 다시 엄마 곁으로 왔다. 아이는 어리광을 부리면서 할머니에게서 '오염된' 손을 엄마한테 뻗었다. 마리는 뒤로 물러섰다. 그녀는 아주 짧은 순간 얼어붙었는데, 아이는 자기 엄마가 이상한지 의아한 표정으로 엄마를 쳐다보았다. 마리는 우리를 향해 무척 난감하다는 표정을 지은 후 아이를 안아주었다. 마리는 여러 달 만에 처음으로 간접적이긴 하지만 자기 어머니와 신체 접촉을 한 것이다.

그 다음 치료 때가 되어서야 할머니는 손자를 안고 뽀뽀를 해줄 수 있었다. 또 이때서야 비로소 두 모녀는 아직 껄끄럽긴 하지만 오랜만에 서로 곁에 앉아서 손을 맞잡을 수 있었다.

"지금은 얼마죠?"

"칠이요. 이런, 어머니 죄송해요."

"괜찮다."

마리의 어머니는 딸의 이상스런 태도가 자기를 싫어해서가 아니라 병 때문이란 사실을 알게 된 이후에는 딸이 자기와 거리를 두는 것을 예전 보다 잘 참았다. 치료는 상당한 진척을 보여 과거 그토록 가까웠던 두 모녀가 다시금 서로를 부둥켜안을 수 있게 되었다.

그후 마리는 치료를 거듭하면서 점차 정상을 회복하고 더이상 두려움도 느끼지 않게 되었다. 하지만 마지막으로 넘어야 할 난관이 있었다. 마리의 남편은 주말여행이나 바캉스를 떠나고 싶어했다. 잠시라도 집을 떠나 집안일을 잊고 싶어하는 마음이 컸기 때문이다. 마리도 발병하기 전에는 남편처럼 여행을 떠나 호텔에서 지내는 것을 좋아했다. 그러나 지금 마리는 호텔에 머물 경우, 비록 세탁은 했지만 다른 사람들이 이미 사용한 이불보에서 자거나 남이 사용한 욕실을 사용해야 한다는 것을 꺼림 칙해 했다. 호텔에서 먹는 아침식사도 다른 사람들이 썼던 식기에 담겨져 나왔기에 몹시 싫었다.

그래서 우리는 마리를 위해 또다른 노출요법을 시행하기로 했다. 마리에게 정신과에서 사용하는 식기에 음식물을 먹게 하고 응급실 침대에 눕게 하는 등의 치료계획을 세웠다.

"네, 치료가 효과가 있을 것 같네요. 하지만 지금은 조금 피곤한 상태예요."

"또다시 노출훈련을 하게 돼서 피곤하다는 말씀인가요?"

"네, 솔직히 말씀드려서 그래요. 제가 복직했거든요. 남편과의 사이도

184

아주 편안해졌고요. 그래서 드리는 말씀인데……."

"바캉스 때까진 아직 기한이 있는데요."

"네, 하지만 크리스마스 땐 바캉스 떠나는 법이 없거든요."

"잘 알겠습니다. 호텔에 머무는 건은 일단 미뤄두지요. 기회가 되면 다시 생각해보도록 하지요."

"감사합니다."

그후로 마리는 한 달에 한 차례만 진료를 받게 되었으며, 병원에 와서도 치료를 받는 대신 그간 어떤 어려움이 있었는지 이야기하는 것이 고작이었다. 하지만 항우울제는 계속 복용토록 했다. 그녀는 일상생활에서도 많이 좋아졌다. '전염'에 대한 불안감을 완전히 떨치지는 못했지만 예전에 비해 훨씬 뜸하고 강도도 약해졌다. 겉으로 보기엔 완전히 정상으로 보였다. 유심히 관찰하지 않고서는 그녀가 '전염 위험성이 있는' 물건을 만질 땐 오른손을 쓰고 '깨끗한' 것을 만질 땐 왼손을 쓴다는 사실을 눈치 채기 어려울 정도였다. 그녀는 이런 습관에 이미 익숙해져 있었다. 그녀는 복직해서 다시 일을 했고 친구들과도 다시 만나기 시작했다.

마리를 괴롭히는 강박증은 무엇인가?

마리는 강박증을 앓고 있었다. 강박증이란 강박사고와 강박행동을 특징으로 하는 불안 장애이다. 마리의 경우는 '전염성'이 있는 물건을 만진 다음 자신이 암에 걸렸을 수도 있다는 강박사고를 보이고 있었다. 암에 결부된 연상과 죽음의 이미지가 지속적으로 그녀를 괴롭히는 것이다. 이때 마리의 뇌리를 떠나지 않고 떠도는 상념이나 이미지를 정신과에서는 강박사고라고 부르는데, 강박사고는 스스로의 의지로 조절할 수 없다는 특징을 가지고 있다. 물론 환자 자신도 그런 생각이 터무니없고 근거도 없으며 불필요하다는 점을 의식하기 때문에 떨쳐내려고 무척 애를 쓰며 괴로워한다.

강박사고에는 여러 종류가 있지만, 대부분 자신이나 다른 이에게 '뭔가 위험한 일이 발생하면 어떻게 하나'하는 내용이 주류를 이룬다. 마리의 경우는 전염에 대한 공포였다. 어떤 환자들은 특별히 무엇에 감염된다는 생각 없이도 '더럽혀지는' 것을 두려워하며, 또다른 환자는 하루에 3시간 이상 샤워를 하고 계속해서 손을 씻는다. 이를테면 문고리 같은 '더러운' 물건이라도 우연히 만지게 되면 이 모든 기나긴 과정이 반복되는 것이다. 마리의 경우, 그녀는 특정한 무엇에 오염됐다고는 생각지 않았지만, 단지 자기가 더럽혀질 수 있다는 생각에 바짝 긴장하고 온통 그 생각에 몰입하곤 했다. 실수와 확인에 대한 강박사고도 대표적 사례이다. 어떤 환자는 이미 십여 차례 확인했음에도 불구하고 자기가 난로나 현관문을 제대로 끄고 잠그지 않은 것은 아닌가 해서 꼬박 밤을 지새우기도 한다. 계산을 잘못했다거나 대화 중에 사소한 실수를 했다거나 하는 등의 경미한 일 때문에 깊은 시름에 빠지는 환자도 있다.

강박사고는 드러내기 부끄러운 일이나 추잡한 성적 상상으로 나타나기도 한다. 어떤 젊은이는 성당 미사 시간 동안 언제나 똑같은 모습으로 떠오르는 저속한 상상 때문에 몹시 괴로워했다. 프로이트가 발표한 임상 사례 속의 환자인 '쥐 사나이'는 부친과 자기 애인의 항문으로 쥐가 파고드는 강박사고에 사로잡혀 있었다. 그는 이 끔찍한 생각을 몰아내려 무진 애를 썼지만 허사였다.

이밖에도 쓰레기, 신문, 종이같이 쓸모 없거나 거의 가치가 없는 물건을 잔뜩 모아두고 버리지 못하는 보관·수집 강박사고, 좌우대칭, 정확성, 정돈 등에 대한 지나친 집착을 보이는 정돈 강박사고도 있다. 정돈 강박사고를 가진 환자는 항상 물건을 놓을 때 줄을 맞춰야만 하고 정리정돈이 되어있지 못하면 일을 전혀 할 수 없어 괴로움을 겪는다.

강박행동과 강박사고를 어떻게 구분할 수 있을까?

그렇다면 강박사고는 강박행동과는 어떻게 다른가? 강박사고는 뇌리를 떠나지 않으면서 환자에게 불안감을 안겨주는 생각을 의미하며, 강박행동은 바로 이러한 불안감을 떨치기 위해서 환자가 취하는 생각이나 행동을 일컫는다. 계산을 잘못했다는 생각이 뇌리를 떠나지 않고 괴롭히는 것을 강박사고라 한다면, 이를 바로잡기 위해 끊임없이 검산을 하는 행위는 강박행동에 해당한다.

　마리는 암에 전염될지도 모른다는 강박사고에 시달리고 있으며, 이러한 불안감을 경감시키기 위해서 끊임없이 씻고 소독하는 과정을 반복했다. 환자들이 대개 강박행동을 틀에 박힌 정해진 방식으로 반복하기 때문에 이러한 행위를 '의식화된 강박행동'이라고 부른다. 어떤 환자들은 외출에 앞서 정해진 순서에 따라 전기 코드나 자물쇠를 연거푸 반복해서 점검하지만, 매번 마음이 놓이지 않아 또다시 똑같은 확인과정을 반복한다. 내가 아는 어떤 환자는 한번 외출을 하려면 약 한 시간 반가량에 걸쳐 문이며 창문의 온갖 잠금장치를 확인해야만 했다. 또다른 환자는 더럽혀졌다는 생각이 들면 다른 물체를 건드리지 않으려고 신경을 곤두세운 채 몇 시간이고 계속 손을 씻는다. 만일 몸에 다른 물건이 조금이라도 닿게 되면 또다시 씻어야 하기 때문이다. 어떤 환자는 줄기차게 똑같은 계산을 반복하기도 하는데, 매번 검산을 해도 뭔가 미진하다는 느낌이 들어서이다. 발병하기 전까지만 해도 모범적으로 일하던 어느 은행원은 수표를 입금시키면서 숫자를 잘못 입력했을 것이라는 생각 때문에 똑같은 계산을 계산기로 무수히 반복했다.

　하지만 불행히도 이 모든 경우, 불안을 줄이기 위해 강박행동을 하긴 하지만 효과는 그리 오래 지속되지 못한다. 그렇기 때문에 또다시 같은 동작을 반복해야 하는 것이다. 일부 환자는 불안감을 참을 수 없어서 몸을 계속해서 씻어대거나 계산을 하고 또는 의식화된 동작을 하느라 다른 일은 아무것도 못 하는 심각한 사태에 이르기도 한다. 환자들은 자신의 행동이 어처구니없다는 사실을 알기에, 본인이 느끼는 고통도 심할 수밖에 없다.

이처럼 대부분의 강박증은 불안을 만들어내는 강박사고와 불안을 줄여주는 강박행동이 함께 나타난다. 물론 강박사고는 있지만 강박행동은 없는 경우도 있다.

강박사고의 구분　　강박사고는 다양한 양상으로 나타나는데, 다음의 세 가지 기준에 따라 구분해볼 수 있다. 첫째, 외부의 사건에 의해서 시작되었는가, 아니면 환자 자신의 사고방식에 따라 '자발적으로' 시작되었는가? 둘째, 환자가 강박사고와 관련된 일들에 대해 공포심을 갖고 있는가, 그렇지 않은가? 셋째, 강박사고를 누그러뜨릴 목적으로 생각해 낸 강박행동이 실제로 이루어지는가, 아니면 생각으로만 그치는가?

이 세 가지 물음을 마리에게 적용해보았다. 그녀에게 강박사고는 '전염 위험성'이 있는 물체와의 접촉(외부의 사건)에 의해 촉발되며, 이로 인해 암에 걸릴까봐 두려워한다(강박사고와 관련된 재난에 대한 공포). 그래서 그녀는 불안감을 떨치기 위해 몸을 씻거나 세탁을 한다(실제로 이루어지는 강박행동).

이와 반대의 경우를 가정해보자. 예를 들어 지난주 어느 때 먹었던 식단을 기억해내야 한다고 믿는 환자에게 이런 강박사고는 우연히 뇌리에 떠오를 수 있으며(외부적 상황이 아님), 특별히 뭔가에 대해 두려워하지도 않는다(강박사고와 관련된 재난에 대한 공포가 없음). 또한 그는 식단을 정확히 기억해내면 불안한 마음이 누그러든다(생각으로 그칠 뿐 실제 강박행동은 없음).

요약하면 이상의 기준들은 혼용되어 여러 양태로 나타날 수 있으며, 강박사고의 형태는 개개인의 인성적 특성에 따라 달라지는 듯하다.

강박증의 발견

19세기 프랑스의 정신의학자 에스키롤이 강박 증상을 처음 문헌에 언급한 이후, 지금까지 강박증에 대한 연구가 지속되고 있다. 증상이 특이하고 유난히 고통을 주는 질환이기 때문에, 사람들은 한때 마녀가 내린 저주라고 믿기도 했다. 그러던 중 1860년 프랑스의 정신의학자 모렐이 이 질환을 강박증이라 명명했고, 현재 미국정신의학회의 공식적인 정신질환 진단준거인 DSM-IV에서는 이를 강박 장애로 정의하고 있다. DSM-IV의 정의에 따르면 강박 장애란 자신도 과도하다고 인정하는 강박사고나 강박행동으로 인해 고통을 경험하고 생활과 기능에 장애가 오는 불안 장애를 말한다.

19세기 말에 두 명의 사상가가 강박증에 깊은 관심을 기울인 바 있다. 한 사람은 프랑스인 피에르 자네로, 그는 1903년 「강박관념과 정신쇠약」이란 논문에서 이 질환에 대해 매우 상세하게 묘사했다. 자네에 따르면 강박증은 기력이 쇠할 때 나타나게 되는데, 기력이 쇠하면 우리가 세계를 접하는 방식이나 우리의 사고를 주관하는 고등한 정신활동에 장애가 생긴다는 견해였다. 강박증에 관한 자네의 기력 쇠약설은 오늘날의 신경생물학적 가정과 매우 흡사하다. 하지만 자네는 강박증과 공포증을 따로 구분하지 않고 포괄하여 설명하였다. 그러나 뒤이어 발표된 프로이트의 이론은 둘 사이를 구분함으로써 보다 폭넓은 명성을 누리게 되었으며, 이후 정신분석학이라는 대단히 풍요롭고 복잡한 이론 체계로 확립된다.

이후 1970년대까지 '강박증'은 다른 정신질환에 비해 그리 많은 관심을 끌거나 활발한 논쟁거리를 제공하지는 못했다. 질환이 드물게 나타나고 또 효과적인 치료제도 없었던 까닭이다. 하지만 1980년대 중반부터 강박증에 관한 치료법과 효과적인 치료약이 개발되자, 강박증에 대한 관심이 높아졌고 관련 연구 논문도 활발하게 발표되기 시작했다.

20세기 초까지만 해도 강박증은 비교적 드문 질병으로 알려져 있었지만 유병률 조사에 의하면 한 사람이 일생에 걸쳐 한 때 강박증을 앓게될 비율이 2~3퍼센트에 이른다고 한다. 강박증은 일반인의 생각보다훨씬 흔한 편으로, 공포증, 약물 관련질환, 주요 우울증 다음으로 흔한정신과 질환이다. 미국 정신의학자 주디스 래퍼포트가 일반 대중을 위해 집필한『끊임없이 손을 씻는 소년』이 발표되었을 때, 수백 명이 자신들에게 책에 묘사된 바와 같은 강박증이 있지만 그 사실을 사람들에게숨겨왔거나 치료를 받아도 별다른 효과가 없었다고 저자에게 호소해왔던 예도 있었다.

강박증의 원인　　강박증의 원인에 대해서는 아직 완전히 규명되지 못한 상태이다.

먼저 정신분석학자들의 설명을 들어보자. 프로이트가 임상사례로 발표한 「쥐 사나이」는 강박증에 대한 매우 흥미로운 내용들을 담고 있다. 프로이트는 다른 정신질환과 마찬가지로 강박증을 환자의 의식이 도저히 받아들일 수 없는 무의식적 욕망을 감추고자 하는 증상으로 파악했다. 그에 따르면, 강박사고는 무의식적 욕망이 환자의 의식이 용인할 수 있는 사고형태로 변환되어 나타나는 것이며, 또 환자는 의식적으로 이를 습관화해서 맞선다는 것이다.

따라서 정신분석학의 시각에서 볼 때, 어느 강박증 환자가 끊임없이 자기 집에 페인트칠을 하는 강박행동을 한다면, 이는 자기 집에 불을 질러 성가신 가족들을 몰살시키고 싶다는 무의식적 욕망을 은폐하기 위한 행위라는 것이다. 물론 환자는 이 사실을 모르는 채 그 행위를 반복한다는 설명이다. 마리의 사례에 적용해보면, 그녀는 자기에게 언제나 엄격하고 소유욕이 강했던 어머니에 대한 공격성을 간직하고 있다고 이해할 수 있다. 그래서 죽어가는 이웃집 여자를 봤을 때 그녀는 자기 어머니가 죽었으면 좋겠다는 무의식적 욕망이 일깨워져 몹시 괴로운 상태에 빠져들게 되었다고 볼 수 있다. 물론 이러한 감정은 그녀의 의식이 도저히 받아들일 수 없기 때문에 암에 전염될지도 모른다는 두려움으로 변형되어 나타났으며, 또 그녀는 이러한 두려움을 떨치기 위해 계속해서 씻는 과정을 반복한다.

한편 정신분석가들은 우리가 무의식적으로 동원하는 십여 가지의 방어기제를 제시하였다. 이러한 정신분석학의 방어기제로 설명해보면, 마리는 배변 습관을 체득하던 어린 시절로 다시 돌아간 셈이며, 그 당시 고의적으로 주변을 더럽히고 제대로 배변을 하지 않는 행동을 보여 엄격한 어머니를 향해 무의식적 공격성을 나타내던 것을 현재의 강박사고로 변형해서 되살리고 있는 것으로 이해할 수 있다.

물론 정신분석학에서 말하는 방어기제가 건강한 사람은 물론 심각한 정신 장애가 있는 사람들의 심리적 현실을 이해하는 올바른 접근법일 수 있다. 하지만 이러한 방어기제가 모든 정신질환의 '기원'이라는 점은 아직 입증되지 않았다. 환자의 강박사고가 그 사람의 정신세계가 겪었던 삶의 여정과 관계가 있는 것은 틀림없는 사실이지만, 그렇다고 해서 질병 그 자체가 어린 시절의 경험이나 무의식적 갈등만으로 생겨난다고는 단언하기는 어려울 것 같다. 정신분석학의 창시자 프로이트 자신도 정신분석학만이 강박증을 설명할 수 있다고는 말하지 않았으며, 생물학적 원인에 의해서 심리 발달 이상이 초래될 수 있다는 점을 인정하기도 했다. 또한 최근에는 이런 정신분석적 설명보다는 생물학적 이론들에 큰 힘이 실리고 있는 상황이다.

몇 가지 생물학적 사실   강박증의 생물학적 원인에 대한 연구들이 많이 진행된 바 있다.

우선, 일부 정신과 의사들은 뇌가 손상되면 강박증이 발생할 수 있다는 사실에 주목했다. 1919~26년 사이 폰 에코노모에서 있었던 치명적인 뇌염은 아마도 처음엔 바이러스 때문에 생겨났겠지만, 감염되었던 환자의 상당수가 수년 동안 강박 증상을 보였다 (이외에도 뇌염은 더욱 심각한 신경질환이나 정신질환을 가져왔다. 올리버 색스는 당시 감염되었던 환자들의 증언을 토대로 『50년 동안의 잠』이란 책을 썼다). 또한 뇌 손상이나 두개골에 손상을 입은 경우에도 그 후유증으로 인해 환자들 사이에 강박증이 나타나는 경우가 있다.

생물학적 요인과 관계가 있다는 또다른 증거로, 특정 마약을 복용하면 강박증이 나타나기도 하며, 항우울제를 복용하기 시작해서 몇 주가 지나면 강박증이 사라지거나 경감된다는 점을 들 수 있다. 많은 연구에 따르면 세로토닌serotonin이라는 신경전달물질의 이상이 강박 장애의 발생에 주된 원인이라고 한다. 따라서 강박증의 치료제 역시 세로토닌을 증가시키는 약물이 주를 이루며 치료 효과 또한 매우 좋은 것으로 보고되고 있다.

최근 활발하게 이루어지고 있는 뇌영상 연구에서도 강박증과 생물학적 요인과의 관련성이 확인되고 있다. 뇌의 신진대사를 충실하게 추적하는 PET연구 결과, 강박증 환자는 전두엽이라는 대뇌부위와 기저핵이라는 부위의 대사 상태가 증가되어 있는 것이 밝혀졌다. 또한, 미상핵라는 뇌 부위의 크기가 일반인보다 감소해 있음도 확인되었다.

이상과 같이 강박증이 생물학적인 요인들과 연관이 있다는 사실이 입증된 것은 사실이지만, 그렇다고 해서 질환이 심리적 원인으로 생겨날 수도 있다는 사실 자체가 부인되는 것은 아니다. 예컨대, 생물학적으로 강박증에 취약한 조건을 가진 사람이 어린 시절 겪었던 외상에 의해 병인이 더욱 강화될 수도 있기 때문에, 환자의 어린 시절과 그가 처한 주변 환경을 정상인과 비교해볼 필요가 있다. 그밖에, 몇몇 정신분석가들은 강박증이 정신분석 치료만으로 완전히 나을 수 있다는 사례를 보여주기도 한다(프로이트의 「쥐 사나이」). 하지만 애석하게도 이런 성공사례는 충분한 수의 환자들을 대상으로 행해져야 하는 비교 연구가 아니었다. 더불어 정신분석을 통한 강박증 치료는 실패로 끝나는 경우가 많았던 것 또한 사실이다. 오늘날 여러 정신분석가들이 스스로 자인하는 바이기도 하지만, 정신분석은 강박증 치료에 가장 효과적인 치료방법은 아닌 것으로 보인다.

강박증의 치료 강박증에 대한 인지행동치료의 본질은 환자가 평소에 행하던 방어적 의식행위를 자제하게 하면서 반대로 두려움을 야기시키는 상황에는 점진적으로 노출시키는 것이다. 이른바 노출-반응방지 요법이다. 노출-반응방지 요법은 '두려움은 불안, 공포, 회피를 유발하는 사물이나 상황에 대담하게 직면함으로써 극복된다'는 원칙에 근거를 두고 있다. 하지만, 처음부터 과도한 노출은 오히려 환자의 증상을 악화시킬 수 있으므로 점진적인 노출과 함께 강박행동을 조금씩 참아내는 과정으로 진행한다. 치료를 진행할수록 강박사고의 양과 횟수가 줄어들고 강박행동을 하고자 하는 욕구가 감소되는 것이다. 물론 환자가 치료에 적극적으로 임해야 한다.

예를 들어 결벽증적으로 '씻는' 환자에게는 충동적으로 씻는 행동을 자제하면서 더러움에 접촉해서도 점진적으로 오래 버티도록 훈련을 시킨다. 이를테면, 환자에게 바닥이나 구두 뒤축 등과 같은 '더러운' 물체를 만지도록 한 다음, 가능한 오랫동안 손을 씻지 못하게 하는 것이다.

이런 훈련을 거듭하다 보면 환자는 충동적으로 씻어야 할 필요성에 점차로 둔감해지게 된다. 환자는 시간이 지날수록 '더러운 것'을 만지더라도 씻어야 한다는 충동을 스스로 통제하게 된다.

이 방식이 강박증 환자의 실생활에서 자연스럽게 실행될 가능성은 많지 않다. 환자는 어떻게 해서든지 두려운 상황을 피하려 하며, 여의치 않은 경우 강박행동에 몰입하기 때문이다. 이처럼 두려운 상황에서 도피하거나 강박행동을 하게 되면 일단은 불안감이 줄어들게 된다. 따라서 환자는 강박행동이나 도피행동만이 유일한 해결책이라고 결론내리기 쉽다. 간혹 주변사람들이 환자에게 강박행동을 하지 말라고 저지하거나, 두려워하는 상황에 맞부딪치도록 내몰기도 한다. 그러면 환자는 대개 거부 반응을 나타내면서 강권하는 사람에게 자기를 이해하지 못한다는 원망을 하기 십상이다. 남편이 마리에게 우편물을 직접 펼쳐도 아무 탈도 생기지 않을 테니 두려워하지 말라고 아무리 타일러도, 그녀는 여전히 겁이 나서 우편물에 손을 댈 엄두를 내지 못했다. 만일 조금이라도 우편물이 손에 닿았을 경우 그녀는 손을 박박 씻지 않고는 견디지 못했으며, 결과적으로 부부싸움으로 이어지곤 했다.

일반적으로 강박증 환자들은 평소 용기를 내지 못하던 상황도 치료 중에는 잘 버텨낸다. 전문 치료자가 함께 하며, 실생활에서처럼 두려운 상황이 돌발적으로 펼쳐지는 것이 아니라 상황이 통제된 채 점진적으로 제시되기 때문이다.

노출-반응방지 요법이라 불리는 인지행동치료는 다양한 강박행동에 대처하는 적합한 치료법이다. 치료 효과를 극대화하려면 일주일에 몇 차례씩 장시간에 걸쳐서 행하는 것이 바람직하다. 대개 심각한 강박증을 인지행동주의 요법으로 치료하려면 매번 두세 시간의 치료를 일주일에 2~3차례 정도 20~25회가량 시행한다. 여러 연구에 따르면 치료가 가능하면 긴 시간(1시간 반 이상)동안 잦은 빈도로 진행될 때 효과가 높은 것으로 나타났다. 이와 같은 치료는 대개 진료시간이 30분 내외로 정해져 있는 일반 정신과에서는 시행하기 힘들다. 한편 전 치료과정은 인지-행동치료경험을 쌓은 전문 인력이 통제해야 하는데, 치료를 담당하는 사람이 반드시 정신과 의사일 필요는 없다. 다만 행동주의 치료훈련을 받았으며 환자와의 관계가 양호한 의료진이면 무방하다. 여러 연구에 의하면 훈련을 받은 간호사가 시행하더라도 정신과 의사나 심리치료자가 시행하는 것과 거의 같은 좋은 결과를 가져온 것으로 나타났다.

따라서 강박증 환자를 위한 인지행동치료는, 치료 시간표를 짜고 치료에 적합한 인력을 훈련시키는 등 여러 사람의 협동을 전제로 시행된다는 것이다.

그렇다면 강박증이 눈에 보이지 않는 강박행동을 동반할 때는 어떻게 치료하는가? 예컨대 여러 시간 동안 똑같은 암산을 반복한다거나 지난주 어느 식사 때 먹었던 식단을 기억해내지 못하면 불안해하는 환자의 경우는?

이런 경우는 '사고 중지'라고 하는 또다른 치료법을 사용한다. 강박사고가 떠오르면 그 즉시 생각을 중단시키고, 다른 생각이나 활동으로 넘어가도록 훈련을 받는 것이다. 일반적으로 강박사고는 몇 초 후 또다시 뇌리에 떠오르지만, 그때도 환자는 또다시 사고를 중지시켜야 한다. 사고중지훈련은 스포츠훈련과 흡사하다. 처음에는 공연한 헛수고처럼 보이지만 치료자가 반복해서 환자를 훈련시키면 나중에는 상당한 성과를 거둘 수 있다.

마리의 경우는 강박증의 전형적인 사례라고 보기는 힘들다. 그녀가 행하는 강박행동은 비교적 절제된 편이다. 그녀는 씻거나 소독하는 데 하루 2시간 이상을 소비하지 않는데, 이는 수년 동안 한 번도 치료를 받은 적이 없는 다른 강박증 환자들이 강박행동에 소비하는 시간에 비하면 적은 축에 속한다. 또한 암에 전염될 수도 있다는 강박사고나 이를 방지하기 위한 강박행동도 비현실적이긴 하지만 전혀 이해할 수 없는 것은 아니다. 반면에 대개의 강박증 환자들은 자기가 어째서 그런 행동을 하는지도 모르면서 강박행동을 하곤 한다. 예컨대 며칠 전에 자기가 했던 말을 충실하게 기억해내지 않으면 안 된다고 믿는 어느 환자의 경우처럼, 그 까닭을 알지 못한 채 강박행동을 반복한다. 이들이 공통적으로 호소하는 것은, 뭔가 석연치 않다는 느낌을 떨치기 힘들기 때문에 강박행동을 반복하긴 하지만 그럼에도 불구하고 여전히 미진하다는 느낌이 남는다는 것이다. 이 때문에 일찍이 에스키롤은 강박증을 '의심의 광기'라고 부르기도 하였다.

강박증의 약물치료　　　그동안 강박증의 주된 치료약으로 사용된 클로미프라민clomipramine은 삼환계 항우울제 약물이다. 뇌에서 세로토닌이라는 신경전달물질을 증가시키는 우울증 치료제로 개발된 약물이지만 강박증에 탁월한 효과가 있는 것으로 입증되어 강박증 치료제로 FDA의 공인을 받은 최초의 약물이다. 이내지 삼 주 동안 서서히 치료용량까지 약물을 증가시키게 되며 치료 효과가 다른 약물들에 비해 우수한 것으로 알려져 있지만, 최근 개발된 약물들에 비해 기립성 저혈압, 졸림, 입마름, 변비 등의 부작용이 있을 수 있다.

최근 개발된 약물들로는 선택적 세로토닌 차단제라고 불리는 약물들이 있다. 치료 효과는 클로미프라민과 큰 차이가 없지만 부작용이 현저히 적어서 최근 1차 약물로 선호되고 있다. 다만 초기에 속이 미식거리거나 두통, 안절부절 못하는 등의 부작용이 있을 수 있으나, 대개 일에서 이 주 정도만 되면 사라지게 된다.

가장 효과적인 강박증 치료방법
마리는 강박증 환자 중 인지행동치료를 끝까지 해낸 50~70퍼센트에 속한다. 마리는 클로미프라민을 복용했는데, 역시 치료 효과가 좋은 편이었다. 그렇다면 인지행동치료와 약물치료 중 어떤 것이 효과가 더 클까? 이를테면 약물치료 없이 인지행동치료만 하는 경우와, 반대로 약물치료만 하고 인지행동치료는 하지 않는 경우 효과는 어떠한 차이를 보일까?

실제로 이런 취지에서 각기 상이한 그룹을 대상으로 통제 연구들이 행해졌다. 연구 결과에 따르면 개별적으로 인지행동치료나 약물치료만을 하는 경우보다는 두 가지를 병행한 치료가 월등히 효과가 좋은 것으로 나타났다. 약물치료는 강박증과 사념적 의식(암산, 기억, 고정관념 따위)에 효과가 높고, 노출-반응방지 요법은 강박행동(씻기, 정리정돈, 확인 등)에 효과가 좀더 있었다고 한다.

강박증은 다방면에 걸쳐 문제를 제기하는 정신질환이다. 세로토닌 관련 항우울제는 어떤 메커니즘을 통해 강박증에 효과를 보이는가? 강박증은 정보를 객관적으로 처리하지 못하는 데서 기인하는 질환의 하나로 볼 수 있는데, 그렇다면 여러 차례 확인을 했음에도 불구하고 가스밸브를 잠갔는지 확신하지 못하는 강박증 환자와, 어렵지 않게 확신할 수 있는 사람 사이의 차이점을 만들어내는 것은 무엇일까? 새로운 과학기술로 인해 관찰 가능해진 뇌의 기능 이상은 과연 무엇을 의미하는가? 일부 동물에게서 나타나는, 끊임없이 뭔가를 끌어모으거나 정돈하는 '성향'과 강박증 사이에는 어떤 관계가 있는가?

연구자들은 이상의 물음들에 관해 아직 정확한 답을 찾아내지 못하고 있다. 하지만 언젠가는 이러한 문제들에 해답을 찾아냄으로써 질환 정복은 물론 신비한 인간 정신의 메커니즘에 관해서도 알게 되는, 진일보한 시기를 맞게 될 것이다.

Epilogue

그후 마리의 진료는 뜸해졌다. 우리는 마리와 그녀의 남편에 관한 소식을 여러 주 동안 듣지 못했다. 그러던 어느 날 마리가 모로코에서 보낸 우편엽서가 책상 위에 놓여 있는 것을 발견했다. 젊은 모로코 여자가 공동샘물에서 물을 마시는 모습을 배경으로 한 엽서였다. 사진 뒤에는 다음과 같이 적혀 있었다.

"아직 완전히 낫지는 않았지만, 저는 이곳에서 아주 멋진 바캉스를 보내고 있어요."

그로부터 1년 후 마리는 치료제 복용을 중단했다. 그러나 석 달이 지나자 마리는 또다시 장갑을 점점 더 자주 꺼내 끼게 되었다. 그녀는 때를 놓치지 않고 다시 우리를 찾았다. 이리하여 이전에 하지 않았던 다른 노출요법을 포함한 치료가 다시 시작되었다. 그녀는 치료를 받으면서 전보다 훨씬 빠르게 증상을 극복할 수 있었다.

치료제도 다시 복용하기 시작했다. 그녀는 약을 복용하지 않고서도 완전한 자유를 누릴 수 있는 날이 어서 오기를 고대하고 있다.

일곱번째 특별한 만남

거울 저편의 세계

    크리스티앙은 차분한 젊은이였다. 그는 이웃집 사람들에게 공손하고, 자고 나서도 스스로 침대를 정리하며, 거실을 어지럽히지도 않았다. 그의 어머니는 크리스티앙이 화 내는 모습을 한 번도 본 적이 없었다. 학교를 다닐 때도 착실하다는 소리를 들었고, 성적표를 보면 매년 선생님들로부터 '얌전하고 성실하다'는 평가를 받았다. 크리스티앙은 수학 성적이 뛰어났기 때문에 여동생이 수학 문제를 풀지 못하면 거들어주곤 했다. 그는 저녁에 외출하는 법이 없었다. 음악도 같은 또래 아이들처럼 시끄럽게 틀어놓고 듣지 않았고, 친구들을 집으로 불러들여 야단법석을 떠는 일도 없었다(야단법석은커녕 친구를 데려온 적도 없었다). 여자친구도 없었고, 바캉스 때는 부모님을 따라갔다. 과거에도 그랬고, 여전히 그는 얌전한 젊은이였다.

    그런 크리스티앙에게 무슨 일이 생긴 걸까? 그는 왜 그렇게 힘들어하게 된 걸까?

크리스티앙은 자기 방에 누워 밤거리에서 들려오는 소리에 귀를 기울였다. 벽 저편에서 삐걱대는 소리가 들렸다. 여동생이 방금 침대에 든 것이다. 이번엔 여동생이 딸깍 하고 스탠드 불을 끄는 소리가 들렸다. 아버지의 굵은 목소리가 들릴 듯 말 듯 희미하게 들렸고, 어머니의 두런거리는 목소리도 이어졌다. 잠들기 전, 마치 집 전체가 길게 하나로 늘어진 공간처럼 느껴졌다.

크리스티앙은 어둠 속에서도 눈을 뜬 채 허공을 응시했다.

처음엔 텅 빈 거리에서 부릉거리는 자동차 엔진소리, 다음으로는 찢어지는 듯한 사람 목소리, 그 다음엔 아주 가까운 곳에서 나는 음악이 들렸다. 자동차가 언덕길을 내려가고 사거리 부근에 이르러 기어를 바꾸는 소리가 들렸다. 마침내 자동차 엔진소리가 밤의 어둠 속으로 묻혀 버렸다.

그러고선 그가 익히 아는 소리가 들렸다. 사람들의 웅성거림, 빈정거림, 웃음소리. 이 소리들은 도대체 어디서 들려오는 것일까? 그 사람들의 숫자는 무척 많은 듯했다. 웅웅거리는 소음은 마치 해변을 향해 밀려드는 파도처럼 창문 밑에까지 당도했다. 시커멓고 속이 들여다 보이지 않는 높은 파도가 점점 더 가까이 몰려와 찢어진 하늘 밑으로 맹렬하게 거품을 뿜어내는 것 마냥, 형광빛 눈을 번쩍이며 커다랗고 희끄무레한 머리를 이리저리 굴려대는 사람들의 고함과 웃음소리가 들렸다. 이들은 커다란 액체덩어리처럼 변해 벽을 타고 올라왔고, 슬그머니 다가와 이내 모든 것을 덮칠 듯이 부서졌다.

갑자기 조용해졌다. 밤의 정적이 돌아왔다. 조금 전까지 금방이라도 자기를 덮칠 듯이 맹렬하던 파도들이 활동을 멈춘 것일까? 그는 밤의 어둠 속에서 웅얼거렸다. 등에 식은 땀이 주루룩 흘렀고, 살려달라고 고함을 지르고 싶었지만 꼼짝도 하지 못했다.

그의 머릿속에선 파도가 여전히 위태롭게 일렁이고 있었다. 아니, 그의 머릿속이 파도 그 자체였다. 그래서 그는 무너지지 않으려 무진 애를 써야 했다. 조금이라도 움직이거나, 조금이라도 무슨 생각을 하면 바로 모든 것이 무너져 내리고, 머리가 수백, 수천의 조각으로 흩어질 것만 같았다. 꼼짝 않고 그대로 있을 것. 특히 아무 생각도 하지 말 것.

갑자기 아주 가까이에서 자기 귀에 대고 속삭이는 소리가 들려왔다. 그는 머릿속에서 나는 듯한 소리를 들었다. 이어서 또다른 목소리가 들렸다. 비웃는 소리 같기도 하고 웃음소리 같기도 했다. 마치 군대가 행진을 하듯 웅웅거리는 소리였다. 머릿속은 끝없이 이어지는 어두컴컴한 동굴과 같았고, 천둥과도 같은 메아리가 울렸다. 그가 하는 생각은 자기 자신의 통제를 벗어나 마치 실개천처럼 어둠 속으로 흘러 들어가 버렸다. 어찌할 바를 몰랐다. 곧 그는 목소리로만 남게 될 것이다. 그의 육신은 허공을 서서히 떠돌 것이다. 그는 다시금 제자리에 쓰러졌다.

***

진료실로 들어선 그녀는 열아홉 살 된 아들 때문에 왔다고 했다.
"어째서 아드님이 직접 오질 않고요?"

"네, 제가 함께 오자고 했는데 싫다고 하더군요."

"그렇다면 부인께선 어떤 생각으로 오시게 되었나요?"

"네, 이야기가 좀 깁니다……."

그녀는 대단히 흥분한 상태였다. 그녀는 키가 크고 말랐으며, 파란 눈동자에 부드러운 인상이었다. 50대였는데, 25년째 같은 은행에서 일을 한다고 했다. 그녀는 몹시 불안해하면서도 행여 전문가의 도움을 받을 수도 있다는 희망을 버리지 않는 듯이 보였다.

"그러니까 아드님이 외출을 전혀 하지 않는단 말씀이시죠?"

"네. 도대체 바깥에 나가려 하질 않습니다. 방에서 꼼짝도 하지 않고 하루종일 음악만 들어요."

크리스티앙의 상태는 몇 달 전부터 나빠지기 시작했다. 그는 지난 학기 법학과에 들어갔지만 장래에 대해서는 아직 뚜렷한 생각을 가지고 있지 못했다. 크리스티앙의 아버지는 학력이 그다지 높지 못한 편으로, 산업장비 제조 회사에서 창고 관리 일을 하고 있었다. 아버지는 아들이 법학을 공부해놓으면 언젠가 쓸모가 있을 것이라고 믿었다. 지난 학기 크리스티앙의 학업 성적은 평균 이하였지만 특별히 말썽을 피우거나 하지는 않았다.

"고등학교 때 친구들은 많았나요?"

"아니요, 별로 없었습니다. 제 아들은 항상 수줍어했거든요. 친구를 집에 데려와도 좋다고 했는데도 한 번도 집에 놀러오는 친구를 본 적이 없어요."

"바캉스는 어떻게 보냈었나요?"

"바캉스 때는 식구들 모두 저희 오빠네나 루아양에 사는 시누이네에 가서 보내곤 했지요. 크리스티앙을 영국에 보낸 적이 두 번 있었는데, 그 땐 아주 잘 지냈습니다. 그 애는 그렇게 까다로운 아이가 아니었어요. 언제나 얌전했지요. 자기 아버지처럼 말이에요."

크리스티앙은 개강하고 몇 주가 되었을 때, 어머니에게 법학 공부가 재미없다는 말을 했다. 이 이야기를 부인에게 전해 들은 크리스티앙의 아버지는 아들과 대화를 해보려했다. 하지만 크리스티앙은 여전히 학업 문제에 관심을 보이지 않았고 아주 피곤해했다. 그래서 부모는 건강이 좋아지면 다시 공부에 전념할 수 있으려니 하고 막연하게 생각했다.

그후로 크리스티앙은 며칠 동안 방에서 꼼짝도 하지 않았다. 어머니는 몹시 불안했지만 아들에게 뭐라고 말하기도 겁이 났다. 어머니는 이따금씩 크리스티앙의 방문을 두드리면서 무슨 대답이라도 듣길 기대했다. 하지만 아무런 반응도 없었기 때문에 낙담하면서 아래층으로 내려오곤 했다. 저녁이 되어 이번에는 아버지가 크리스티앙의 방으로 올라갔다. 하지만 크리스티앙은 헤드폰을 낀 채 음악을 듣거나 잠을 자고 있었다. 내려와 저녁을 먹더라도 대화에 끼는 적이 없었고 숟가락을 놓자마자 쏜살같이 자기 방으로 올라가곤 했다. 욕실 출입도 점차 줄어들었다. 그 무렵부터 여동생이 오빠 방에서 더러운 냄새가 난다고 불평하기 시작했고 오누이 사이에 말다툼이 자주 벌어졌다. 한 번은 크리스티앙이 여동생과 말다툼을 하다가 갑자기 뒤로 돌아서더니 욕실 거울을 깨뜨리려 한 적도 있었다. 어머니는 이 광경을 보고서 너무나 놀란 나머지 남편에게 말하지 않을 수 없었다. 남편은 주치의를 부르자고 했다.

이리하여 주치의가 크리스티앙과 대화를 시도했다. 그는 크리스티앙을 어릴 때부터 돌봐오던 의사였다. 크리스티앙은 의사의 물음에 심드렁하게 대꾸했다. 그는 얼마 전부터 몸이 아주 고단해져서 그저 쉬고 싶었다는 말만 되풀이했다. 의사는 그를 검진했지만 어째서 그렇게 피곤해하는지 까닭을 알 수 없었다. 그래서 말을 계속 시켜 보았지만 헛일이었다. 의사는 뭔가 심상치 않다는 생각이 들어 최근 몇 주 동안 아이에게 무슨 일이 있었는지를 부모에게 물었다. 의사는 크리스티앙이 벌써 몇 주째 방에 틀어박혀 지낸다는 말을 듣고서 더욱 걱정스런 표정을 지었다. 그는 자기가 아는 정신과 병원을 소개해주면서 가능한 한 빨리 크리스티앙을 데리고 가라고 했다. 그리고 그 결과를 말해달라고 했다.

하지만 부모는 의사의 말을 따르지 않았다. 주치의를 신뢰하긴 하지만 그의 입에서 '정신과'란 말이 나오자 겁이 더럭 났다. 자기네 아들이 미쳤을 리가 없다는 생각 때문이었다. 그들은 크리스티앙을 지금처럼 그대로 놔두는 편이 가장 좋겠다고 판단했고, 만일 무슨 일이라도 생기면 그때 가서 바로 다시 주치의를 부르기로 했다. 아들이 휴식을 조금 더 취하면 상태가 좋아져서 전처럼 지내리라고 생각했던 것이다.

그후 크리스티앙은 저녁때가 되어도 아래층 식당으로 내려오지 않았다. 피곤하다는 말만 되풀이할 뿐이었다. 그는 식사가 끝난 지 한참 후에야 잠시 내려와 냉장고에서 먹을 것을 챙겨 먹었다. 생각이 바뀌었는지 크리스티앙은 다시 몸을 씻기 시작했다. 하지만 이번에는 정도가 지나쳐, 일단 샤워를 시작하면 욕실에서 한참을 나오지 않는 바람에 여동생과 또다시 말다툼이 벌어지곤 했다. 크리스티앙은 점점 더 늦게까지 침대에 누워 지내게 되었으며 낮 동안에는 먹을 것을 찾으러 냉장고를 뒤질 때를 제외하고는 아예 모습을 나타내지 않았다. 그는 다른 식구들이 모두 잠들었을 때 거실로 내려와 프로그램이 끝날 때까지 TV를 보기도 했다. 부모는 아들 때문에 더이상 참을 수 없는 지경에 이르렀다. 그들이 뭐라고 하면 아들은 대꾸도 않고 방에 올라가 처박히곤 했다. 이제 식구들은 모두 폭발하기 직전 상태에 이르렀지만 크리스티앙에게 뭐라고 해야 좋을지 몰랐다.

크리스티앙의 여동생은 밤에 오빠가 방에서 큰 소리로 혼자 중얼거리는 소리를 들었다. 방문에 귀를 대고 엿들으니 오빠는 마치 누구하고 싸우는 듯한 말을 중얼거리고 있었다. 하지만 오빠는 분명 혼자였다. 여동생은 너무나 놀란 나머지 자기 방에 들어가 틀어박힌 채 밤을 지새웠다. 다음날 아침 어머니는 크리스티앙이 부엌에 멍하니 앉아 있는 것을 발견했다. 어머니가 어쩐 일로 그렇게 일찍 깼느냐고 물었더니, 그는 울면서 길에 있는 사람들이 자기 생각을 점령하고 있다고 대답했다. 그녀는 너무나 놀란 나머지 바로 주치의를 불렀다. 사연을 전해들은 의사는 이전에 했던 말을 똑같이 되풀이했다. 어서 빨리 크리스티앙을 정신과로 데려가라는 것이었다.

***

"그런데 아드님은 어째서 오질 않았습니까?"
"오늘은 안 된다고 하더군요. 너무 고단하답니다."

"다시 한 번 오도록 할 순 없을까요?"

"해보겠습니다. 아이 아버지와 함께 설득을 해보지요."

"네, 좋습니다. 그러고 나서 결과를 말씀해주십시오."

나는 진료실 문간까지 부인을 배웅했다. 부인은 나와 악수를 나누면서 눈물을 흘렸다.

"저희 아인…… 참 착했는데요……."

부인이 울음을 터뜨렸다.

다음날 나는 대기실을 지나면서 그녀가 퉁명스런 표정의 키 큰 젊은이와 함께 앉아 있는 것을 보았다. 젊은이는 얼굴이 작고 길었으며, 머리는 헝클어져 있었다. 하지만 눈동자만은 묘하게 흥분된 빛을 발하고 있었다. 그는 어머니를 따라 진료실로 들어와 자리를 잡고 앉았는데, 무릎 위에 얹어놓은 손이 떨리고 있었다. 그는 창백하고 말랐으며, 무척 지쳐 보였다. 내가 그의 앞에 앉자 고개를 들고 재빨리 나를 날카롭게 쳐다보고는 이내 모르는 체했다. 그러곤 다시 무릎에 얹어놓은 손을 응시하면서 상념에 빠져들었다.

"크리스티앙, 이렇게 직접 만나보니 반가워요. 몹시 피곤해한다고 하던데, 우리 그 문제를 좀 얘기해볼까?"

"네……."

그는 다시금 나를 불안한 눈초리로 쳐다보았다. 마치 눈짓을 통해 자기가 지금 얼마나 격심한 고통을 겪고 있는지 말을 하는 듯했다.

크리스티앙의 상태에 대해 바로 진단을 내리기란 그리 쉽지 않았다. 그는 내가 던지는 질문에 제대로 대답을 하지 않았으며, 대답을 하더라도 한참 뜸을 들였다. 그는 매번 우리를 몹시 불안한 눈초리로 쳐다보았으며 마치 우리가 못 알아듣는 말이라도 한다는 듯 놀란 표정을 지었다. 그는 이따금씩 말을 하다가 도중에 그만두기도 했으며, 뭔가 골똘히 생각하는 것 같았다.

"무슨 말을 하려 했지, 크리스티앙?"

"대학에 다니기 싫다구요."

"아, 그래. 근데 왜일까?"

"……사람이 너무 많아서요."

"다른 사람들과 있으면 불편한가?"

"아니요…… 다른 사람들이 있을 때…… 제가 거기 끼어서……요."

"그럼, 집에서는 어떤가?"

"그 사람들 때문에…… 제가 방해를……."

"방에 있을 때 무슨 일이라도 있어?"

크리스티앙은 갑자기 못 들을 말이라도 들은 것처럼 깜짝 놀라 말을 멈췄다. 나는 크리스티앙의 말을 들어보려고 바짝 긴장해서 귀를 기울였지만 아무 소리도 들리지 않았다. 복도를 지나는 의사나 간호사들의 발소리만 들려올 뿐이었다.

"방에서 뭔가 소리가 들리는 모양이지, 크리스티앙?"

"그 사람들이 또 소리를 내기 시작했어요……."

분노에 찬 그의 목소리가 떨리기 시작했다.

"그 사람들이 뭘 다시 시작했다는 건가?"

"또 놀려대는 거예요……."

"누가 너를 놀린다는 거지?"

"그들이 뭐라 하냐면……."

"응?"

크리스티앙은 고통스런 표정으로 나를 쳐다보면서 아무 말도 하지 않았다.

크리스티앙은 바로 입원을 했으며, 첫날은 아무 일도 없었다. 그는 낮동안에는 거의 병실에 머물렀고 다른 환자들과 함께 하는 식사를 하러 가지 않았다. 그는 밤에 잠이 깨서 마치 누군가와 대화를 하는 듯이 중얼거렸다. 처음 이틀은 정확한 진단을 위해 레지던트가 간호사와 함께 여러 차례 그의 병실에 들렀다. 그에게는 일단 불안과 환각을 누그러뜨리는 약물이 처방됐다.

한편 피검사, 뇌파검사, CT촬영 등의 검사도 실시했다. 검사 결과 아무런 이상도 밝혀지지 않자 크리스티앙의 부모는 안심을 했다. 하지만 이내 바로 그 사실 때문에 불안해했다.

"검사 결과에는 아무런 이상도 없는데, 우리 아이가 어째서 저렇지요, 박사님?"

크리스티앙은 약물치료가 효력을 나타내기 시작하면서 덜 불안해하고 밤에 잠도 깨지 않았다. 입원 나흘째 되는 날에는 식당에 가서 밥을 먹었지만 여전히 아무하고도 말을 하지 않았다. 그는 저녁때 약을 가져다주는 간호사를 제외하고는 그 어떤 간호사가 말을 붙여도 대꾸하지 않았다. 약을 가져다주는 간호사 역시 크리스티앙과 몇 마디 말을 나누긴 하지만, 약이 효과가 있는지, 잠이 들려면 시간이 얼마나 걸리는지 등의 단순하고 반복되는 말뿐이었다.

　나와 담당 레지던트는 매일 그의 병실로 가서 약이 효과를 보이는지, 그가 나타내는 증상은 어떠한지 살펴보았다. 마침내 크리스티앙의 말문이 조금씩 열리기 시작했다. 우리가 자기한테 많은 관심을 보인다는 점에 마음이 놓인 그는, 밤 동안, 또 가끔은 낮에도 사람들이 자기한테 말을 한다는 사실을 털어놓았다.

　"말을 하다니? 병원 사람들 말인가?"

　"아니요……."

　그는 우리를 쳐다보았다. 망설이는 듯했다.

　"그럼, 병원 사람들이 아니라, 다른 사람들이란 말이지?"

　"……."

　"크리스티앙, 주위에 아무도 없는데도 사람들이 너한테 말을 한단 말이지?"

　그는 우리가 자기 비밀을 알고 있다는 사실을 알고는 놀라는 표정을 지었다. 우리는 그 사실을 어떻게 알았을까? 우리는 크리스티앙처럼 밤에 잠을 이루지 못하는 다른 수많은 환자들을 이미 겪은 바 있다. 하지만 크리스티앙은 세상천지 자기 혼자만이 이런 목소리를 들으며, 본인만이 특별한 세계 속에서 엄청난 고통을 짊어지고 있다고 믿었다. 우리는 환자가 이제 막 마음의 문을 열려는 순간을 맞아, 치료에 도움이 될 만한 것을 좀더 알아내고 싶은 마음이 굴뚝같았지만 우선 환자 스스로 말을 할 때까지 잠자코 있었다. '음향'과 '분노'로 가득 찬 크리스티앙의 세계가 열리기만을 기다리며 말이다. (미국 소설가 윌리엄 포크너의 소설 『음향과

분노』를 빗대어 말한 것이다—옮긴이)

"그 사람들이 듣기 싫은 소리를 했니?"

"……어떤 목소리는 저를 비난해요."

크리스티앙은 남자 목소리와 여자 목소리를 들었다. 남자 목소리는 또래의 목소리로, "넌 바보야" "불쌍한 녀석" 등과 같은 기분 나쁜 말을 했다. 남자 목소리는 다른 사람들과 함께 있을 때도 불쑥 들리곤 했다. 그것은 조롱조인 데다 공격적이어서 크리스티앙은 그 목소리를 적대시했다. 반면에 여자 목소리는 은근하고 부드러우며, 더 자주 들렸다. 대개 여자 목소리는 자기가 하고 있는 일이나 머릿속 생각을 중계하는 내용이었는데, 예컨대 "그는 지금 자리에서 일어난다" "그는 어머니를 만나러 갈 작정이다" 하는 식이었다. 이 목소리에 적대감이 들지는 않았다. 하지만 왠지 모르게 크리스티앙은 이 목소리를 들으면 섬뜩해지고 겁이 났다.

크리스티앙은 자기 맘대로 자유롭게 생각을 하기 힘들다고 느꼈다. 누군가가 자기 머릿속에 들어앉아 간섭을 한다는 느낌이 들었기 때문이었다. 그는 스스로 자신의 생각을 이끌어나가는 것이 아니라, 외부의 다른 인물, 특히 자기 집 근처를 지나는 일단의 무리가 자기 생각을 좌지우지한다고 여겼다.

크리스티앙은 잘 알고는 있지만 실제로 만나본 적은 없는 이들의 이름을 대기까지 했다. 그는 이들을 '월리트'라고 불렀다. '월리트'는 그의 생각을 지배할 뿐만 아니라 때로는 벽을 꿰뚫고 소리를 보내기도 했다. 도저히 그들을 피할 길이 없었다. 그는 죽고만 싶었다.

크리스티앙으로부터 그의 내면세계에 대한 자세한 이야기를 모두 듣기까지 오랜 시일을 기다려야 했다. 그는 가끔 자기를 괴롭히는 환각에 대해서 아주 소상히 털어놓기도 했는데, 그럴 땐 즐기는 것 같기도 했다. 어떤 때는 완전히 넋이 나가 우리가 묻는 질문에 대답하기는커녕 텅빈 시선으로 알아듣기 힘든 말을 중얼거렸다. 하지만 조금씩 나아지는 기색이 보였다. 입원한 지 삼 주가 흘렀을 때, 그는 처음으로 진료 시간 내내 말짱한 정신을 유지했다. 그는 자기가 하루에 두세 번씩 밖에는 목소리를 듣지 않는다고 했으며, 듣게 되더라도 큰 지장은 없다고 했다. 그는 더이상 다른 존재가 자기를 조종한다는 말을 하지 않았다. TV가 있는 휴게실에 머무르는 시간도 길어졌다. 간호사가 말을 걸면 자기가 어떻게 지내고 있다거나 병원 업무가 어떻다는 식의 답변을 몇 분에 걸쳐 하기도 했다. 말하는 것을 즐기는 듯 보일 때도 있었고 가끔씩 썰렁한 농담을 하기도 했다. 한 번은 간호사가 그의 옷차림을 칭찬했더니(그는 외모에 신경을 쓰기 시작했다) 씩 웃으면서, "저한테 남은 건 옷 잘 입는 것뿐이거든요"라고 말하기도 했다. 하지만 약 때문에 여전히 종일 몽롱하다는 불평을 했기 때문에 처방 약물 용량을 삼분의 일로 줄였다.

그는 입원한 지 오 주가 되어서야 약물치료에 관한 교육 프로그램에 정기적으로 참여할 수 있게 되었다. 이 프로그램은 간호사 한 명이 책임을 맡아, 환자들에게 약물치료에 관해 자세한 설명과 교육을 하는 것이다. 특히 약의 효능이나 부작용에 관한 사항, 처방된 분량을 준수해서 복용해야 하는 이유, 담당의사와 복용 문제를 놓고 상의해야 하는 이유 등을 강조한다. 모임 때마다 그 날의 주제를 담은 비디오 필름을 상영하는 시간이 있는데, 영상자료에는 의료진과 환자들이 함께 등장해서 치료약에 대한 토론을 벌인다. 비디오 상영이 끝나면 책임 간호사는 환자들에게 토론을 해보도록 이끄는 동시에 이들의 집중력과 기억력을 증진시키는 훈련을 시킨다. 크리스티앙은 모임에서 오가는 말을 경청하고 토론에도 참여했다. 다행스럽게도 그는 다시 학생 신분을 되찾은 듯 보였다.

그는 일주일에 한 차례씩 남자 간호사의 인도로 다른 환자들과 함께 수영장에도 가고, 환자 스스로 주제를 정해서 하는 집단치료에도 참가했다. 하지만 발언은 거의 하지 않았다.

이 시기에 그의 부모님은 주말마다 그를 보러 왔다. 우리는 크리스티앙의 상태가 많이 좋아졌다는 소식을 알렸다. 그들은 처음엔 자기 아들의 상태가 좋아졌다는 말에 기뻐하다가도 정신병동에 입원해 있다는 사실을 문득 떠올리면 이내 풀이 죽었다.

이때는 크리스티앙이 입원한 지 한 달이 지났을 때였다. 우리는 부모님에게 언제 하루 날을 잡아서 오후에 크리스티앙과 함께 외출을 해보도록 권했다. 이들은 기뻐하면서도 한편으로는 불안해하는 모습이 역력했다. 마침 날씨가 좋았기 때문에 그들은 크리스티앙을 데리고 야외로 나갔다. 크리스티앙은 햇볕 아래 보리가 바람에 출렁이는 광경을 보고서 갑자기 기분이 좋아졌으며 오랜만에 흡족한 미소를 짓기까지 했다. 아들이 만족해하는 모습을 보면서 어머니는 아들에게 무엇이 그렇게 좋으냐고 물었다. 아들은 "보리가 저렇게 쑥쑥 자라는 것을 보니까 좋아요"라고 대답했다. 크리스티앙의 부모는 이 말이 무엇을 의미하는지 여러모로 궁리해보았다. 부모 자식 간의 대화는 피크닉을 하면서 다시 이어졌다.

크리스티앙은 싸온 음식을 먹을 때 온전한 정신을 유지하고 있었으며 대화에도 기꺼이 응했다. 크리스티앙의 어머니는 이 때를 떠올리며, "우리 아이는 예전과 조금도 달라진 게 없었어요"라고 했다. 그들은 이제 아들이 완전히 나았으며, 정상적인 생활을 다시 할 수 있다는 생각이 들었다. 하지만 크리스티앙의 여동생은 오빠를 눈여겨보면서 여전히 석연치 않다는 의심을 품었다. 동생은 오빠가 예전과는 뭔가 달라졌으며, 이전에 오누이 사이에 있었던 친근함이 사라졌다는 느낌을 받았다.

병원으로 돌아왔을 때, 크리스티앙은 전보다 여유로워 보였다. 하지만 그는 병원 현관에 들어서자마자 식구들에게 작별인사도 하지 않은 채 뒤로 휙 돌아서더니 바로 병실로 가서 틀어박혔다. 간호사는 그의 어머니가 눈물을 흘리는 모습을 보았다.

그 다음주 우리는 크리스티앙의 가족을 모두 오도록 했다. 크리스티앙은 아버지와 여동생 사이에 앉아 있었는데, 안절부절 못하면서 자기 신발을 내려다보고 있었다. 아버지는 말이 없고 과묵해 보였는데, 우리가 무슨 소리를 해도 묵묵히 경청할 태세를 갖추고 있는 듯이 보였다. 크리스티앙의 여동생은 자기 오빠를 힐끔힐끔 쳐다보면서 가벼운 농담을 던졌다. 오빠가 긴장을 풀고 얘기할 수 있도록 도와주려는 동생의 배려였다. 어머니는 커다란 두 눈으로 우리를 애처롭게 쳐다보았는데, 마치 우리의 말 한마디가 대번에 자기 자식을 바른 길로 인도할 수 있다는 듯한 표정이었다. 말문을 연 크리스티앙의 어머니는 자기 아들이 대학 강의를 모두 빼먹어서 무척 걱정이 된다며 어서 빨리 학교로 복귀할 수 있었으면 좋겠다고 했다. 크리스티앙은 우리 모두를 불만스런 표정으로 쳐다보면서 자기는 대학에 다시 다닐 생각이 없다고 말했다. 그의 어머니가 그의 말을 끊었다.

"이 아이는 아직 병이 낫질 않아서 이런 소리를 하지만, 이제 곧 좋아질 테죠."

그러자 크리스티앙이 대꾸했다.

"그건 어머니 생각이에요. 저는 좋아질 것 같지 않아요."

어머니는 눈물을 터뜨렸다.

가족 간에 정상적인 대화가 이루어지고 서로의 입장을 이해하기까지 오랜 시간이 흘러야 했다. 처음에 가졌던 몇 차례 면담 시간 동안, 담당 레지던트는 가족들에게 크리스티앙의 병이 어떤 병이고, 그가 어떤 증상을 나타내는지를 설명해주었다. 레지던트가 환각에 대한 설명을 할 때 크리스티앙은 깊은 관심을 보이는 듯했으며 스스로 자기가 보는 환각에 대해서 여러 차례 묘사하기도 했다. 부모님은 아들의 말을 듣고 무척 놀랐다. 이들은 그제서야 비로소 아들이 왜 오랫동안 자기 방에 혼자 틀어박혀 음악을 듣고 싶어했는지 이해하게 되었다. 음악을 크게 들으면 '목소리'가 그만큼 들리지 않기 때문이었다.

이제 크리스티앙이 어떤 고통을 겪고 있는지 깨닫게 된 부모님은 그가 이따금씩 하는 기이한 행동의 의미도 알게 되었다. 그들은 이 사실을 알게 된 후 아들에게 보다 너그러워질 수 있었다. 가족들은 크리스티앙을 나무라는 대신 용기를 북돋아주게 되었다. 가족 간의 분위기는 다시 좋아졌으며, 이로써 크리스티앙이 또다시 심각한 위험에 빠져들 위험성은 상당히 줄어든 셈이었다. 부모님은 담당 레지던트의 설명을 듣고, 크리스티앙이 자기 의지와는 상관없이 격심한 환각에 시달리고 있다는 사실을 알게 되었으며, 그가 빠른 시일 안에 회복되기는 힘들다는 것을 이해하게 된 것이다.

한편 우리는 가족들과 가졌던 몇 번의 면담 기회를 통해, 크리스티앙의 어머니가 우울 증상을 보인다는 사실을 알 수 있었다. 그래서 동료 정신과 의사에게 의뢰하여 치료를 받도록 했으며, 몇 주가 지나자 어머니의 상태는 많이 호전되었다. 정신질환이 있는 자녀를 둔 부모들 중에 적지 않은 수가 불안 증상이나 우울 증상을 호소하기 때문에 치료를 받아야 하는 경우가 종종 생기곤 한다.

나를 포함해서 크리스티앙을 담당한 레지던트와 심리치료사, 간호사들, 그리고 사회복지사 등이 정기적으로 모임을 가지며 크리스티앙의 상태를 점검하고 그에게 필요한 조치나 치료방법 및 퇴원 시기에 대해서 논의를 했다. 우리는 크리스티앙의 부모와 여러 차례 면담을 가진 후, 퇴원시기를 입원한 지 육 주가 되는 시점으로 잡았다. 하지만 크리스티앙은 퇴원하고 나서도 일주일에 세 번은 오전에 병원에 와서 약물치료교육 프로그램과 집단치료에 참여해야 했다. 또한 심리치료사와 담당 레지던트를 정기적으로 만나고, 더불어 가족과 함께 두 달 동안 매주 가족치료에 참가해야 했다. 가족치료는 가족 구성원 간의 대화가 더욱 원활히 이루어지도록 돕고, 앞으로 가족 모두에게 생길 수 있는 문제들을 사전에 대비하기 위한 목적에서 실시되었다.

크리스티앙의 가족 모두는 그의 퇴원을 기점으로 새로운 삶의 전기를 맞았다. 더이상 여느 가족들과는 같지 않은 것이다. 앞으로 이들 가족 모두의 미래가 어떻게 펼쳐질지는 아무도 모르는 일이다. 크리스티앙이 여러 차례 다시 입원할 수도 있고, 법학 공부를 영영 포기하는 일이 벌어질 수도 있으며, 또다른 시련이 닥칠 수도 있다. 하지만 이들은 사랑하는 가족이 겪고 있는 질환이기 때문에 그 어떤 시련이 닥치더라도 어려움을 이기며 새로운 삶을 열어나가야 할 것이다.

크리스티앙이 정신분열증 진단을 받기까지

처음 크리스티앙의 부모님은, 그가 자기세계 속에 칩거하면서 점차 학업을 멀리 하고 위생을 소홀히 하는 모습을 보이자 불안해했다. 이런 상황을 주변친구들과 상의하니, 크리스티앙이 우울증을 앓고 있는 것 같다는 말들을 했다. 하지만 처음부터 그의 부모님과 여동생은 더 심각한 상황일 수 있다는 예감이 들었다. 크리스티앙은 예전 같지 않았고, 가족과 접촉을 끊었으며, 자기만의 세계에 틀어박혀 지냈다.

나는 처음 크리스티앙의 어머니를 만나 크리스티앙의 증상을 전해 듣는 동안, 구체적인 병명을 머릿속에 떠올릴 수 있었다. 크리스티앙의 여동생이 나에게 말했던 것처럼, 자기 오빠가 혼자 있으면서도 누군가와 말다툼을 하는 것처럼 말한다는 설명을 듣게 된다면, 그 어느 정신과 의사라도 즉시 그 환자가 내면의 '목소리', 즉 환청을 듣고 있다는 생각이 들었을 것이다. 나는 크리스티앙과 마주 앉아 이야기를 하면서, 그가 문장 하나도 제대로 완성해서 말하지 못하고 계속 주의가 흐트러지고 있다는 것을 확인할 수 있었고, 다시 한 번 정신분열증이란 병명을 떠올렸다. 하지만 어떤 사람을 두고 정신분열증이란 진단을 내리는 것은 그 사람의 일생을 좌우할 수도 있기에 대단히 신중을 기해야 하는 일이다. 물론 그를 처음 만났을 때부터 정신분열증이란 생각을 했던 것은 사실이다. 하지만 진단을 확정짓지 못한 것은 정신분열증을 판단하는 데 중요한 요소인 지속 기간에 대한 정확한 정보가 없었기 때문이다.

정신분열증은 상당 기간에 걸쳐 증상이 진행되는 질환이다. 따라서 정신분열증 진단을 내리려면 장애의 징후가 6개월 이상 나타나야 하며 그중 핵심 증상인 망상과 환각 증상 등이 적어도 1개월 이상 존재해야 한다. 정신분열증과 비슷한 증상을 보이긴 하지만 증상이 불과 몇 주나 며칠 만에 끝이 나는 다른 질환들이 존재하기 때문이다. 미국 정신의학회가 만든 DSM-IV에서는, 정신분열증과 동일한 증상이 있지만 증상지속기간이 1개월 이상 6개월 이하일 경우에는 정신분열형 장애 schizophreniform disorder로, 하루 이상 1개월 이하이면 단기 정신병적 장애 brief psychotic disorder로 진단한다.

정신분열증은 무엇인가?

정신분열증은 현 시대에 갑자기 나타난 병이 아니다. 1856년 프랑스의 정신의학자 모렐이 정신분열증의 증상에 대해 처음 소개한 바 있으며, 1895년 독일의 정신의학자 크래펠린이 좀 더 자세한 사례와 내용을 보고하였다. 크래펠린은 바이에른 국왕 루트비히 2세의 주치의였던 정신과 의사 구덴 교수의 인턴으로 처음 의학에 입문했다. 잘 알려져 있다시피, 루트비히 2세는 세상에서 가장 유명한 정신분열증 환자이다. 환자에게 비억압적 방법을 쓰길 주창했던 구덴 교수는, 경호원을 동반하지 않은 채 루트비히 2세와 함께 산책을 나갔다. 그 후 구덴 교수와 루트비히 2세는 아침 안개에 휩싸인 탄베르크 호숫가에서 변사체로 발견되었다. 왕이 자살을 기도하면서 자기 주치의를 호수에 빠뜨려 죽인 것일까? 아니면 구덴 교수는 보지 못할 것은 봤다는 이유로 왕과 함께 피살된 것일까?

하지만 구덴의 제자 크래펠린의 삶은 스승처럼 비극적이지 않았다. 그는 수백 명의 환자를 관찰한 후 이를 토대로 다양한 형태로 나타나는 정신분열증을 체계적으로 기술했다. 그가 이룬 업적은 지금까지도 유용하게 쓰이고 있다.

모렐과 크래펠린은 정신분열증이 주로 성인기 초기에 발병하고 지적 기능에 이상을 가져오기 때문에, 그것을 '조발성 치매^{dementia praecox}'라고 명명했다. '정신분열증^{schizophrenia}'이란 용어를 만든 것은 1911년 스위스의 정신의학자 블로일러였다. 크래펠린도 마지막 저서에서는 이 용어를 받아들여 사용했다.

'schizo'는 그리스어 schizein(쪼개다, 분열시키다)에서 온 말이고, 'phrenia'는 phren-(영혼, 정신)에서 따온 말이다. 블로일러는 이러한 신조어를 만들어 정신분열증을 앓는 환자들이 나타내는 사고의 분열을 표현하고자 했다. 크리스티앙의 사고는 서로 논리적 연관관계를 갖지 못하고, 일반적이지 않은 방식으로 연결되어 있었다. 블로일러는 이러한 사고의 분열이 정상인이 꿈을 꿀 때도 나타난다고 지적했다. 우리 모두는 꿈이란 독특한 경험에 대해서 잘 알고 있다. 꿈 속에서는 논리적이지 않은 관계도 자연스러운 일인 것처럼 순순히 받아들여지며, 한 인물이 여러 사람으로 동시에 나타나거나 모습을 바꿔 나타나는 일도 다반사로 일어난다. 꿈의 특징은 마르셀 프루스트의 소설 『잃어버린 시간을 찾아서』의 한 장인 「스완의 사랑」 끝 부분에서 잘 표현되고 있다. 스완은 꿈을 꾸는데, 그는 꿈 속에서 친구들과 함께 바닷가 절벽을 따라 난 좁다란 길을 걷는다. 앞에서 걷는 사람들 중에는 나폴레옹 3세와 스완이 사랑하는 여인인 오데트도 끼여 있다. 잠시 후 스완은 오데트가 나폴레옹 3세와 함께 감쪽같이 모습을 감췄다는 사실을 발견한다. 그는 황제가 사실은 자기의 연적인 포르슈빌이란 사실을 깨닫는다. 꿈은 계속 이어지는데, 얼마 후 스완은 오데트의 변심에 상심해서 울고 있는 젊은이를 만나고, 이 젊은이가 바로 자기 자신이란 사실을 깨닫는다.

카프카의 단편소설 「어느 시골 의사」도 꿈이 갖고 있는 기이한 특성을 잘 활용해서 창작한 작품이다. 이 작품에서 인물들이 펼치는 기이한 행동은 화자에게는 아무렇지도 않은 일처럼 여겨진다. 시골 의사는 눈 내리는 어느 날 밤, 급한 부름을 받고 왕진을 떠난다. 그런데 의사가 그 집에 도착하자 사람들은 그의 옷을 벗긴 후, 죽어가는 환자 옆에 눕기를 강요하고, 이상한 의식을 펼친다. 그런데도 이 모든 일은 소설의 화자에게는 전혀 이상하게 여겨지지 않는다.

하지만 이처럼 기이한 일들이 꿈이 아니라 실생활에서 벌어진다면, 누구에게나 엄청난 공포감을 가져다줄 것이다. 하지만 이런 일이 정신분열증 환자들에게는 현실로 나타나기에 그들이 겪는 고통이 엄청난 것이다.

정신분열증은 망상, 환각, 혼란스러운 사고와 언어를 비롯한 여러 부적응적 증상을 나타내는 심각한 정신 장애로, 환자는 현실검증력이 저하되어 매우 비현실적인 지각과 생각을 하게 되고, 혼란스런 심리 상태에 빠져들게 된다.

DSM-IV에 따르면, 정신분열증의 특징 증상은 1) 망상 2) 환각 3) 와해된 언어 (예: 빈번한 탈선 또는 지리멸렬) 4) 심하게 와해된 행동이나 긴장증적 행동 5) 음성 증상 즉 정서적 둔마, 무논리증 또는 무욕증으로, 이중 2개 이상의 증상이 1개월 이상 존재해야 한다. 그러나 망상이 기괴하거나 환각 내용이 계속적으로 행동이나 생각에 대해 간섭하는 목소리이거나, 둘 또는 그 이상이 서로 대화하는 목소리일 경우에는 1개 증상만 있어도 정신분열증 진단을 할 수 있다.

  망상delusion은 이성적인 설득으로는 고쳐지지 않는 병적인 믿음을 말한다. '누가 나를 감시한다' '내 뒤를 미행하고 도청한다' '내 생각을 뺏어가서 생각을 할 수 없다', '생각을 내 머릿속에 집어넣고 나를 조종한다' 등등이 대표적으로 나타나는 망상이다. 이밖에도 '텔레비전 또는 신문에서 내 이야기를 폭로한다' 등의 피해 망상과 '남의 행동이나 주위의 변화가 나와 관계가 있다'는 관계 망상, '내 손가락 하나로 지구를 멸망시킬 수 있다' '나는 특별한 권능을 하늘로부터 받은 사람이다'는 등의 과대 망상을 보일 수 있다.

  환각hallucination은 심하게 왜곡된 비현실적 지각을 말하는 것으로, 가장 흔하게 발생하는 증상인 환청은, 주변에 아무도 없고 또한 주위사람이 자기에게 말을 한 일이 없는데도 귀에 소리가 들리는 현상을 말한다. 특히 말소리가 환자의 행동을 일일이 간섭하고 행동에 대해 지적하거나, 두 사람 이상의 말소리가 환자를 빗대놓고 말을 주거니 받거니 하는 경우가 많다. 아무 것도 없는데 무엇이 눈에 보이는 환시도 흔하며, 드물지만 미각, 촉각의 이상체험, 즉 환미,환촉이 있는 경우도 있다.

한편 우리가 앞서 보았듯이, 정신분열증 환자들은 사고의 연상이 정상 궤도에서 이탈해 있거나 느슨한 채로 이루어진다. 그래서 정신분열증 환자가 하는 말을 들으면 자주 문맥이 끊기고 비논리적이어서 이해하기가 힘들다. 처음 크리스티앙을 치료할 때도, 한마디 말을 하면서도 자주 화제를 바꾸는 통에 결국 무슨 말을 하는지 전혀 알아들을 수 없었다.

정신분열증 환자는 와해된 행동 혹은 긴장증적 행동과 같은 행동상의 문제도 보일 수 있다. 즉 나이에 걸맞지 않는 행동을 하고, 상황에 전혀 맞지 않는 기괴하고 엉뚱한 행동을 할 수 있으며, 때로 계절과 상관없는 이상스런 옷차림을 하고 몸을 거의 씻지 않는 등 일상생활의 기본적인 일들에 무관심한 모습을 보일 수 있다. 또한 긴장증적 행동은 주변환경에 대한 반응성이 줄어든 것을 반영하는 것으로, 마치 근육이 다 굳어버린 것처럼 이상한 자세로 몇 시간씩 꼼짝않고 있기도 한다.

또한 대부분의 정신분열증 환자에게 있어서 '감정'은 무뎌져 있거나 적절하지 않은 방식으로 나타난다. 어떤 환자는 자기한테 나쁜 소식을 전하는데도 히죽 웃는가 하면, 별일 아닌 일에도 화를 벌컥 내기도 한다. 또 이들은 대개 기쁨이나 슬픔을 명확하게 느끼지 못한다. 블로일러에 따르면 이러한 감정의 부조화는 사고 장애인 연상의 이완으로 인해 발생하는 2차적 증상이다. 사실 주변환경에 대해 일관된 관점을 갖고 있지 못하는데 어떻게 안정적이고 합당한 감정 반응을 나타낼 수 있겠는가?

한편 '외부세계와의 고립'은 주변가족들이 비교적 쉽게 확인할 수 있는 정신분열증의 증상이다. 정신분열증 환자는 병이 진행되는 동안 혼자 있기를 원하며 방해받는 것을 싫어하는 경향을 보인다. 크리스티앙도 집에 있을 때 점점 더 자기 방에 틀어박혀 지냈다. 그는 병원에 입원해서도 사람들과의 접촉을 피하고 자기 자신에게만 빠져있었다. 하지만 환자들은 일단 치료를 받으면 다시 사람들과의 접촉을 좋아하게 된다. 그러나 여전히 대화하는 데는 어려움을 느낀다. 블로일러에 따르면, 환자가 이처럼 세상과 고립된 성향을 보이는 까닭은 사실은 자기 자신을 보호하기 위한 자구책이라고 한다. 사고의 분열로 인해 외부세계를 스스로 통제할 능력을 상실한 상태이기 때문이다. 이런 환자들에게 세상과의 고립은 마치 수도승에게는 수도원의 울타리가, 은둔자에게는 사막이, 학자에게는 연구활동이, 그리고 정신과 의사에게는 집필활동의 역할을 하는 셈이다.

어떤 경우에 정신분열증이라고 진단할 수 있는가? 오늘날 정신분열증은 거의 모든 정신과 의사들이 공감하는 명확한 기준에 의거해서 진단이 내려진다. 내가 만일 어떤 사람에게 정신분열증 진단을 내린다면 프랑스나 다른 나라의 모든 정신과 의사도 이 사람에게 거의 똑같은 진단을 내릴 것이다. 이처럼 정신분열증 진단이 전 세계적으로 통일된 것이 사실 아주 오래된 일은 아니다.

크래펠린은 정신분열증 증상에 관한 명확한 기술방법과 분류법을 확정하여, 망상이나 환각을 보이는 여타의 다른 정신질환과 구분할 수 있도록 했다. 또한 블로일러는 프로이트로부터 많은 영향을 받았으며, 정신분열증 증상에 관한 정확한 기술을 위한 관심에서 한 걸음 더 나아가 증상이 나타나기까지의 메커니즘 규명에 힘을 기울였다.

1950~60년대에 활동했던 미국 정신과 의사들 대부분은 정신분석의 세례를 받았던 세대에 속했기에, 정신분열증을 진단할 때 블로일러가 제시한 기준에 따르는 경향이 많았다. 또한 블로일러가 제시한 기준에 따라 유병률 연구가 활발히 진행되어 정신분열증 발병률에 대한 전반적인 조사가 이루어질 수 있었다.

하지만 당시 정신의학계는 새로운 사실 때문에 뜨거운 논란에 휩싸였었다. 유병률 연구 조사에 따르면, 미국이 영국보다 2배나 정신분열증 발병률이 높은 것으로 나타났기 때문이다. 정신분열증의 정확한 원인이 규명되지 못한 상황에서 두 나라 사이에 존재하는 발병률의 심한 불균형은 사람들의 관심을 끌기에 충분했다. 어째서였을까? 문화적 요인 때문인가? 아니면 유전적, 기후적 요인인가? 사람들은 그 원인을 추론하기 위해 가능한 모든 가설들을 제시했다. 이 문제에 관한 해답을 제시하기 위해 수십 권의 책이 쓰였으며 무수한 논쟁이 벌어졌다.

인구학적 관점에서는 미국이 영국보다 인종 혼합 비율이 높기 때문에 정신분열증 발병 비율도 높다는 가설을 세웠고, 심리언어학적 관점에서는 이민의 역사가 일천한 미국에서 이민 온 사람들이 새로 영어를 배워야 하고 또 모국어를 버리게 됨으로써 정신분열증의 발병 비율이 상대적으로 높아졌다고 보았다. 더불어 라캉식 정신분석학에서는 미국은 이혼율이 높고 영국보다도 훨씬 땅이 넓어 인구 이동이 잦기 때문에 가정 내 아버지의 권위가 상대적으로 약하다고 주장했다. '아버지의 법'이 약하고 '분리 · 배제'가 현실에서 이루어지기 때문에 자녀의 정신분열증 발병 위험이 그만큼 높다는 설명이었다.

하지만 다행스럽게도 정신과 의사들은 떠들썩한 논쟁의 와중에서도 이론적 설명에만 치우치지 않고, 사실 자체에 더욱 관심을 쏟았다. 이에 정신과 의사들은 두 나라에서 어떤 기준에 따라 정신분열증 진단을 내리는지 조사에 나섰다. 그 결과 영국의 정신과 의사들은 크래펠린이 제시한 기준에 따라 망상과 환각, 그리고 질환의 지속 기간에 중요성을 두고 진단을 내리고 있음이 확인되었다. 반면에 미국 정신과 의사들은 앞서의 경우보다 덜 엄격한 기준인 블로일러의 네 가지 증상 4A 인 연상의 장애 association, 부적절한 정서affect, 양가감정ambivalence, 자폐적 성향autism에 따라 진단을 하는 경향이 있는 것으로 밝혀졌다. 예를 들면, 미국 정신과 의사들은 영국 의사라면 우울증이나 성격 장애로 진단할 환자를 정신분열증 환자로 진단해왔던 것이다.

이러한 연구들이 발표되면서, 전 세계적으로 정신과 진단이 동일한 기준에 의거해 이루어져야 한다는 당위성이 대두되었다. 미국 정신의학회가 펴내는 진단 준거 DSM이 출간된 것 역시 일치된 기준에 대한 요구들이 수용된 결과이다. 이와 같은 노력에 힘입어 오늘날 전 세계 정신과 의사들은 정신분열증을 진단할 때, 공통의 기준에 입각해서 접근할 수 있게 되었다. 또한 공통의 기준에 근거해서 다양한 치료약 및 심리치료들의 효과 연구가 이루어지고 있다.

하지만 구(舊)소련은 이러한 움직임과 다른, 별도의 길을 걸었다. KGB의 명령에 따라 구(舊)소련의 정신의학자들은 한 번도 망상이나 환각을 보인 적이 없는 사람임에도 체제에 반대할 경우 '서행성(徐行性) 정신분열증'이란 진단을 내려 수감해야 했다. 구(舊)소련에서는 1960년대 말부터 1989년까지 이와 같은 진단을 이용해, 수천 명에 달하는 건강한 반체제 인사들을 불결한 집단 수용소에 강제로 가두는 만행을 공공연히 저질렀고, 반체제 인사들은 수용소에서 갖은 형태의 고문과 잔혹행위에 시달려야만 했다. 의학의 이름으로 자행된 이런 반인륜적 처사는 여러 지식인, 서방의 정신의학자, 그리고 세미온 글루즈만과 같은 용기 있는 소련의 정신의학자들에 의해 고발되었다. 이리하여 뒤늦은 조치이긴 하지만 구(舊)소련은 1983년에서 1989년까지 세계 정신의학협회로부터 추방되었다. 다행스러운 것은 이후 러시아로 체제가 바뀐 뒤, 정치권력으로부터 자유로운 독자적 정신의학협회들이 결성되었다는 점이다.

정신분열증의 원인은 무엇인가? 오늘날까지도 정신분열증의 원인에 대한 명확한 규명은 이루어지지 않은 상태이다. 그렇다고 해서 이제까지 원인을 밝히기 위해 기울였던 모든 시도들이 헛수고였다는 뜻은 결코 아니다. 사실상 다양한 분야에서 이루어진 연구 결과에 따르면 정신분열증의 원인은 결코 단순한 한 가지 원인에서 비롯된 것이 아니라, 우울증에서처럼 여러 원인들이 복합적으로 작용해서 나타나는 것으로 밝혀졌다.

생물학적 연구　　최근에는 정신분열증을 뇌의 신경생리적, 신경생화학적 이상에서 비롯된 질환으로 보는 시각이 주류를 이루고 있다. 그러나 아직까지 정확한 원인은 밝혀지지 않았으며, 다른 한편으로는 성격, 성장과정, 가족 및 사회환경과도 밀접한 관계를 가지고 있다고 보는 견해가 많다.

1) 생화학적, 신경해부학적 원인

인간의 뇌에는 약 10억 개에 달하는 뇌신경세포가 있으며, 세포들은 마치 전기회로 같은 연결망을 갖고 있다. 세포들의 연결망을 통해 인간은 생각하고 느끼고 말하고 행동하게 되는데, 이 연결망을 직접 연결해주는 물질을 신경전달물질이라고 한다. 여러 가지 원인에 의해, 이같은 신경전달물질이 많아지거나 적어질 수 있고 혹은 신경전달물질에 대한 수용체의 민감성이 둔해지거나 과민해질 수 있는데, 이 경우 우리의 사고, 감정, 행동, 언어가 심각한 장애를 겪게 된다.

정신분열증의 생물학적 원인 중에서 가장 주목을 받는 신경전달물질로는 도파민^{dopamine}이 있다. 정신분열증은 뇌 안에서 도파민이 너무 많이 전달되기 때문에 발병한다는 것이다. 뇌에서 도파민 전달을 돕는 암페타민이나 코카인을 복용하면 정신분열증과 비슷한 증상이 나타난다는 연구 결과들이나, 도파민 차단 효과를 갖고 있는 항정신병 약물들이 특히 정신분열증에 효과가 있었다는 연구 결과들이 도파민 가설을 지지하는 증거들이다. 이밖에도 세로토닌^{serotonin}, 글루타메이트^{glutamate}와 같은 신경전달물질과 정신분열병의 연관성을 밝히기 위한 연구도 진행되고 있다. 신경해부학적 연구도 활발하게 이루어지고 있는데, 뇌영상 연구 결과, 정신분열증 환자들의 두뇌 구조에 미세한 이상이 있음을 밝혀졌다. 연구에 따르면, 정신분열증 환자의 뇌실(뇌 속에 뇌척수액을 담고 있는 공간)이 정상인보다 더 넓은 것으로 나타났다. 처음에는 치료제를 복용했기 때문에 그런 것으로 생각한 연구자들도 있었으나 치료제를 복용한 적이 없는 환자의 뇌실도 정상인보다 넓은 것으로 나타나 이것이 구조적인 문제임이 입증됐다. 이밖에도 정신분열증 환자의 전두엽 부분이 많이 위축되어 있다는 연구 결과가 보고되고 있다.

2) 유전적 원인

모든 정신질환의 경우와 마찬가지로, 정신분열증에서도 선천적 요인과 후천적 요인의 비중에 관한 물음이 제기되었었다. 정신분열증은 염색체 때문인가, 아니면 환경적 요인 때문인가? 환자 가족에 관한 연구나 유병률 연구에 따르면 환경적 요인이 발병에 적지 않은 영향을 끼치는 것으로 나타났다. 따라서 환경이 개선되면 재발 위험이 낮아질 수 있으며, 환자가 사회에 적응하기도 훨씬 용이해진다. 그렇다면 유전적 요인은 어떠한가?

연구가들은 선천적 요인과 후천적 요인을 구분하기 위해 다양한 방법을 사용한다. 첫째 방법은 환자의 가족관계를 광범위하게 조사하는 방법이다. 그래서 만일 정신분열증이 유전적 요인 때문이라면, 환자의 가족이나 친척 가운데 동일질환을 나타내는 비율이 임의로 선정한 사람들에게서 조사한 것보다 높게 나타날 것이며, 이 비율은 환자와의 혈연관계가 가까울수록 더 높게 나타날 것이다. 또다른 방법은 쌍둥이를 연구하는 것이다. 만일 정신분열증이 유전적 요인 때문이라면, 환자와 유전자가 거의 같은 쌍둥이 형제에게서 동일질환이 발병할 확률도 그만큼 높게 나타날 것이다. 마지막 방법은 가장 흥미로운 방법이기도 한데, 이는 갓 태어나서 입양된 아동들을 그들의 생물학적 부모와 함께 지속적으로 관찰하는 방법이다. 환경적으로 볼 때 입양된 아동은 생물학적 부모와는 상관이 없고, 이들을 입양한 부모의 영향을 받을 수밖에 없다. 따라서 만일 생물학적 부모가 정신분열증이 있고, 입양된 아동도 동일 질환을 나타낸다면, 이는 정신분열증이 유전적 요인에 의해 결정된다고 결론내릴 수 있는 근거가 된다.

이상 소개한 세 가지 방법은 모두 여러 나라에서 실제로 행해진 방법들이다. 이러한 연구에 의해 다음과 같은 사실들이 밝혀졌다. 우선 정신분열증에는 유전적 소인이 작용한다는 점이다. 부모가 정신분열증을 앓는 경우 자녀가 동일질환을 보일 확률은 5~10퍼센트인 것으로 나타났다. 일반 부모의 경우 자녀의 정신분열증 발병률이 1퍼센트인 것에 비하면 대단히 높은 비율이다. 게다가 부모 둘 다 정신분열증이 있다면, 비록 아이가 다른 집에 입양된다 하더라도 발병률이 무려 50퍼센트에 이르는 것으로 나타났다. 또한 쌍둥이에서 한쪽이 정신분열증에 걸렸을 때 다른 한쪽이 정신분열증에 걸릴 일치율은, 이란성 쌍둥이보다 일란성 쌍둥이에서 3~5배 높다고 보고되고 있어, 이 또한 정신분열병의 유전 성향을 뒷받침하고 있다.

정신분열증 환자 가족에 관한 또다른 연구는, 환자의 가족들에게서 정신분열증뿐 아니라 편집증과 같은 다른 정신질환의 발병 비율도 높다는 사실을 밝혀냈다. 이 결과를 토대로 여러 연구자들은, 부모 자식 간에 유전적으로 전해지는 것은 정신분열증 자체라기보다 어쩌면 '질환의 뿌리'로서, 이것이 환경이나 생물학적 여건과 결합했을 때 정신분열증이나 다른 심각한 정신질환으로 발병한다고 가정하기도 한다.

3) 또다른 원인

정신분열증이 바이러스 감염과 연관이 있다고 보는 견해도 있다. 실상 정신분열증 환자 중에는 생일이 늦은 겨울인 경우가 상대적으로 많은데, 이때는 산모나 신생아 모두에게 바이러스 감염 위험이 가장 높은 때이다. 바이러스에 의해 미세한 뇌손상을 입음으로써 장차 보다 심각한 장애로 발전할 수 있다는 가설이다. 면역학 연구도 정신분열증 규명에 한몫하고 있다. 프랑스 연구진은 정신분열증 환자들이 림프구나 몇몇 면역 체계에서 이상을 보인다는 사실을 밝혀냈다.

패밀리 라이프 한 때, 정신분열증이 환자의 가족상황 때문에 발병하는 것으로 여겨졌다. 어릴 때 부모와의 관계형성이 제대로 되지 않아 생겨나는 질환이란 설명이다. 또 어떤 이들은 자녀를 정신분열증 환자로 만드는 '전형적 어머니 상(像)'이 있다고 주장하기도 했다. 소유욕이 강하고 공격적이며, 자녀에게 냉랭하면서도 아주 가까이 두고 싶어하는 모순된 태도를 나타내는 어머니 말이다.

1950년대 이후 여러 정신의학자들은 정신분열증 환자의 가족관계에 대해서 깊은 관심을 가졌다. 환자 가족이 정신분열증의 원인을 제공한다는 가설을 입증하기 위해 1950~60년대에 많은 연구가 시도됐으나 기대하던 도달점에 이르지는 못했다. 하지만 이런 연구들에 힘입어 연구자들은, 환자에게 가장 든든한 지원군이 되어주어야 할 환자 가족들이 가족 구성원의 질병으로 인해 혹독한 고통을 겪고 있으며, 따라서 이 가족들에게 더욱 관심을 가져야 한다는 사실을 깨닫게 되었다.

이후 연구들은 가족상황을 정신분열증의 발병 원인으로 보는 것이 아니라, 이미 발생한 질환에 영향을 줄 수 있는 요인이라는 관점으로 파악하기 시작했다. 1960년대 초, 영국의 정신과 의사들은 환자 상태를 체계적으로 추적하다가 놀라지 않을 수 없었다. 흔히 생각하는 것과는 달리, 환자가 퇴원해서 원래의 가정으로 복귀하는 경우 익명의 집단과 함께 공동의 수용장소에 머무는 것보다 재발 가능성이 높은 것으로 나타났기 때문이다. 이러한 사실에 놀란 여러 연구자들은 또다시 엄정하면서도 선입견을 배제한 연구에 착수했다. 주로 미국과 영국에서 행해진 연구에 따르면 환자 가족과 환자의 재발 및 재입원 사이에는 깊은 연관이 있는 것으로 밝혀졌다. 이리하여 '감정 표현'이란 개념이 만들어졌다.

'감정 표현'은 환자의 가족 구성원들이 환자를 대하면서 나타내는 태도의 수준을 뜻하는 말이다. 이는 환자 가족 구성원을 개별적으로 면담하면서 환자에 대해 언급했을 때, 가족 개개인이 나타내는 반응 정도에 따라 측정이 가능하다. 연구자는 면담 중 환자 가족이 환자나 환자의 행동을 언급할 때 사용하는 말이나 태도의 유형에 따라, 감정 표현의 수준을 수치화하여 측정한다. 특히 연구자는 환자 가족이 자발적으로 비판을 하거나("저희 아이는 아무런 노력도 하질 않아요") 격앙된 감정을 나타내는("제 아이가 병원에 다시 입원해야 한다는 말을 듣고 기절하는 줄 알았어요") 횟수와 유형에 주목한다. 이런 방식을 통해 환자 가족이 하는 말을 분석해보면 '감정 표현'의 수치를 얻을 수 있다.

연구 결과를 살펴보면, 퇴원 후 아홉 달 동안 정신분열증 환자가 '감정 표현' 수준이 높은 가족 구성원과 일주일에 35시간 이상 접촉할 경우, 그렇지 않은 경우에 비해 재발 위험이 4배나 높았으며, 이 비율은 환자가 약물치료를 받고 있더라도 크게 달라지지 않는 것으로 나타났다.

물론 이러한 환자 가족 구성원간의 대화에 관한 평가는 주로 연구 목적의 프로그램에 의해 진행되며, 평가자 또한 이를 위해 따로 훈련을 받은 사람이다. 따라서 이런 종류의 과학적 연구는 이를테면 부모 중 한 사람이 자기 딸이 하루종일 방에 틀어박혀 있는 것을 보고서 화를 냈다는 식의 '피상적' 관찰과는 다르며, 과학적이고 체계적인 연구방법이라고 보는 것이 타당할 것이다.

크리스티앙의 어머니는 면담에서 아들이 하는 말을 도중에 끊고, "저 아이는 지금 병 때문에 저렇게 말하는 겁니다. 하지만 곧 좋아질 거예요."라고 말했다. 어머니의 입장에서 아들이 어서 병이 나아 법학 공부를 다시 할 수 있기를 바라는 것은 당연한 일이다. 하지만 이것은 어머니의 희망사항이지 결코 지금 상황에 맞는 현실적인 생각은 아니다. 어머니가 아들 얘기가 나오면 자주 울음을 터뜨리는 것도 감정적 반응이 격하게 나타난다는 증거로 볼 수 있다. 크리스티앙 식구들의 '감정 표현' 수치가 어떤 식으로 나타나든 간에, 이들 모자 간의 대화 방법을 개선해야 할 필요가 있다는 것은 명백해 보였다.

정신분열증 자녀를 둔 부모의 '감정 표현' 수치가 높을 때 자녀의 재발 위험성이 높아지는 이유는 무엇일까? 이것은 많은 연구자들의 관심을 끌었다. 아마도 '감정 표현' 지수가 높은 사람은 환자에게 명확하고 긍정적인 메시지를 전달하기가 어렵고, 환자와 더불어 문제를 해결하는 능력이 떨어지기 때문일 것이다. 이 때문에 환자의 스트레스가 가중되어 재발 위험성이 높아지는 것이다. 이상은 물론 가정이긴 하다. 이러한 가정을 검증하는 한 방법은 환자의 부모들에게 보다 침착하고 분명하게 자녀들과 이야기하는 훈련을 시키고, 자녀의 질병으로 인해 일상생활에 초래된 여러 어려움을 함께 해결하고 협상하도록 촉구하는 것이다. 훈련에 의해 '감정 표현' 지수가 떨어지고 재발의 위험성도 낮아진다면, 처음에 했던 가정이 정확했다는 결론을 얻을 수 있을 것이다.

실제로 몇몇 그룹들이 이런 방향에서 연구를 했었다. 통제 연구 결과, 가족 간 대화와 문제 해결 훈련에 초점을 맞춘 행동주의 가족치료가 환자의 재발 방지에 효과가 있었음이 입증되었다. 행동주의 가족치료는 대개 일주일에 한 번이나 한 달에 두 차례씩 10회가량 이루어진다. 처음에는 평가과정을 갖게 되며 그 다음으로 치료가 이어진다.

치료는 세 단계를 거쳐 진행된다. 첫째는 가족에게 질환에 대한 정보를 제공하며, 둘째는 대화훈련을 시키고, 셋째로는 문제 해결 능력을 훈련시킨다. 환자 가족에게 질환에 대한 정보를 제공하면 그만큼 가족 구성원들은 환자가 어떤 어려움에 처해 있는지 보다 잘 이해하게 된다. 예를 들어 환자의 부모는 자녀가 가족활동에 적극 참여하는 대신 자기 방에 칩거하는 것이, 게으름이나 이기심 때문이 아니라 질환의 음성적 증상 때문이며, 그래서 일시적으로 접촉이나 대화를 기피한다는 사실을 인정하게 된다. 또한 가족 구성원들은 대화훈련을 통해서 서로에게 보다 명확하고 긍정적으로 말하는 습관을 갖게 되고, 공격적 언사를 피하고 용기를 북돋아주는 말을 하는 법을 배우게 된다. 한편 이 과정은 치료의 마지막 단계인 가족 구성원간 조정 능력 및 문제해결능력 증진훈련을 위한 준비단계이기도 하다. 마지막 단계에서는 환자와 가족들은 일상생활 중 실제로 가족에게 나타날 수 있는 문제를 놓고 훈련을 한다. 행동주의 가족치료는 환자가 가족과 함께 지내는 경우 확실히 효과가 있는 것으로 입증됐다. 이 치료는 탄력성을 가지고 진행되기 때문에 가족상황이나 치료진의 사정에 따라 그때그때 치료 양식이 달라질 수 있다. 예컨대 치료 횟수나 질환에 관한 정보 제공, 가족 구성원 개개인에 따라 훈련상황이 달라질 수 있다.

누차 강조했듯이 정신분열증이 환자 가족의 태도 때문에 발병한다는 것은 틀린 가설이다. 반면에 가족 구성원의 태도로 인해 환자의 스트레스가 가중되고 재발 위험성이 높아질 수 있으며, 발병 가능성이 있는 청소년을 심각한 상황으로 내몰 수 있다는 점은 사실로 밝혀졌다. 그러므로 환자 가족에게 질병에 대한 정확한 정보를 제공하고, 문제가 발생했을 때 적절히 대처할 수 있도록 훈련시키는 것은 대단히 중요한 일이다.

스트레스-취약성 모델
　　오늘날 정신분열증을 설명하기 위해 가장 빈번하게 언급되는 모델은 스트레스에 대한 취약성 모델이다. 정신분열증을 생물학적 요인과 환경적 요인, 보호적 요인 등이 결합해서 발병한다고 보는 것으로, 원래 취약성을 갖고 있는 사람에게 어떤 스트레스가 가해지면 정신분열병의 증상을 일으키게 된다는 가설이다. 생물학적 요인은 유전자를 통해 환자가 태아 상태일 때 전달받게 된다. 생물학적 취약성 때문에 심리적 발달이 저해되고 특정 정보 처리 능력이 떨어져, 장래의 환자는 질환에 대해 취약한 상태에 놓이게 된다. 발병을 촉발시킬 수 있는 환경적 요인으로는 가족 구성원 간의 긴장감이나 대화능력의 부재, 과중한 스트레스 등을 꼽을 수 있다. 이와는 반대로 발병을 막아줄 수 있는 보호적 요인은 가족 구성원 간의 긴장감이 낮고 대화 능력을 갖추고 있으며 스트레스가 없는 등의 경우이다. 따라서 생물학적 요인이나 환경적 요인이 보호적 요인보다 강할 때 질환이 비교적 심각한 양상으로 나타난다고 볼 수 있다. 재발의 경우도 동일 메커니즘이 작용하는 셈이다. 한편 약물치료를 하면, 약물로 인한 효과 이외에도 2차적으로 심리적 스트레스가 경감되기 때문에 보호적 요인으로 작용할 수 있다. 또다른 보호적 요인으로는 사회 적응력을 높이는 훈련이나, 환자 가족 치료를 통해 환자 자신으로 하여금 일상생활에서 마주치게 되는 스트레스를 조절할 수 있도록 하는 조치 등을 들 수 있다.

어째서 정신분열증 환자에게 약물치료를 하는가?

1960~70년대에 정신과 환자들에게 투약하는 것을 반대하는 일련의 움직임이 있었다. 그 주역은 대개 지식인들로, 이들은 항정신병 약물이 환자를 예속 상태에 묶어놓는 구속행위라는 이유를 들어 투약에 반대했다. 이들은 특히 정신분열증의 원인이 가족과 사회의 억압 때문이라는 점을 강조했다. 이들은 서구사회가 인간을 미치광이로 만들어놓고, 또다시 의료계와 경찰 조직을 동원하여 항정신병 약물이라는 '화학적 죄수복'을 입히려 든다고 주장했다. 이러한 움직임의 선두에는 로널드 랭과 데이비드 쿠퍼가 있었는데, 이들은 정신분열증 환자들이 나타내는 망상이나 환각을 오히려 '방조'해야 한다고 주장했다. 이런 증상은 일종의 통과의례적 현상으로, 환자들은 오히려 이 과정을 겪음으로써 더욱 풍요로워진다는 주장이었다. 이들의 논리는 일면 감탄할 만 하지만, 실제 치료 효과는 전혀 기대할 수 없었으며 오히려 질환을 악화시키는 결과를 낳았다.

이러한 '반(反)정신의학적' 움직임은 비록 극단적 양상을 띠긴 했지만, 정신질환 환자들이 영위하는 삶의 조건이나 정신질환 전반에 대한 사회적 관심과 접근을 촉구했다는 점에서는 어느 정도 공헌을 했다. 이것이 정신과의 약물치료에 대해서 되돌아보는 계기가 되었던 것 또한 사실이다. 하지만 이들 일부 지식인들은 상당수 정신질환 환자들이 정신과 치료를 받기 전 수년 동안 지옥과 같은 망상과 환각에 시달려야 했다는 사실을 모르거나 잊고 있는 것이었다. 불과 1900년대 초반만 해도 많은 정신질환 환자들이 제대로 된 정신과 치료를 받지 못하고 감금당하거나 고립된 채로 지내는 등, 그야말로 죄수복을 입은 채 모진 학대를 받곤 했었다.

1952년 프랑스 정신의학자 들레와 드니케르가 최초로 정신과 치료에 항정신병 약물을 도입하였고, 이후 만성적 정신질환에 시달리던 환자들의 삶에 커다란 변화가 생겼다. 치료약을 복용함으로써 증상이 크게 호전되었기 때문이다. 이리하여 치료제를 복용한 후 증세가 호전된 수많은 환자들이 정신과 병동에서 퇴원하거나, 통원치료를 받을 수 있는 상태가 되었다. 약물치료 덕택에 장기 입원환자 수가 급속도로 줄어들었고, 이에 발맞추어 퇴원 후 통원치료를 받는 환자들을 위한 의료정책이 만들어졌다. 정신질환 환자들은 약물치료 덕분에 불안과 환각으로부터 어느 정도 해방될 수 있었으며, 사회생활 적응에 보다 적극적으로 대처할 수 있었다. 의료진도 이들 환자들이 사회에 잘 적응할 수 있도록 노력을 아끼지 않았다.

크리스티앙에게도 마찬가지로 항정신병 약물이 처방되었다. 약을 복용한 지 몇 주가 지나자 그간 시달려오던 환각이나 망상이 사라졌다. 하지만 의사는 항정신병 약물 처방시 환자의 조건에 가장 적합한 약을 선택해야 하며, 또 최대 복용량을 결정할 때도 신중을 기해야 한다. 하지만 불행하게도 항정신병 약물이 모든 증상을 낫게 하지는 않는다. 우선 치료제는 경련, 근육 경직, 체중 감소, 입마름 현상(이로 인한 충치 발생), 피로, 저혈압, 무기력 따위의 부작용을 야기할 가능성이 있다. 이런 부작용 때문에 약을 복용하지 않는 환자가 생기는데, 이는 병이 재발하는 원인이 되기도 한다.

그러나 이러한 부작용은 약의 용량을 적절하게 조절하거나, 다른 치료제로 바꾼다거나, 다른 의약품과 함께 복용토록 하거나, 혹은 간단한 '요령'을 사용하면 개선될 수 있다. 예컨대 입이 마르는 현상을 호소하는 환자에게는 무설탕 껌을 씹도록 하는 식이다. 우리는 바로 이런 이유 때문에 크리스티앙에게 약물치료에 대한 교육 프로그램에 참여토록 했다. 약의 효능과 부작용에 대해 숙지함으로써 각 상황에 보다 적절하게 대처할 수 있으며, 필요한 경우 담당의사와 함께 약물에 관해 더욱 구체적으로 의논할 수 있기 때문이다. 약물치료에 대한 교육 프로그램을 조직적으로 진행할 경우, 환자들을 위한 치료 환경이 보다 효율적이 되어, 재발 위험은 그만큼 낮아지는 것으로 보인다. 크리스티앙이 퇴원 후 지속적으로 상태가 호전된 이유 중 하나는, 그가 계속해서 치료약을 복용하면서, 약의 부작용이 조금이라도 느껴지면 언제라도 의사를 만나 상의할 마음가짐이 되어 있었기 때문이다.

새로운 접근 : 정신분열증 환자의 사회 적응

정신과에서는 정신분열증 환자들을 위한 특별 프로그램이 고안되어 운영되고 있다. 이 프로그램에는 환자들의 사회 적응훈련도 포함되어 있다. 정신분열증 환자나 만성적 정신질환 환자들은 비록 환각이나 망상을 더는 겪지 않게 되더라도 사람들과 어울리는 데 여전히 어려움을 느끼는 경우가 적지 않다. 크리스티앙은 퇴원 후 낯선 사람에게 말을 걸 때는 여전히 껄끄러운 기분이 들었다. 다른 사람에게 뭔가를 요구하거나 자기 의견이나 생각을 밝힐 때도 쉽지 않았다. 말을 하더라도 자기가 명확하지 않게 중얼거린다는 느낌이 들었으며, 저절로 긴장이 되고 주눅이 들었다. 따라서 정신분열증 환자들은 물건을 산다거나 집을 구한다거나, 아는 사람을 만나 이야기를 나누는 등의 일상생활에서 불편함을 느끼게 마련이다. 이 때 느낄 수 있는 좌절감이나 고립감이 이들 환자에게 적지 않은 스트레스를 안겨 주며, 재발의 원인이 될 수 있다.

환자들을 위한 사회 적응훈련의 목적은 다른 사람들과의 대화 능력을 증진시키는 데 있다. 환자는 자기 생각을 보다 분명하게 말하고, 다른 사람들과의 관계를 긍정적으로 받아들이는 훈련을 받는다. 훈련은 환자의 자신감을 증진시키는 방향으로 이루어지며, 특히 만성 정신질환 환자들에 초점이 맞춰져 있다. 훈련을 하는 동안 치료자는 환자에게 본인이 일상생활 중에 겪는 어려움이 무엇인지 스스로 말해보도록 유도한다.

크리스티앙은 이웃 사람이 왜 병원에 입원했는지 물었을 때 뭐라고 대답해야 좋을지 몰라 당황했다. 병원 원무과에 문의를 할 때도 곤란을 겪었다. 그는 정신과 접수계에 담당의사와 좀더 빨리 약속을 잡아달라고 말할 때도 힘들었다. 여동생이 친구들과 함께 외출할 때 따라가도 되냐고 물어보고 싶었지만 그럴 용기가 나질 않았고, 또 설사 동생이 허락을 하더라도 실제로 동생 친구들과 제대로 말이나 할 수 있을지 확신이 서지 않았다.

이처럼 크리스티앙이 적응하기 어려운 사회적 상황을 털어놓으면, 우리는 이를 참작해서 역할훈련을 했다. 크리스티앙은 크리스티앙 자신이고, 치료자나 다른 환자가 이웃집 사람이나 접수계 간호사 역할을 맡았다. 상황을 재연하는 동안 확인되는 문제점들에 대해 그에게 설명했다. 예를 들어, 그는 접수계 간호사에게 담당의사와 좀더 빨리 약속을 잡아주었으면 좋겠다는 말을 했을 때 안 된다는 대답을 듣고도 잠자코 입을 다물었다. 말을 하면서도 상대방 얼굴을 쳐다보지 않은 채 기어드는 목소리를 냈다. 이런 지적이 있은 후, 그는 또다시 같은 상황을 반복해서 재연했다. 이번에는 좀더 큰 목소리로 상대방을 쳐다보면서 말하도록 했으며, 거부를 당하더라도 다시 한 번 같은 부탁을 해보도록 했다.

우리는 이러한 훈련을 통해서 환자들이 가능한 한 자기 방식을 고수하면서도 다른 사람들과 더욱 효과적으로 대화하는 법을 익힐 수 있게 하였다. 환자는 이러한 훈련을 거듭하면서 점차로 사회생활 중에 부딪히는 각종 상황에 보다 적절하게 대처하는 법을 익히게 된다. 마지막으로, 우리는 크리스티앙에게 실제로 접수계에 가서 간호사에게 다시 한 번 진료 예약을 해 보도록 했다. 그리고 다음 치료 때 그 결과를 확인받았다. 그는 간호사에게 연거푸 요청을 함으로써 결국 원하던 진료 예약을 할 수 있었다.

역할극을 통한 사회 적응훈련은 가정 내의 상황에서도 적용되어, 환자와 가족 구성원의 대화능력을 높이게 할 수 있다.

여러 연구에 따르면, 크리스티앙이 받은 사회 적응훈련이나 가족 단위의 행동주의 가족치료는 환자의 입원 기간을 단축시키고 환자의 사회 적응력을 높이는 것으로 나타났다. 103명의 정신분열증 환자를 대상으로

한 어느 연구에 따르면, 퇴원 후 재발하지 않은 비율이, 일반적인 치료를 받은 환자들의 경우는 5퍼센트인 데 반해, 행동주의 가족치료를 받은 환자는 80퍼센트인 것으로 조사됐다. 또다른 연구에 따르면, 가족 단위치료를 받은 환자의 경우 퇴원 후 2년 동안 재발하지 않는 비율이 66퍼센트에 달하는 것으로 나타났다. 일반치료만 받은 환자의 경우가 17퍼센트인 것을 볼 때 놀랄 만한 성과이다.

Epilogue

크리스티앙은 그후 상태가 더욱 호전되었다. 퇴원 후 6개월간 정기적으로 통원치료를 받으면서 부모님과 떨어져서 따로 나와 살고 싶다는 뜻을 비쳤다. 크리스티앙의 가족은 행동주의 가족치료를 받고 있었기 때문에 치료 중에 이 문제가 화제로 올랐다. 가족들은 본가에서 그리 멀리 않은 곳에 크리스티앙이 지낼 방을 얻어주기로 했다. 하지만 아무래도 혼자 있으면 먹는 것이 부실할까봐 저녁은 본가에 와서 함께 먹는다는 조건을 달았다.

이리하여 크리스티앙은 독립을 했지만 모든 일은 순조로웠다. 다음 학기 때는 상태가 아주 좋아져 다시 학업을 계속할 생각을 할 수 있었다. 하지만 크리스티앙은 법학 공부가 너무 긴 시일을 요하는 데다 너무 추상적인 분야라고 여겼다. 그는 대학 수업에 대해서도 그리 좋은 인상을 가지고 있지 못했다. 그는 여러 차례에 걸쳐 이 문제에 대해 부모님은 물론 의료진과 진로상담 전문가와 상의하여, 마침내 2년 과정의 회계학을 공부하기로 정했다. 게다가 학업은 반일 수업으로 변경이 가능했다. 그는 다른 사람과 부딪칠 일이 없는 컴퓨터에 재미를 붙였고, 이를 통해 그간 시달리던 증상으로부터 자유로워질 수 있었다. 상태는 점점 좋아졌다. 그는 계속 약물치료를 받았지만, 그 용량을 조금씩 줄일 수 있었다. 또 그는 집 근처에 있는 정신과 의사를 일주일에 한 차례씩 만나면서 일상생활 중에 겪는 어려움을 상의했다.

그는 그후로도 두 차례 환각에 시달렸다. 하지만 자신의 병에 대해 숙지하고 있던 터라, 일단 치료약의 용량을 늘려서 복용한 후 즉시 정신과 의사와의 면담을 신청했다. 이처럼 크리스티앙은 기민하게 대처함으로써 병원에 입원하는 사태를 피할 수 있었다. 그의 가족들도 3개월에 한 차례씩 담당 의사를 만나 크리스티앙의 상태와 그와의 대화 방법에 관해 상담했다. 크리스티앙의 부모는 '정신질환 환자의 친구와 가족 연합' 지부와도 접촉을 했다. 프랑스 전역에 걸쳐 활동하고 있는 이 단체는 정신질환 환자의 가족에게 지원과 조언을 아끼지 않고 있다. 부모님은 이 단체의 모임에 정기적으로 참가함으로써 똑같은 어려움을 겪고 있는 사람들과 정보를 교환했다. 덕분에 가족 중 정신분열증 환자가 생겼을 때 어찌할 바를 몰라 사회적으로 고립되는 불상사를 피할 수 있었다. 크리스티앙의 어머니도 우울증을 극복하고 나서 이 단체에 가입해서 열성적으로 활동하고 있다.

크리스티앙은 이처럼 자신의 삶을 책임지고 살게 되었다. 정신분열증을 앓는 젊은 환자들 중에는 빨리 회복해서 정상적 삶을 되찾는 이도 있고, 치료를 받았음에도 여전히 증상을 안은 채 오랫동안 힘겨운 삶을 살아가는 이도 있다. 이들 모두가 정상적인 삶을 영위하기 위해서는 환자 가족과 의료진은 물론 사회의 따뜻한 관심과 정성이 반드시 필요하다.

여덟번째 특별한 만남

소박한 삶
거식증, 폭식증

　실비는 스물네 살의 미혼 여성으로, 정부부처에서 비서로 일했다. 그녀가 받고 있는 월급으로는 파리에 번듯한 아파트를 유지하며 살 수 없었기 때문에, 교외에 방 두 칸짜리 집을 구해 살았다. 그녀는 대중교통을 이용해 출퇴근하느라 하루에 2시간 이상을 소비했다. 그녀가 일하는 부서의 장은 키가 크고 마른 남자인데, 얼굴이 유령처럼 창백하고 나이보다 늙어 보이는 사람이었다. 그는 성격이 고약해서 하급 관리직임에도 불구하고 마치 고위 간부라도 되는 것처럼 행동했다. 퇴직할 나이가 가까웠지만 진급이 되지 않아서인지 해가 갈수록 더욱더 사람들에게 고약하게 굴었다. 그녀는 다른 부서로 옮겨달라고 여러 차례 요청했지만, 미혼에 근무연한도 짧고 부처에서 특별히 밀어주는 사람도 없는 터라 여의치 않았다. 그녀가 주로 하는 일이란 편지와 서류를 작성하고 부서장에게 서명을 받는 일이었다. 하지만 그녀는 상사의 서명을 받기 위해 서류철을 들고 그의 책상으로 갈 때마다 가슴이 떨렸다. 상사가 날카로운 눈초리로 타자 친 서류를 훑어보는 동안 그녀는 책상 옆에 꼼짝 않고 서 있었다. 그럴 때마다 몸이 떨리고 눈앞이 캄캄해져서 바로 코앞에서 로션 냄새를 풍기는 상사의 벗어진 머리도 제대로 보이지 않았다. 상사가 오타를 하나라도 발견하면 날벼락이 떨어졌는데, 그러면 그녀는 너무나 겁이 나 말 한마디 할 수 없었다. 상사가 실비를 야단칠 때는 머리가 나쁘다느니 직업의식이 어떻다느니 하는 코멘트를 빠뜨리는 법이 없었다.

그녀는 자기가 하는 일이 지루했다. 그녀는 대학입학 예비고사까지만 공부를 했으며, 비서 자격증을 소지하고 있었다. 그녀는 대학에 진학해서 공부를 하고 싶은 마음도 없지 않았지만, 그러려면 고향집을 떠나 대학이 있는 도시로 가야만 했다. 부모님은 딸에게 일찌감치 대학생활을 뒷받침해줄 만한 재정적 여력이 없다고 선언했다. 그녀는 대학에 진학하지 못할 바에야 어서 빨리 독립이라도 하고 싶다는 마음이 들어서 공무원 시험에 응시했으며, 합격 후 파리의 행정부처에서 일하게 되었다. 그녀는 삶의 터전이 바뀌는 바람에 고등학교 때 친구들과 연락이 끊어졌고 직장동료들 말고는 파리에 아는 사람이라고는 아무도 없었다. 그녀는 자기보다 나이가 많은 이혼녀인 직장동료와 가까워져 가끔씩 일터 근처 작은 카페에서 함께 점심을 먹었다. 이따금 주말에도 만나 함께 영화관에도 가고 교외로 산책을 나가기도 했다.

실비는 한 달에 한 번 꼴로 부모님을 뵈러 고향에 내려갔었다. 하지만 부모님은 그녀를 그다지 따뜻하게 반기지 않았다. 그녀의 아버지는 공장 노동자로 일하다 퇴직했는데, 한때 알코올 중독에 빠진 적이 있었다. 아

버지는 해가 갈수록 말수가 줄어들었으며, 오랜만에 집에 온 딸을 보고
도 한마디 말이 없었다. 아버지와는 정반대로 어머니는 딸에게 파리생활
에 관해서 온갖 질문을 퍼붓곤 했다. 어머니는 딸이 하고 다니는 차림과
밥 해먹는 일 등에 대해 잔소리를 했고, 특히 나이가 찼는데도 마땅한 신
랑감을 찾지 못한다고 성화였다. 실비는 주말을 고향집에서 보내고 나면
서글프면서도 홀가분한 마음이 되어 파리로 돌아오곤 했다.

파리에 살게 된 이후 더 행복해졌다고 할 수는 없었다. 고등학교 때 몇
년간 사귀던 남자친구가 있었지만, 그가 입대한 후 관계가 끊겼다. 남자
친구가 부대 근처의 다른 여자를 사귀게 된 것이다. 그후로 남자친구를
세 명 정도 더 만났지만, 모두 바캉스나 요트 강습, 하이킹 등에서 알게
된 사이로, 파리로 돌아와서는 관계가 이어지지 않았다.

지난해 그녀는 다른 부처에 근무하는 어느 유부남과 사귀게 되었다.
그녀는 그 남자를 무척 사랑했다. 그는 점잖고 유머가 풍부한 사람이었
는데, 그녀와 관계를 시작할 때부터 명확하게 선을 긋고 시작했다. 그는
어떠한 경우에도 자기 부인과 헤어질 의사가 없다고 하면서, 실비더러
자기와의 관계가 부담스러워 견디기 힘든 상황에 이르면 언제든 떠나도
좋다고 했다. 이들은 남자의 친구가 빌려준 스튜디오에서 오후 늦게 만
났다. 남자는 가끔 토요일에 자기 부인을 혼자 집에 남겨둔 채 공구를 사
러 파리에 간다고 둘러대고 그녀를 만나기도 했다. 실비는 관계가 깊어
지면서 점점 더 그 남자에게 집착을 했고, 그만큼 힘이 들었다. 남자는
지난해 여름 바캉스에서 돌아온 이후 실비에게 결별을 선언했다. 그녀는
남자의 말에 수긍하고 더는 만나지 않았다. 하지만 내내 그 남자 생각을

떨칠 수 없었다. 겨울이 오자 더욱 힘들어졌다. 그녀는 잠도 제대로 자지 못했고 집중력도 떨어져서 타자를 치면서 적잖이 실수를 했다. 그러면 어김없이 상사로부터 불호령이 떨어졌다. 같은 부서에 근무하는 이혼녀와 가까워진 것은 이 무렵이었다. 그녀는 직장동료에게 속마음을 털어놓았다.

***

실비는 얼굴이 갸름하고 예쁜 편으로, 태도가 조신하고 여성스러웠다. 가만히 쳐다보는 커다란 갈색 눈동자는, 결국 실망할지도 모를지언정 상대에게 무언가를 기대하는 듯한 표정을 담고 있었다. 그녀는 작은 키였지만 몸매가 날씬하고 예뻐서, 뭇 남성의 시선을 끌기에 충분해 보였다. 하지만 짙은색의 헐렁한 옷을 입고 있어서 몸매를 드러내기보다는 감추고 싶어하는 듯했다. 그녀는 말을 하면서도 손으로는 계속 핸드백을 만지작거렸는데, 어린애 같은 두 손은 자그마하고 섬세해 보였다. 그녀는 상사에게 타자 친 서류철을 들이밀 때마다 손이 떨려서 주체할 수 없다고 했다.

나는 그녀가 우울증 때문에 찾아온 것이 아닌가 생각했다. 실비가 지난 겨울 겪었다던 수면 장애나 집중력 저하, 기력 쇠약 등은 우울증 환자들이 흔히 호소하는 증상들이며, 그후로도 그녀의 삶의 조건은 전혀 나아지질 않았기 때문이다. 그녀는 상태가 조금 나아지긴 했지만 여전히 우울 증상을 갖고 있는 듯했다.

하지만 그녀가 겪는 우울증은 약물치료만으로 낫지 않았다. 실비는 쥐꼬리만 한 월급을 받으면서 출퇴근하느라 많은 시간을 허비하고, 주말이어서 오길 바라지만 실상 주말이 되면 고독감은 더욱더 깊어만 가며, 시간이 지나도 특별히 나아질 것 없는 따분한 삶을 영위하는 수십만의 도회지 미혼여성의 전형적인 삶을 살고 있었기 때문이다. 삶이 이러하다면 제 아무리 효능이 뛰어난 항우울제도 한계가 있을 수밖에 없다. 우울증 치료제는 다만 환자에게 이렇게 침울한 삶의 조건을 변경할 수 있도록 기력을 회복시켜주는 역할을 할 수 있을 따름이다.

마침내 내가 실비에게 찾아온 이유를 묻자 그녀는 여성잡지에 난 기사를 읽었다고 답했다.

"우울증에 관한 기사인가요?"

그녀는 갈색 눈을 치켜들고 나를 빤히 쳐다보았다. 사람을 잘못 찾아온 것은 아닌가 하는 의심의 눈초리였다.

"아닌데요…… 폭식증에 관한 기사였는걸요."

"폭식증이요? 아니, 그렇다면 본인이 폭식증이 있다고 생각하세요?"

"아, 네…… 그 기사를 읽고 나서 그런 것 같다는 확신이 들었어요."

"저한테 좀더 자세히 말씀해주시지요."

"저…… 어떻게 말씀드려야 할지…… 부끄럽네요. 사실 제 직장동료 말고는 아무한테도 말한 적이 없거든요."

"염려마세요. 저희는 폭식증 때문에 고생하는 환자들을 많이 봐왔습니다. 그럼 제가 질문을 드릴 테니 편하게 답변하세요."

폭식증은 20여 년 전부터 사람들의 지대한 관심을 끌고 있는 문제로,

의학전문잡지는 물론 여성잡지에도 자주 오르내리는 주제가 되었다.

이러한 사회적 분위기 때문에 이제 폭식증은 일반인들에게도 널리 알려지게 되었고, 이 문제로 정신과를 찾는 여성 환자가 급증하고 있는 현실이다. 질환 자체는 새로울 것이 없지만, 예전에는 폭식 증상이 있던 여성들이 이를 부끄럽게 생각하고, 치료가 가능하다는 사실조차 몰랐기 때문에 겉으로 잘 드러나지 않았던 것으로 여겨진다.

폭식증이 어느 정도 비율로 나타나는지는 객관적으로 신뢰할 만한 자료가 적은 편이다. 여러 가지 조사들이 실시되었지만, 제각기 다른 기준을 채택한 경우가 많았고 조사방법 또한 다양해서 환자 스스로 질문지에 답하는 방식도 있었고, 환자와의 직접 면담을 통해 이루어지기도 했다. 현재 추정되고 있는 전체 유병률은 1~3퍼센트 정도이다. 그러나 여학생들을 대상으로 한 연구에서는 비율이 훨씬 높아 무려 10~20퍼센트에 달하는 것으로 나타났다. 다시 말해 이 숫자는 여학생 다섯 명당 한 명이나 열 명당 한 명꼴로 폭식증을 나타낸다는 뜻이다. 하지만 폭식증은 상대적으로 남성에게는 드물어서 유병률이 여성의 십분의 일 정도에 그치는 것으로 나타났다. 하지만 음식물에 대해 엄격한 통제를 받는 남성 직업 운동 선수들은 폭식증 비율이 대단히 높은 것으로 조사됐다.

"우선 집에 돌아오면 부엌으로 갑니다. 그러곤 먹지요."

"주로 뭘 먹나요?"

"음, 경우에 따라 달라요. 대개는 빵에 버터나 잼을 발라서 먹어요. 빵 하나를 통째로 다 먹지요. 그것도 아주 빨리요. 그런 다음 과일 요구르트 다섯 개 정도를 순식간에 먹어치워요."

"다른 것은요?"

"초콜릿도 빵하고 함께 먹어요. 한 통이나 두 통 정도 먹어요. 초콜릿이 없을 때는 비스킷을 여러 상자 먹어요."

"지금 말한 것 말고, 충동적으로 먹을 때 또 뭘 먹나요?"

"음, 없어요. 제가 좋아해서 약간 과식하는 음식이 더 있기는 하지만, 충동적으로 먹는 정도는 아니에요."

"충동적으로 먹을 때가 아닌 때는 언제인가요?"

"보통 식사 때요. 예를 들어 식사를 하고 나서 먹으면 안 되지만 초콜릿 크림을 먹어요. 하지만 빨리 먹지는 않고 보통 속도로 먹어요."

"충동적으로 먹게 될 때 평균 잡아 어느 정도 먹나요?"

"네…… 음, 잼을 바른 바게트 큰 것 하나하고, 요구르트 한 팩, 그러니까 요구르트 여섯 개하고, 비스킷 한 상자, 그러고 나서 또 요구르트 한두 개, 그런 다음 초콜릿 한 통이나 두 통 정도……."

"그걸 다 먹는 데 시간은 얼마나 걸리나요?"

"경우에 따라 달라요. 대개는 부엌에서 시작했다가 방으로 와서 한 십오 분 정도 있다가 다시 부엌으로 가서 먹어요. 한 번에 모두 먹으려면, 글쎄요, 십오 분 정도 될 것 같네요."

"빨리 드시는 편이네요."

"네, 그래요. 정말 끔찍해요. 마구 먹어대지요. 만일, 만일 누가 제가 먹어대는 모습을 본다면……."

실비는 훌쩍거렸다. 눈가에는 눈물이 어렸다.

"당연히 그런 마음이 드실 겁니다. 폭식증이 있는 다른 여성분들도 본인이 먹을 때를 생각하면 모두들 우울해하니까요."

"네, 그 심정 이해할 수 있어요."

"체중은 어느 정도인가요? 또 신장은요?"

"오십 킬로 나가요. 키는 백육십이 센티미터고요. 저는 살이 너무 쪘어요."

"살이 쪘다고요? 백육십이 센티에 오십 킬로면 젊은 여성으로서는 정상이라는 걸 잘 아실 텐데요?"

"네, 통계상으론 그렇지요. 하지만 저는 다른걸요. 저는 뼈가 아주 가늘거든요. 제 손목을 좀 보세요."

"본인이 살이 쪘다고 생각하는 특별한 이유라도 있나요?"

"네, 제 엉덩이만 봐도 그래요. 엉덩이가 너무 크거든요."

실제로 실비는 엉덩이가 크고 가슴이 컸다. 하지만 적당하게 굴곡이 있어서 오히려 뭇 남성의 시선을 끌 만했다. 실비는 자기가 여성적으로 보이는 것이 싫은 듯했다. 거기엔 분명 나름대로 이유가 있을 것이다.

"좋습니다. 그러니까 충동적으로 먹긴 하지만 정상 체중을 유지하신단 말씀이죠? 어떻게 그게 가능하지요?"

"네…… 무지막지하게 먹고 난 다음날은 거의 아무 것도 먹지 않아요. 점심에 야채 샐러드만 조금 먹고, 종일 아무 것도 안 먹어요. 또 운동도 하고 있어요. 헬스클럽에 등록해서 매일 나가요."

"그 정도로 정상 체중이 유지된단 말이지요? 다른 건 없나요?"

"사실은…… 있어요. 항상 그런 건 아니지만…… 많이 먹은 다음엔 구토하는 방법을 쓰고 있어요."

"자주 그러는 편인가요?"

"아니요, 자주는 아니지만 두세 번에 한 번 꼴로 그래요."

"언제부터 구토가 시작됐죠?"

"음, 두 달 전부터요. 언젠가 한번은 무지막지하게 먹고 나서 배가 몹시 거북했어요. 그래서 토하면 속이 편해질 것 같다는 생각이 들었어요."

"실제로 그렇던가요?"

"그렇기도 했어요. 하지만 토하기는 정말 싫어요. 정말 끔찍해요!"

"좋습니다. 그렇게 자주 구토하는 것은 아니라니 다행입니다. 일단 구토가 시작하면 폭식증이 심각해질 수 있습니다. 치료가 그만큼 어렵습니다. 앞으로도 가급적이면 구토하는 일은 없도록 노력하시기 바랍니다. 행여 그렇게 되면 문제가 한 가지 더 늘어나는 셈입니다."

"만일 배가 몹시 아플 때는 어떻게 하지요?"

"앞으로 그 문제에 대해서 함께 해결해보도록 하지요. 수입, 지출을 적는 장부 아시죠?"

***

나는 첫 진료 때 실비에게 노트를 마련해서 시간, 장소, 음식물, 감정, 강도, 구토, 내면의 생각 등을 항목으로 만들어 적도록 했다.

노트에는 여러 상황을 모두 기재하도록 했다. 실비가 정상적으로 식사할 때는 물론 충동적으로 먹을 때를 모두 적도록 했다. 시간과 장소는 실비가 음식물을 섭취할 때의 시간과 장소를 말한다. '음식물' 항에는 그녀가 섭취하는 음식물을 아주 자세히 적도록 했다. '감정' 항에는 불안이나 슬픔, 분노, 기쁨 내지 평상심 등 음식물을 섭취할 때 느끼는 감정을 적는다. '강도'는 그 순간의 감정적 정도를 적는 항이다. '구토'는 물론 구토할 때를 말한다. 실비가 구토를 할 때마다 X표를 하도록 했다. 마지막으로 '내면의 생각' 항에는 충동적으로 먹고자 하는 욕구가 일기 직전과, 욕구가 이는 당시, 그리고 그 직후 들었던 생각과, 큰 슬픔이나 불안감이 엄습했을 때 들었던 생각을 적도록 했다.

특히 충동적으로 먹고 난 직후와 감정이 격해졌을 때, 그리고 정상적으로 식사를 하고 난 후 이 세 가지 경우는 반드시 적도록 했다. 그리고 언제나 노트를 몸에 지녀 어떤 상황에 부딪혀서 강렬한 반응이 나타날 때마다 '그 자리에서' 적도록 했다.

"그러면 이 노트만 봐도 어떤 정황에서 어떠한 반응이 나타나며, 또 식습관은 어떤지 한 눈에 알아 볼 수 있습니다."

"네, 정말 그렇겠군요. 예를 들어 제가 기분이 우울한 저녁때 충동적으로 더 먹게 되는지 아닌지 알 수 있을 것 같네요."

"맞습니다."

"그리고 또 무슨 이점이 있을까요?"

"충동적으로 먹게 되는 유형을 알아내면, 그 습관을 변경할 수 있습니다. 저희는 그런 순간이나 감정을 '촉발상황'이라고 부릅니다."

"쉽지 않을 것 같은데요."

"네, 언제나 쉬운 것은 아닙니다. 앞으로 두고 봐야죠."

그후로 실비는 이 주 동안 공책에 꼬박꼬박 적었다. 하루 이틀 정도 적
지 않은 날도 있었지만, 이 때는 충동적으로 먹는 일이 없었고 특별한 감
정 상태도 느끼지 못했다고 했다.

　"참 신기해요. 지난 이 주 동안 폭식 증세가 예전보다 줄어들었다는
느낌이 들어요."

　"노트를 보니까 모두 여덟 번이었군요."

　"네. 하지만 예전보다는 줄었어요."

　"좋아요. 사실 적어보는 것만으로도 증상이 훨씬 나아집니다. 폭식증
만 그런 게 아닙니다. 음식을 먹을 때마다 뭘 먹었는지 적다 보면 덜 먹
게 되고, 또 담배 피우는 사람이 담배 개비를 세다 보면 덜 피우게 됩니
다. 노트에 적고 나서부터 뭐 새롭게 알게 된 사실은 없으신가요?"

　"아, 있어요. 지난번 말씀하신 '촉발상황'을 찾아낸 것 같아요."

　"뭔데요?"

　"이것 좀 보세요. 여러 차례 반복되는 상황이잖아요?"

　사실 노트에는 수차례에 걸쳐 다음과 같은 구절이 쓰여있었다.

　사무실 / 오후 네시 / 과장님께 타자 친 서류를 보여드렸다/ 과장님은
오타를 찾아내고선, 내가 학교로 돌아가 새로 배워야 한다고 꾸중했다 /
부끄러움. 분노 3/ 나는 언제쯤 사람들에게 존중을 받을 수 있을까? 나
는 참 보잘것없는 사람이다.

　실비는 상사에게 네 차례에 걸쳐 야단을 맞았으며, 야단맞은 날 저녁

세 번이나 충동적으로 음식물을 먹었다. 또다른 촉발상황도 있었다.

집 / 오후 여덟시 / 또다시 나는 집에서 혼자다. / 슬픔 3 / 폭식증: 바게트 반 덩이, 잼, 초콜릿 비스킷 한 상자, 요구르트 여섯 개, 초콜릿 반 상자/ 나는 마치 병든 환자 같다. 언제나 혼자다. 내 곁에 있어줄 남자는 없는 것일까?

마침내 실비는 폭식 증상이 두 가지 유형의 상황 때문에 생겨난다는 사실을 의식하기 시작했다. 하나는 상사에게 꾸중을 들은 날 저녁이고, 또 다른 하나는 저녁에 혼자 집에 돌아왔을 때 함께 있어줄 남자가 없다는 불안하고 외로운 심정이 들 때였다.

폭식증을 조장하는 또다른 상황을 확인할 수 있었다. 실비의 부엌에는 별다른 준비 없이 곧바로 먹을 수 있는 빵이나 버터, 잼, 과자, 초콜릿이 널려 있다는 사실이다.

따라서 나는 실비에게 두 가지 촉발상황을 변화시켜보자고 제안했으며, 그 결과에 따라 폭식 증세가 수그러드는지 확인해보자고 했다.

우선 상사의 질책에는 두 가지 방식으로 대처할 수 있다. 하나는 실비 스스로 상사의 질책에 무뎌지는 방식이고, 또다른 하나는 상사로 하여금 듣는 사람의 자존심을 상하게 하는 질책을 줄이거나 버리도록 유도하는 방식이다.

"실제로 그렇게 할 수 있을까요?"

"한번 해봅시다. 우선 비판에 무뎌지는 연습부터 하지요. 제 생각에,

환자분은 다른 사람의 비판에 언제나 취약했던 것 같은데요."

나는 실비에게 두려운 상황에 반복해서 여러 차례 직면하다 보면 두려움이 점점 사라진다고 설명했다. 앞서 이미 세 환자의 경우를 통해서 본 바 있는 노출요법에 대해서 설명한 것이다.

"그러니까 제가 저희 과장님께 비판을 더 자주 받아야 된다는 말씀이신가요?"

"이론적으로는 그렇긴 합니다. 하지만 그러려면 오타를 더 많이 내야 하니, 본인한테는 오히려 마이너스가 되겠지요?"

"그럼, 어떻게 해야 하나요?"

"실제 상황이 아니라, 상상을 이용하는 방법이 있습니다. 그 방법을 쓰면 신경 시스템에 변화가 생기지요."

나는 실비에게 눈을 감고 직장상사가 있는 방으로 들어가는 상상을 해 보라고 했다.

"자, 뭐가 보이지요?"

"과장님이 책상에 앉아 있어요. 제가 다가서는 것을 바라보고 있어요. 굳은 표정이에요."

"그리고 또 뭐가 보이나요?"

"제가 드린 서류철을 들여다보고 있어요. 과장님의 벗어진 뒷머리가 보여요. 저는 겁이 나요."

나는 실비를 관찰했다. 그녀는 눈을 감고서 자리에 꼼짝 않고 앉은 채로 몸을 약간 떨었다.

"그리고 나서, 또 무슨 일이 있나요?"

"과장님이 고개를 들어요. 저를 쳐다보면서…… 저한테…… 저한 테……."

실비의 윗입술이 바르르 떨렸다.

"뭐라고 하나요?"

"저한테 말하길, 실비 양은 정말 멍청한 사람이군. 도대체 일을 하는 거야, 마는 거야?"

그녀는 울음을 터뜨렸다.

실비가 다시 마음을 가다듬었을 때, 나는 그녀에게 똑같은 상황을 재 연해보도록 했다. 그녀는 내 말대로 했다. 이번에는 눈물을 흘리지 않았 다. 그러고 나서 나는 또다시 그녀에게 똑같은 상황을 다시 한 번 상상해 보라고 했다.

"이번에는 어땠습니까?"

"네, 아주 생생했어요."

"자, 같은 장면을 또다시 몇 차례 머릿속으로 상상해보세요."

진료 시간이 끝나갈 무렵, 실비는 상사가 야단 치는 장면을 머릿속으 로 상상하더라도 처음 시도 때와는 달리 비교적 무덤덤해질 수 있었다. 나는 실비에게 그날 하루 동안 상상하는 훈련을 몇 차례 더 해보라고 했 다. 그 다음 진료 때 그녀는 마침내 소기의 목표에 달할 수 있었다고 말 했다.

"저희 과장님이 야단을 쳤지만 예전만큼 크게 신경쓰지 않게 되었어 요!"

실비에게 사용한 치료법은 행동주의 치료법의 가장 대표격인 노출요법이다. 환자가 어떤 상황에 대해 두려움을 느낄 때, 환자를 똑같은 상황에 지속적으로 노출시킴으로써 결국 무뎌지게 하는 방법이다. 하지만 노출요법은 자연스런 방식은 아니다. 왜냐면 우리 모두는 두려운 상황에 맞닥뜨리게 되면 회피하거나 도망가려는 성향이 있기 때문이다(우리는 현실적 위험 앞에서 도망가려는 습성을 보인다). 환자를 두려운 상황에 노출시키는 방식은 이미 앞서 소개했던 첼리스트 마리의 경우에서처럼 실제 상황일 수도 있고, 지금처럼 상상을 통해서일 수도 있다. 필요하다면 두 가지 노출 방식을 병행할 수도 있다. 어쨌건 노출요법의 핵심은 환자를 두려운 상황에 장기간 반복적으로 노출시킴으로써 결국 그러한 상황에 무뎌지도록 하는 것이다. 마리의 경우처럼 노출요법을 쓰면서 긴장이완을 병행하면 환자에게 큰 도움이 될 수 있다.

실비는 진료를 받는 한편, 나와 같은 과에 소속된 영양사의 도움을 얻어 식습관을 바꿔나갔다. 그녀는 집에서 싸간 고기나 생선, 또는 치즈를 넣은 야채샐러드를 점심으로 먹었고, 네시경에는 곡물 비스킷을 홍차와 함께 먹는 습관을 들이게 되었다. 그녀는 이처럼 식습관을 조정함으로써 저녁에 집에 혼자 있을 때 충동적으로 먹는 버릇을 조절할 수 있었다. 하지만 식생활 변경만으로 폭식증이 완전히 치유되지는 않는다. 폭식증은 '식욕'에만 관계된 문제는 아니기 때문이다. 한편 그녀는 가능한 한 즉석식품은 구입하지 않게 되었다.

더불어, 영양사는 그녀에게 이른바 '노출—반응방지'훈련을 시켰다. 예를 들어 그녀가 즐겨 먹는 비스킷 같은 군것질거리를 먹도록 하다가(위험성 높은 상황에 노출), 한 통을 모두 끝내기 전에 그치도록 하는 방식

(반응방지, 다시 말해 과자 상자가 빌 때까지 먹는 습관을 멈추도록 하는 것)이다. 그녀는 이런 훈련을 통해서 예전처럼 무턱대고 먹는 것이 아니라, 먹는 도중 의도적으로 멈추는 자제력을 익혀나갔다. 실비는 첫 사 주 동안 일주일에 한두 차례씩 나나 영양사와 함께 치료를 받은 후 구토를 멈추게 되었고 폭식증 또한 줄어들었다.

실비는 그후로도 계속 일지를 써나갔다. 실비는 설사 상사에게 야단을 맞더라도 감정 상태를 1로 표시했으며, 저녁에 충동적으로 먹는 일도 없었다.

"상태가 많이 좋아졌어요. 하지만 저한텐 아직 힘겨운 걸요. 저희 과장님하고 있을 때도 예전보단 덜 떨리게 되었지만, 그래도 뭐라고 대답해야 좋을지 모르겠어요. 그래서 걱정이에요."

실비는 자기가 실수를 했을 때 상사가 야단치는 것은 당연하다고 생각했다. 하지만 야단을 치더라도 어리석다느니, 무식하다느니, 게으르다느니 하는 인격모독은 좀처럼 참아 넘기기가 어려웠다. 실비는 가끔씩이긴 하지만 많은 서류를 오타 하나 없이 완벽하게 만들었을 때는 상사가 칭찬을 해주었으면 했다.

"좋습니다. 그런데 어째서 그런 속내를 털어놓질 않나요?"

"저희 과장님한테요?"

"네. 지금 저한테 그런 것처럼 말이에요. 잘못했을 땐 상사가 꾸중을 할 수도 있지만, 인격모독은 삼가달라고 말이에요. 또 잘했을 때는 칭찬도 좀 해달라고요."

"그런 말, 못 할 것 같은데요?"

264

"어째서지요?"

"화를 내실 것만 같아요."

"그게 다인가요?"

"고과에 반영되는 문제도 있고요."

"그럼 상사가 나쁘게 평가할 수도 있단 말이죠?"

"네."

"만일 고과 점수가 안 좋으면 장차 진급하거나 봉급에 영향이 있나요?"

"꼭 그렇지는 않아요."

"그럼 환자분께서 상사에게 그 말을 했을 때 생길 수 있는 최악의 경우와 또 얻을 수 있는 최상의 것은 무엇인지 한 번 생각해보세요."

실비와 대화를 나눈 끝에 그녀는 다음과 같은 결론을 내렸다. 최악의 경우 그녀의 상사가 화를 내고, 그녀를 박대하면서 고과에 나쁜 점수를 반영할 것이다. 최상의 경우는 상사의 태도가 변하는 것이다. 어쨌든 그녀는 최악의 경우가 닥치더라도 견딜 수 있을 것 같았고, 자기가 상사에게 속내를 말하는 편이 더 나으리라는 생각이 들었다.

"좋습니다. 저를 상사라 생각하고 실제로 얘기를 해보시죠."

이리하여 우리는 두 차례의 진료 시간 동안 상황을 재연해보았다. 그녀가 내 진료실 안으로 들어오면, 나는 우편물을 읽는 시늉을 하다가 그녀를 향해 고개를 들고는 화난 표정으로 말했다.

"아니, 실비 양, 일을 어떻게 하는 거야? 멍청한 사람 같으니라고."

실비는 똑같은 상황을 몇 차례 반복한 후에 마침내 다음과 같이 말할 수 있게 되었다.

"과장님께서 제 잘못을 지적해주시는 것은 상관없지만, 제가 어리석다거나 업무를 소홀히 한다는 말씀을 하실 때는 모욕감을 느낍니다."

"하지만 이렇게 일을 멍청하게 하면서 날더러 어쩌란 말이지?"

"다시 한 번 말씀드리지만, 제가 잘못했을 때 뭐라 하시는 것은 이해하지만, 인격모독은 삼가해주세요. 업무에 전혀 도움이 되지 않습니다."

"어쨌든 실비 양 잘못이잖아?"

"물론 제 잘못입니다. 하지만 제가 한 잘못에 대한 지적이 아니라면 업무에 별로 도움이 되지 않을뿐더러, 심한 모욕감을 느낄 따름입니다."

우리는 실비 자신이 상사가 하는 웬만한 질책에도 무덤덤해질 때까지 서로 역할을 맡아서 상황재연훈련을 했다. 그녀는 훈련 중에 대답하는 방식을 수시로 바꾸긴 했지만, 다음 세 가지를 잊지는 않았다. 첫째, 그녀의 상사가 취하는 태도는 정당할 수 있다(그녀가 오타를 낼 때 상사가 이를 지적하는 것은 당연하다). 둘째, 자기의 입장을 명확하게 밝힌다(인격적인 모독은 당하는 사람의 기분을 상하게 할 뿐더러, 업무 능력 향상에 도움이 되지 못한다). 셋째, 상사의 '인격'을 비판하는 대신(상사가 독단적이라거나, 나쁜 사람이라거나, 성미가 고약하다고 말하지 않는다), 그의 '행동'을 문제 삼는다(실비를 비판하면서 멍청하다고 말하는 따위).

"좋습니다. 이제 준비가 된 듯하군요."

"네, 한 번 해보겠어요."

드디어 실비는 상사에게 그간 준비해왔던 말을 했다. 그러자 상사는 어이가 없다는 듯이 그녀를 쳐다보았다. 실비는 한순간 상사가 화를 내면 어쩌나 하는 걱정을 했다. 하지만 상사는 화를 내기는커녕, 말을 더듬으며 실비를 쳐다보지도 않으면서 그녀가 내민 서류에 서명을 했다. 그녀는 상사의 방을 나오면서 그가 화난 목소리로 자기를 부르지는 않을까 걱정이 되었다. 하지만 아무 일도 없었다. 그녀는 자리로 돌아온 후 놀랍기도 하고 자기 자신이 대견하기도 한, 묘한 감정이 들면서 하루종일 기분이 좋았다. 그후로 그녀는 가능하면 오타를 내지 않으려고 노력했으며, 상사가 무슨 지적을 하면 군말없이 수긍하였다. 또한 그녀의 상사는 더이상 인격모독적인 발언을 하지 않았다.

그로부터 몇 주 후, 그녀가 꽤 많은 분량의 서류를 오타없이 깔끔하게 작성해내자 실비의 상사는 "아주 훌륭하군"하고 칭찬했다. 비록 이 말이, 상사 자신이 문안을 잘 만들었다는 말인지, 아니면 실비가 타자를 나무랄 데 없이 쳤다는 말인지 명확하진 않았지만, 실비는 이 말을 듣고서 "감사합니다"라고 대답했다. 이날 이후로 그녀의 상사는 그녀에게 듣기 싫은 말을 더는 하지 않게 되었다.

실비가 나를 포함한 의료진과 함께 했던 훈련은 환자의 자신감을 키우는 행동주의 역할훈련이었다. 우리는 우선 환자로 하여금 진정으로 바라는 바를 바깥으로 표현하도록 훈련시킨다. 그런 다음에 의료진과 함께 역할을 맡아서 이를 연습한다. 물론 역할훈련 때는 환자가 상대방과 이야기하면서 '저는'이라고 분명하게 말하고, 스스로의 감정에 솔직하며, 상대방을 보면서 간단명료하게 말을 하고, 상대의 입장을 존중하도록 한다. 환자가 훈련을 통해 어느 정도 상황에 익숙해지면 실전에 돌입해야 한다. 실제 상황에서는 환자가 하기 쉬운 일부터 점진적으로 해나가도록 한다. 실비의 경우도 마찬가지로, 만일 그녀가 실패를 하더라도 큰 지장이 없는 일부터 실천하도록 했다.

자신감강화훈련은 우울증이나 정신분열증, 공포증, 불안 장애 등 여러 형태의 정신질환 환자들에게 시행되었다. 여기에 관해서는 많은 연구들이 있었는데, 모두 그 효과를 인정받았다.

자신감강화훈련은 폭식증이나 거식증 환자들에게도 자주 시행되는데, 여러 연구에 따르면 이들은 겉으로는 평온해 보이지만 실상 청소년기 때부터 분노나 증오심을 '내면에 간직하고' 있는 경우가 적지 않기 때문이다.

실비는 폭식 증세가 점차로 줄어들었다. 기껏해야 일주일에 한 번 정도, 주로 금요일 저녁에 증상이 나타났다.

"금요일 저녁에 고독감을 가장 많이 느끼는 것 같아요."

"어째서지요?"

"주말이니까요. 주말에는 특히 제 곁에 아무도 없다는 생각이 가장 절실하게 드니까요."

"조금 더 구체적으로 말씀해보시죠."

"저를 좋아하는 사람이 아무도 없거든요."

"무슨 뜻인가요?"

"제가 하찮은 사람이라는 생각이 들어요."

실비 스스로 노트에 여러 차례 썼던 것처럼, 그녀의 두 가지 '자동적

사고방식' 간의 관계가 드러났다. 이 두 가지 생각은 올바르지 못한 생각이다. 첫째 생각은 '나는 혼자다. 고로 나를 좋아하는 사람은 아무도 없다'로 요약된다. 실비는 앞서 소개했던 B의 경우처럼 하나의 객관적인 사실(그녀는 혼자다)로부터 자신을 폄하하는 결론('나를 좋아하는 사람은 아무도 없다')을 이끌어내고 있는 셈이었다.

나는 실비가 현재 느끼고 있는 고독감에 대해 다른 설명을 찾아보도록 했다. 그 결과 그녀는 두 가지 다른 설명을 찾아냈으며 이를 노트에 적었다.

"뭐라고 적었는지 한 번 읽어보시겠어요?"

"네. 나는 또다시 혼자다. 나는 사람들, 특히 남자를 만날 기회가 없다. 설사 내가 남자를 만나게 되더라도 그 남자가 섹스 때문에 나에게 관심을 보이는 것은 아닐까 겁이 난다. 그래서 나는 남자가 접근하지 못하도록 한다."

나는 이 점에 있어서는 실비가 동료 심리치료사인 플로랑스의 도움을 받도록 했다. 플로랑스는 실비에게 좋은 치료자가 될 수 있을 뿐만 아니라 삶의 모델을 제시해 줄 수 있을 것이라고 판단했다. 이리하여 실비는 플로랑스와 진료 시간을 가지면서 잠시 거쳐가는 남자들에 대한 인식을 바꿀 수 있었다. 물론 실비는 어떤 남자를 만나 몇 차례 밤을 함께 보내고 나서 헤어지는 사태를 피할 수는 없지만, 플로랑스의 말대로 '그저 그렇고 그런 상황으로' 넘길 수 있었다. 동시에 플로랑스는 실비가 가지고 있는 남성관에 대해 새로이 생각해보도록 했다. 그러면서 남자들이 접근할 때 어떤 마음가짐을 가져야 하는지 생각을 달리 하도록 했다.

요컨대 실비가 새로운 남자와 잠자리를 하기 전에 충분히 시간을 가져 상대 남자의 진심을 더 잘 파악하도록 했다. 실비는 유난히 남의 비판에 취약하기 때문에 자신의 남성관에도 문제가 생겼다는 점을 깨닫게 되었다. 과거의 예를 돌이켜 보면, 실비는 차마 거절하기가 겁이 나거나, 꽉 막힌 여자로 여겨질까봐 남자의 요구에 쉽사리 응하는 경향이 있었다. 그래서 그녀는 상대 남성과 조급하게 성 관계를 가졌고, 그후 금세 관계가 시들해지곤 했다. 이러한 상황이 반복될까 두려워진 그녀는 그후로 오히려 남자가 접근하면 지레 겁을 집어먹고 피하게 되었다.

　　실비는 심리치료사 플로랑스의 도움으로 남성을 대할 때도 자신감을 회복할 수 있었다. 남성에게 자신의 생각을 부드럽지만 단호하게 밝힐 수 있었고, 특히 너무 이른 성 관계에 대한 입장을 분명히 할 수 있게 되었다.

폭식증의 증상   폭식증의 정신의학적 정식명칭은 신경성 폭식증 bulimia nervosa 으로, DSM-IV에는 폭식증을 다음과 같이 정의하고 있다.

1) 통제 불가능한 폭식을 한다: 짧은 기간 중에(대개 2시간 내에) 빨리 많이 먹는다.

2) 폭식 후의 과도한 보상적 제거행동(고의적 구토유발, 설사약 및 이뇨제의 남용)이나 과도한 운동, 금식 및 극도의 식이절제를 보인다.

3) 3개월 동안 주 2회 이상의 폭식과 보상적 제거행동을 보인다.

4) 자신의 외모나 체중에 대해 불만족감을 보인다.

폭식증의 가장 두드러진 특징은 한 번에 집중적으로 많은 양의 음식을, 빠른 속도로 먹어치우고, 배가 몹시 부름에도 먹는 것을 멈출 수가 없어 무엇을 얼마나 먹어야 할지 조절하지 못하는 '식사조절력'의 상실이다. 즉, 폭식에서의 핵심은 조절능력의 상실감으로 이것이 일반적인 과식이나 탐식과 구별되는 점이다.

폭식증 환자들은 대개 외모나 체중에 지나치게 민감하고 관심이 많으며, 체중을 줄이기 위해 심한 다이어트를 시도하는 경우가 흔하다. 하지만 폭식상황에서는 주로 달고 기름진 음식을 찾게 되며, 심한 경우 한꺼번에 과자 3~4봉지, 피자 1판, 1.5리터 음료수, 치킨 1마리 등을 순식간에 먹어치우기도 한다. 이 순간 환자들은 아주 급한 속도로 음식을 먹는데, 미국의 한 연구에 따르면 폭식증 여성환자는 정상적인 여성들에 비해 1분에 섭취하는 칼로리가 2.5배가량 높은 것으로 나타났다. 음식을 씹어 삼키는 것이 아니라, 거의 기계적으로 밀어넣는 양상인 것이다.

폭식 순간의 처음은 짜릿한 쾌감과 행복감으로 시작된다. 그동안 금지해온 음식을 마음껏 먹을 수 있다는 해방감과 함께, 음식의 맛과 향이 기분을 몹시 들뜨게 해주는 것이다. 하지만 곧 후회감, 수치심, 죄책감, 체중증가에 대한 두려움 등 불쾌한 기분에 사로잡히게 되어 힘들어하게 된다. 대부분의 폭식증 환자들은 자신의 폭식행동을 무척 수치스러워 하기 때문에 주변사람들이나 가족에게 이 사실을 숨기려고 애쓴다. 그래서 은밀하게 폭식하기 위해 늘 혼자서 식사하려는 경향이 있으며 대개 야간에 폭식행동을 보인다. 그러나 때로 가족들과 정상적인 식사를 한 후, 자신의 방이나 화장실에서 막대한 양의 음식을 몰래 먹는 경우도 있다고 한다. 폭식이 심한 환자들은 폭식에 따라 생활 자체가 좌우되는 양상을 보인다. 이들은 음식에 대한 갈망이 지나쳐 강박적인 행동까지 보일 수 있으며, 극단적으로는 음식을 훔치는 사례도 있었다.

그러나 폭식 후 체중조절에 두려움을 느끼게 된 폭식증 환자들은 다양한 방법을 통해 이를 보상하려고 시도한다. 자발성 구토는 가장 많이 사용하는 방법으로, 처음에 의도적으로 토하려고 할 때는 시간과 노력이 많이 들고 고통도 느끼게 되지만, 이후 시간이 지나면 그다지 힘들이지 않고도 토할 수 있게 된다. 하지만 이같은 자발성 구토는 폭식 후에 손쉽게 이를 보상할 수 있다는 생각을 갖게 하여, 다시금 폭식을 하게 하는 강력한 유발 요인이 된다. 이외에도 폭식증 환자들은 설사약, 이뇨제를 통해 폭식행동을 보상하려는 시도를 하기도 한다. 폭식이 반복되면 실제로 체중이 증가하기도 하고 때로 얼굴이 심하게 붓기도 하는데, 외모에 극히 민감한 폭식증 환자들은 이런 상태를 극도로 혐오하여 설사약, 이뇨제 등을 복용하는 경우가 많다. 하지만 이뇨제는 말 그대로 소변의 배설을 증가시켜주는 약이므로 영양분의 배설과는 전혀 상관이 없고, 오히려 약을 끊었을 때 얼굴이 더욱 붓게 될 수 있다. 또한 소변이 배설되면서 그 속에 포함되어 있는 전해질도 같이 빠져 나가기 때문에 몸의 전해질 불균형 상태를 초래할 수 있는 위험성이 있다. 설사약 역시 영양분의 배설 효과는 기대만큼 크지 않으며, 오히려 심한 복통과 전해질의 불균형만을 초래할 수 있으며, 심각한 경우 위경련, 내장 점막의 손실, 다발성 궤양 등의 부작용이 있을 수 있다.

실비는 전형적인 폭식증 증상을 나타내고 있었다. 충동적으로 먹고자 하는 욕구가 생길 때는 도저히 참을 수 없다는 느낌이 들면서 짧은 시간 안에 많은 양의 음식물을 먹었다. 또한 발작적으로 먹고 난 후 구토를 하였고, 체중과 몸매에 과도하게 신경을 썼다. 하지만 실비는 심각한 수준의 폭식증은 아니었다. 그녀는 하루에 한 번 꼴로 충동적인 폭식을 하는 셈이었지만, 매일 그런 것은 아니었다. 구토하는 횟수도 두 차례에 한 번 정도도 되지 않았다. 또한 발작적으로 먹을 때도 30분을 넘기지 않았다.

훨씬 심각한 증상을 보이는 환자들도 많이 있다. 어떤 환자는 하루에도 몇 차례씩 발작적으로 먹고 나서는 토하는데, 그러느라 하루종일 먹

고 토하기를 반복했다. 이처럼 증상이 심할 때는 다른 심각한 질환을 초
래하기도 한다. 반복적으로 구토함으로써 빠른 시일 안에 식도에 궤양
이 생기고, 위산으로 인해 치아의 법랑질이 손상되어 충치가 발생할 수
있다. 또한 엄청난 양의 음식을 한꺼번에 먹을 경우, 소화기관에 지나친
부담을 주게 되어 위확장, 위천공 등도 보일 수 있다. 게다가 자주 구토
함으로써 칼륨을 많이 빼앗기게 되고, 그 결과 혈중 칼륨 농도가 떨어져
심장에 이상이 초래되는 사례도 있다. 특히 이러한 수분 전해질 장애는
앞서 언급했듯이 환자가 체중을 감소시킬 목적으로 사용하는 이뇨제나
설사약 때문에 더욱 악화되는 경향이 있다.

　거식증이 있는 젊은 여성들은 자기 신체에 대해 왜곡된 시각을 가지
고 있다. 이런 여성들은 자기가 너무 뚱뚱하다고 여기기 때문에 스스로
목표로 삼은 체중에 도달하려고 별의별 수단을 모두 동원한다. 때론 마
치 집단포로수용소에서 살아 돌아온 사람과 같은 몰골을 하고 있지만,
이들은 주위의 우려에도 불구하고 자기의 깡마른 모습이 오히려 지극
히 정상이라고 생각하며, 체중이 불어나지 않도록 엄격한 다이어트를
시행한다. 이런 여성들은 조금이라도 살을 빼기 위해 과도한 운동을 지
속적으로 하기도 한다. 널리 알려진 거식증 환자로는 '지시'란 별명으
로 불리는 오스트리아의 엘리자베스 황녀와 철학자 시몬 베이유를 들
수 있다. 시몬 베이유는 수년간 과도한 다이어트를 고집하다가 목숨을
잃었다.

　실비 역시 자신의 신체나 외모에 대해 그릇된 시각을 갖고 있었고, 충
동적으로 먹을 때가 아니면 다이어트를 하면서 살을 빼기 위해 집중적

으로 운동을 했다. 하지만 다행스럽게도 실비가 나타내는 증상은 심각한 정도는 아니었다. 실비는 주변사람들이나 의사들이 정상이라고 생각하는 체중보다 불과 몇 킬로그램만 빼면 된다고 생각했다. 거식증 환자들의 경우는 이보다 훨씬 심각하다. 키가 백육십 센티미터인데 이상적인 몸무게를 삼십오 킬로그램 정도나 그 이하라고 생각하는 여자환자도 있다.

실비의 식이 장애는 심각한 수준은 아니라서 그만큼 치료 가능성이 높았다. 게다가 그녀는 진료를 받기로 스스로 결심하고 내원했기 때문에 다행이었다. 만일 그녀가 진료를 받으러 오지 않았다면 증상은 보다 심각한 상태로 진행했을 가능성이 높았다. 예컨대 구토하는 습관은 일단 고착이 되면 치료하기가 결코 쉽지 않다.

그녀는 여성잡지에 실린 기사를 읽고 그때까지 숨겨왔던 증상을 전문가와 의논하기로 결심한 것이다. 이처럼 언론이나 미디어 덕분에 수많은 환자들이 이제껏 숨겨오던 질환에 대해 돌아보게 되었고, 병원을 찾는 경우가 많아졌다.

왜 폭식증이나 거식증에 걸리게 되는 걸까? 폭식증에 관해서는 우울증만큼이나 그 원인에 대해서 다양한 가설들이 존재한다. 하지만 그 어떤 이론도 과학적으로 명쾌하게 검증되지는 않았다.

우선 생물학적 맥락에서 질환의 원인을 찾고자 하는 연구들이 있었다. 이 연구들에 의하면 폭식증 환자들은 미세한 호르몬 이상을 보인다고 하며, 이런 점은 폭식자극상황에서 더욱 두드러졌다고 한다. 또한 신진대사 장애를 집중적으로 추적한 연구들도 있었는데, 이에 따르면 폭식증 환자들은 휴식 중에 에너지 소모가 감소함으로써 충동적으로 음식물 섭취를 하게 되는 것으로 나타났다. 한편 대뇌에서 분비되는 세로토닌serotonin이나 노어에피네프린norepinephrine, 엔도르핀endorpine과 같은 신경전달물질의 이상과도 연관이 있는 것으로 추정되고 있으며, 실제로 신경전달물질 이상을 교정해주는 약물을 투여했을 때 증상이 호전되었다는 결과가 있었다. 이천 명이 넘는 쌍둥이 자매들을 대상으로 행해진 유병률 연구에 따르면, 1960년 이후 출생했거나, 과거에 급격한 체중 변화를 겪은 경우이거나, 특히 날씬한 몸매를 이상으로 추구하는 여성의 경우 폭식증 위험성이 높은 것으로 조사됐다. 또한 사 촌 이내의 친척 중 식이 장애 환자가 있는 경우, 젊은 여성의 발병 위험률은 6~10배 상승된다고 한다.

사실 날씬해지고 싶다는 여성의 욕망은 현대사회 특유의 현상이다. 폭식증은 북미, 북유럽, 호주, 뉴질랜드 등에서 1970년대와 1980년대에 걸쳐 부상하기 시작했는데, 당시 이 나라들에서는 마른 체형이 유행이었고 수많은 젊은 여성들이 다이어트를 했다. 20년에 걸쳐 여성잡지에 실린 모델들의 사진을 분석한 연구 결과, 세월이 흐름에 따라 여성 모델들이 점점 더 마른 체격으로 변해가고 있음이 확인되었다. 또한 서구사회에서 여성이 날씬한 체격을 유지한다는 것은 높은 사회적 위상과 '자아통제'의 결과임을 나타내기에 마른 체형을 선호하게 되었다는 주장도 있었다. 즉 유능하고 성공한 여성은 대개 날씬하고 매력적인 외모를 가졌다는 식의 고정 관념이, 마른 체형에 대한 과도한 집착에 중요한 역할을 했다는 것이다. 이처럼 날씬한 체격을 유지하고 싶다는 여성들의 욕구는 실비처럼 선천적으로 살집이 있는 여성에게는 커다란 시련을 안겨주는 것이었다. 하지만 실비와 같은 체격조건은 불과 몇십 년 전만 해도 여성의 이상적인 체격조건으로 여겨졌다.

한편 폭식증 환자들은 대개 경쟁적이고 성취 지향적인 편으로 스스로에게 높은 기준을 세워 두고 거기에 맞추려 애쓰는 경우가 많다. 이러한 특성 때문에 거식증이나 폭식증인 사람들은 흔히 자존심이 높고, 매사 완벽주의적인 태도를 보이게 된다. 또한 심리적으로 자신과 가장 가까운 사람들에 대해 양가적인 감정(사랑과 미움이 공존함)을 느끼는 경우가 많으며, 이들과 떨어지는 데 대한 심리적인 갈등이 커서 이런 갈등이 흔히 폭식 증상을 유발하는 동기가 된다고 알려져 있다. 다른 정신질환의 경우와 마찬가지로, 폭식증 또한 양육과정과 관련해서 설명하려는 시각이 존재했다. 말하자면 어릴 때 어머니의 양육방식이 자녀가 장차 폭식증으로 발전하도록 만든다는 설명이다. 하지만 이러한 견해의 신빙성은 검증되지 않았다. 폭식증 환자 가족과 '정상적인' 가족을 비교한 그 어떤 연구를 통해서도 부모 자식 간의 특별한 관계나 부모의 성향 때문에 질환이 나타난다는 견해가 입증된 바 없다. 사실 폭식증을 어느 하나의 요인 때문으로 설명하려는 태도는 올바르지 않다. 다른 정신질환의 경우와 마찬가지로, 폭식증도 여러 요인이 함께 작용하여 나타나는 것으로 보는 것이 타당하다.

치료하기 위한 방법은?   실비의 경우도 그랬지만, 폭식증 환자의 치료는 약물치료나 심리치료 등의 여러 방법을 모두 고려하면서, 환자에게 가장 적당한 방법이 무엇인지 결정해야 한다.

치료수단이 다양하기 때문에 한 환자에게 여러 명의 의료진이 동시에 동원될 수 있다. 이에 따라 식이 장애가 있는 환자들을 종합적으로 치료하는 전문센터의 필요성이 대두되었고, 최근에는 식이 장애만을 전문적으로 치료하는 치료기관들이 많이 생겨난 상태이다.

일단 대략적인 치료계획은 다음과 같다. 식이 장애 환자의 경우 자기 증상을 숨기려 하고 주변에 대해 잘 신뢰하지 않으려는 경향이 많아 증상을 파악하는 데 어려움이 많다. 따라서 올바른 치료목표와 계획 설정을 위해 환자의 증상 및 증후, 특이한 행동 등에 대한 철저한 파악과 조사가 선행되어야 한다. 이를 기반으로 일단 식이 장애와 관련된 다양한 2차 합병증을 치료하고, 예방하는 조치를 취해야 하며, 식이행동의 교정하기 위한 영양치료와 더불어 자아의 재구성, 자신감 고취를 위한 심리치료가 이루어진다. 또한 식이 장애와 관련된 식욕부진이나 폭식행동 등의 감소를 위해 약물치료가 병행된다.

이미프라민imipramine, 데시프라민desipramine이나 플루세틴fluoxetine과 같은 항우울제가 폭식증상 개선에 좋은 효과를 가져올 수 있다고 한다. 따라서 현재 정신과 의사들은 이 약들을 점점 더 많이 처방하고 있다. 특히 플루세틴은 폭식증 치료약 중 FDA의 적응증을 받은 유일한 약물이다. 1980년 이래 행해진 13건의 연구조사에 따르면 항우울제가 폭식증에 효과가 있음이 입증되었고, 11건의 연구조사에 의하면 항우울제 하나만으로 폭식증을 치료하지는 못하지만 항우울제가 위약^{placebo}보다 월등한 효과가 있다는 사실이 밝혀졌다. 또한 환자의 체형에 대한 불만족감 개선에 대한 효능은 불명확했지만, 폭식, 구토, 우울증을 감소시키고 식이습관을 향상시키는 효과가 있었음이 보고되었다. 예를 들어 폭식 후 구토 증상이 원래 주당 8~10회인 환자가 항우울제 치료 후 55퍼센트의 감소율을 나타냈다고 한다. 사실 폭식증과 우울증 사이의 관계는 복잡하다. 어떤 연구자들은 우울증이 폭식하는 습관 때문에 생긴다고 생각하며, 또다른 연구자들은 두 질환 사이에 상관관계가 있다고 보기도 한다. 실제로 몇몇 연구에 따르면 폭식증 환자 가족에게서 우울증 발병률이 평균보다 높은 것으로 나타났다. 이러한 사실로 미루어볼 때 아마도 두 질환 사이에는 유전적으로 연관관계가 있을지도 모른다. 하지만 이런 연구 결과들을 과연 어떻게 종합하고 해석해야 할 지에 대해서는 아직도 논의가 진행중이며, 앞으로도 우울증과 폭식증 사이의 관계에 관한 연구들이 계속 이루어져야 할 것이다.

이밖에도 생명을 위협할 수 있는 심각한 체중감소와 저칼륨혈증 등을 치료하기 위해, 전문영양사와 함께 영양요법을 실시해야 한다. 식이 프로그램을 통해 환자가 정상적인 식사를 할 수 있도록 도와줌으로써, 신체뿐 아니라 심리적 안정을 꾀할 수 있다.

효과적인 치료는?　　　우리가 이제까지 살펴본 실비의 경우는 인지행동치료가 성공을 거둔 사례이다. 인지행동치료는 사람들이 흔히 생각하는 것과는 달리, 결코 증상을 없애는 데 주력하는 치료법이 아니다. 인지행동치료는 증상을 야기시키는 상황이나 사고방식, 그리고 그로 인해 초래되는 결과에 관한 기능적 분석을 전제로 할 때만 의미를 갖는다. 실비의 경우, 식생활 일지의 작성은 치료에 있어 대단히 중요한 역할을 하였다. 일지를 통해, 실비가 느끼는 열등감과 진료를 받기로 결정한 사유인 폭식증 사이의 관계를 밝힐 수 있었기 때문이다. 실비는 자신감 상실과 더불어 객관적 정보를 잘못 해석하는 경향이 있었으며, 적절한 사회적 대응이 부족한 것으로 드러났다. 바로 이런 분석에 따라, 실비의 상황에 적합한 인지행동치료가 진행될 수 있었다. 정확한 분석이 전제되지 않는 한 인지행동치료는 효과가 나타날 수 없다.

폭식증 치료에 인지행동치료가 효과적이라는 사실이 여러 통제 연구를 통해서 입증되었고, 점점 더 광범위하게 활용되고 있다. 폭식증의 인지행동치료는 한 사람의 치료자가 여러 환자들과 함께 하는 집단치료 방식으로 행해지기도 하는데, 이를 통해 보다 좋은 치료 효과를 거두기도 한다. 환자들은 집단에 소속됨으로써 식이 장애가 자기 혼자만의 문제가 아니라는 생각을 갖게 된다. 더불어 소속감으로 인해 대화할 때 더욱 편안하고 다양한 입장을 취할 수 있다. 환자는 집단 내에서 의기소침해 있는 다른 환자들을 격려할 수도 있다. 하지만 집단치료가 모든 환자에게 적합한 것은 아니며, 환자 개개인이 처한 상황을 고려해서 결정해야 한다.

Epilogue

　그후 실비는 새로운 마음가짐으로 환경보호단체에 가입해서 적극적으
로 활동을 하게 되었다. 그녀는 자기에게 접근해오는 남자를 거부하지는
않았지만, 그렇다고 해서 예전처럼 쉽게 잠자리를 갖지는 않았다. 실비
는 바캉스 중에 있었던 연수 기간에 한 남자를 만났다. 두 사람은 파리로
돌아온 후 두 달이 지났을 때 함께 살게 되었다. 그녀의 폭식 증상은 사
라졌다.

　실비의 경우는 성공적으로 치유된 사례이다. 식이 장애가 있는 여성
환자들은 이보다 더욱 오랜 시일과 고통스런 과정을 거쳐야 하는 경우가
일반적이다.

아홉번째 특별한 만남

링 위의 공포

공황 장애

금요일은 정기 컨퍼런스 날이었다. 의료진이 회의실에 함께 모여 그주에 진료를 받으러 온 새로운 환자들에 관해 논의를 하는 날이다. 예를 들어, 최근에 직장에서 해고를 당했으며 의존적 성향이 강하고 다시 우울증이 재발한 어느 젊은 미혼모의 경우는 의료진 세 사람이 동시에 치료를 담당하고 있다. 의사는 환자에게 항우울제를 처방하는 한편, 심리치료사는 일주일에 두 차례씩 심리치료를 하며, 사회복지사는 환자가 누릴수 있는 모든 혜택에 관해 알아봐준다. 이처럼 의료진이 협동을 함으로써 이 환자는 입원을 해야 하는 상황을 피할 수 있었다. 만일 환자가 입원을 해야 한다면 어린 아들을 돌봐야 하는 문제가 발생했을 것이다. 금요일 컨퍼런스는 특히 증상이 복잡하고 까다로운 환자에 관해 의료진이함께 의논하는 자리다. 이를테면, 2년 전 거의 백 살 가까이 되어 죽은 노모가 먹던 항우울제를 대신 복용하는 나이 많은 환자는 어떻게 처리해야 할 것인가. 그는 약이 떨어졌다면서 돌아가신 노모의 예전 처방전을 가지고 동네 약국에 가서 약을 사려 했다.

그때, 서른 살가량의 한 남자가 온 몸을 떨면서 접수계에 도착했다. 그는 진료 약속을 잡지는 않았지만, 즉시 정신과 의사를 만나야 한다고 했다. 그는 공포에 사로잡혀 있었다. 간호사가 그를 병실로 들여 눕히고는, 그에게 부드러운 목소리로 이름과 주소, 내원 사유를 물었다. 그는 조금씩 평정을 되찾았다.

나는 당직 레지던트와 함께 그 남자를 보러 갔다. 그는 우리가 병실로 들어서는 것을 보자마자 자리에서 벌떡 일어났다. 갈색 머리에 마른 편이었으며, 몹시 불안해하는 기색이었다. 그는 외모로 볼 때 투우사나 영화배우 같았다. 몹시 불안한 눈초리로 우리를 쳐다보았는데, 금방이라도 무슨 일이 벌어지지나 않을까 하는 기색으로 온몸을 떨었다. 내원한 이유를 묻자, 그는 자기가 이내 돌아버릴 것만 같아서 겁이 난다고 했다.

"왜 그런 생각이 드시죠?"

"길을 걷다가 갑자기 그런 생각이 들었습니다."

"무슨 일이 있었나요?"

"제가 미쳐버릴 것 같다는 생각이 들었습니다. 그러던 차에 병원을 보게 되어 바로 들어왔습니다."

"도대체 무슨 일이 있었나요?"

나는 여느 정신과 의사처럼 환자를 안심시키면서 그의 모습을 조심스레 관찰했다.

피에르 H는 내가 묻는 질문에 자기 생각을 솔직하고 조리 있게 털어

284

놓았다. 이런 점들로 볼 때 그가 망상이나 환각에 사로잡혀 있을 가능성은 없어 보였다. 그는 전신을 떨면서 몹시 불안해했는데, 어쩌면 코카인이나 기타 약물에 중독되었을 가능성도 있었다. 하지만 만일 그렇다면 그는 서둘러 정신과를 찾는 대신 응급실로 갔을 것이다. 한편 피에르는 마치 운동 선수처럼 잘 다듬어진 체격에, 입고 있는 검은색 고급 양복이 보여주듯 외모에도 신경을 쓰는 편인 듯했다.

"길에서 무슨 일이 있었나요?"

"발작을 일으켰습니다. 처음이 아닙니다."

"조금 더 자세히 말씀해보시죠."

"서점에 들어갔습니다. 지하 매장으로 가서 회계학 책을 한 권 찾았습니다."

"회계 일을 하시나요?"

"아닙니다. 전 음식점을 운영하고 있습니다."

"그런데 서점 지하 매장에서 무슨 일이 있었나요?"

"모든 것이 이상해 보였습니다. 제가 제정신이 아닌 듯했습니다."

"이상해 보였다구요?"

"네, 마치 제가 저 자신이 아닌 듯했습니다. 몹시 불안했습니다. 또다시 예전에 겪었던 일이 찾아오는구나 싶더군요."

"예전이라니요?"

"종종 발작을 일으켰거든요. 그럴 땐 심장이 몹시 뜁니다. 이러다가 내가 쓰러질 것 같다는 생각이 들고요. 그래서 바로 서점 바깥으로 뛰쳐나왔습니다."

"그러고는요?"

"바깥으로 나와도 안정이 되지 않았습니다. 계속 심장이 뛰었지요. 죽을 것만 같았습니다. 그래서 다급히 병원으로 뛰어왔습니다."

"병원에 도착한 후 안정을 되찾으셨나요?"

"네, 사람에게 말을 하고 나서부터 마음이 안정되었습니다."

"이런 일이 종종 있으셨나요?"

"오늘처럼 심한 경우는 좀처럼 없었습니다. 마지막 발작이 있었던 것이 일주일 전인데, 음식점 지하, 포도주 창고에 있을 때였습니다. 사실 거의 매일 발작 초기 증상 같은 것을 느낍니다."

"그럴 땐 얼마나 지속되지요?"

"하루종일 그럴 때도 있습니다. 아침에 잠이 깨면서 발작이 올 것만 같다는 느낌이 들면 저녁때까지 내내 그런 느낌에 시달립니다."

"의사를 만나본 적은 있으신가요?"

"네, 심장전문의를 찾아간 적이 있었습니다. 검사를 해보라고 해서 했는데 정상이었습니다. 사실 검사하기 전에도 심장에는 아무 탈이 없는 걸 알고 있었습니다. 저는 운동을 많이 하는 편입니다. 심장은 아무 이상 없습니다."

그는 조금은 자랑스러운 목소리로 말을 이었다.

"저는 아마추어 복싱 선수였습니다. 한때 일드프랑스(파리를 둥글게 에워싼 지역 이름—옮긴이) 챔피언이었습니다."

피에르는 본인이 쓸데없이 겁을 집어먹는 사람은 아니라는 얘기를 하고 싶은 듯했다.

"좋습니다. 제가 이제 증상들이 적힌 리스트를 드릴 테니 본인이 어느 경우에 해당되는지 표시를 해보시기 바랍니다."

피에르는 한 손에 연필을 쥐고 마치 모범생처럼 내가 내민 리스트를 찬찬히 읽어나가기 시작했다.

1. 대부분의 사람들이 그렇지 않는 상황인데도, 갑자기 불안하거나 매우 거북해지는 발작이 1회 이상 있었습니까?
2. 이러한 발작 증상이 10분 이내에 최고조에 달했습니까?
3. 예측불가능하게 혹은 까닭없이 발작이 일어났습니까?
4. 이런 발작 이후, 한 달 내지 그 이상의 기간에, 발작이 다시 올까봐 지속적으로 두렵다든지 발작의 결과에 대하여 걱정을 한 적이 있습니까?
5. 당신이 기억할 수 있는 가장 힘들었던 발작 동안
   A) 심장이 마구 뛰는 것처럼 느꼈습니까?
   B) 양 손에 땀이 났습니까?
   C) 팔다리나 몸이 떨렸습니까?
   D) 숨이 가빠지거나 숨쉬기 곤란했습니까?
   E) 질식감을 느끼거나 목에 뭔가 걸린 것 같았습니까?
   F) 가슴에 통증을 느끼거나, 압박감 혹은 답답함이 있었습니까?
   G) 토할 것 같거나, 속이 불편하거나 갑자기 설사를 했습니까?
   H) 어지럽거나 불안정감을 느끼거나, 기절할 것 같았습니까?
   I) 주변사물들이 비현실적으로 보이거나 혹은 낯설게 느껴졌습니

까?

J) 자제력을 상실하고 미칠 것 같았습니까?

K) 죽어가고 있는 것 같아 두려워했습니까?

L) 당신 몸의 일부가 저리거나 무감각했습니까?

M) 얼굴이 화끈 달아 오르거나 오한이 있었습니까?

피에르는 리스트를 찬찬히 읽어나가면서 점점 더 놀라는 표정을 지었다. 다른 환자들도 그렇지만, 피에르는 과연 다른 사람들이 자기가 겪는 고통을 이해할까 생각했을 것이다. 그러다가 자기 자신이 겪고 있는 증상들이 다른 사람들에 의해 명확하고도 자세히 묘사되어 있을 뿐 더러, 의사가 이러한 증상들이 적힌 리스트를 제시하면서 표시를 하라고 하니 일견 놀랍기도 하고 안심이 되는 듯했다.

그는 리스트를 모두 읽어본 후 자기는 여덟 가지 항목이 해당된다고 했다. 그는 발작이 엄습할 때 이러다가 죽는 것은 아닐까 하여 온 몸이 떨리고, 갑자기 자동차 밑으로 뛰어들고 싶다거나 창 밖으로 뛰어내릴 것 같은 충동이 들 때 가장 고통스럽다고 했다.

"제가 앓는 병이 뭔가요?"

피에르가 불안한 표정으로 물었다.

그는 이제 내가 당연히 자기 병이 무언지 알고 있으리라 여기며, 혹시 자기가 몹쓸 병에라도 걸린 것은 아닌가 하는 염려의 기색이 역력했다.

"걱정하실 것 없습니다. 물론 증상 때문에 무척 고통스럽다는 것을 잘 알고 있습니다. 하지만 그렇게 심각하지는 않습니다. 본인이 미치는 것은 아닌가 염려하실 필요도 없습니다. 선생님이 앓고 있는 병은 공황 장애입니다."

***

우리는 피에르 H가 리스트에서 본인의 증상을 찾아보도록 하면서 그를 안심을 시키는 한편, 그에게 공황 장애panic disorder란 진단을 내릴 수 있었다. 피에르는 DSM-IV가 제시하는 항목 중에서 네 가지 이상의 증상을 보이고 있었고, 신체적으로는 아무런 이상이 없었기 때문에 공황 장애란 진단을 받게 되었다.

사실 공황 장애는 증상을 겪는 환자의 입장에서는 매우 고통스럽지만, 정신질환치고는 그나마 다행스런 병명이다. 공황 장애로 미치는 경우는 없기 때문이다. 하지만 공황 장애 환자들은 세심하게 치료할 필요가 있다. 그러지 않으면 심각한 우울증에 빠져들거나, 환자가 증상을 완화시키기 위해서 술이나 신경안정제를 과도하게 복용할 위험에 빠질 수있기 때문이다. 또는 환자가 겁이 나서 집 바깥으로 나가거나 외출할 엄두를 내지 못하거나, 첼리스트 마리의 경우처럼 광장공포증을 보일 수도 있다.

공황 발작은 흔히 '불안 발작'으로 불리기도 하고, 프랑스에서는 '경련성 발작'으로도 불린다. 공황 장애는 흔히 볼 수 있는 질환이다. 일반인을 대상으로 한 프랑스의 연구에 따르면, 최근 6개월에 걸쳐 공황 발작을 일으킨 비율은 총인구의 1퍼센트에 달하는 것으로 나타났다. 그러니까 이 비율은 최근 6개월 동안 프랑스인 50만 명이 적어도 한 차례는 공황 발작을 일으켰다는 얘기다. 더불어 발작을 일으키는 사람 대부분이 젊은 층이며, 이들 중 여성이 남성의 2배에 이르는 것으로 나타났다.

대개 첫 발작은 예고 없이 찾아든다. 예컨대 운전 중이거나 식사 중에, 혹은 시골 길을 걸을 때 갑자기 공포감이 엄습하는 것이다. 이것은 뭔가 커다란 위험이 자신을 덮칠 것 같은 느낌이나 기절하거나, 미쳐버리거나, 죽을 것 같다는 공포심이다. 더불어 몸은 떨려오고 숨은 가빠지며 땀이 흐르거나 가슴이 답답하다는 느낌이 든다. 이런 공포감이 지속되는 것은 대개 몇 분 정도이지만, 또다시 공포가 엄습하는 것은 아닌가 하는 불안감을 떨치기는 쉽지 않다. 이로 인해 불안한 감정은 그날뿐 아니라 그 후로도 계속 지속된다.

이처럼 첫 발작을 일으키고 나서는 또다시 똑같은 발작이 찾아들면 어쩌나 하는 불안감에 사로잡히기 십상이다. 만일 당신이 사람들로 붐비는 레스토랑에서 첫 발작을 일으켰다면, 이제 레스토랑이나 백화점, 비행기, 영화관, 대중교통 같은 닫힌 공간이나 사람들이 붐비는 장소를 피하게 마련이다. 이리하여 당신의 일상생활은 언제 어디서 터질지 모르는 지뢰가 곳곳에 숨어 있는 위험한 장소가 되어버린다. 항상 당신은 자신의 육체가 어떤 반응을 보이는지 촉각을 곤두세운다. 심장 박동이 빨라진다거나 숨이 가빠오거나 목이 막히는 듯한 느낌이 들면, 이를 발작의 징조로 보고 공포에 사로잡히게 된다. 그런데 사실상 이러한 공포심이야말로 발작의 시초가 된다. 일단 당신이 공포심에 사로잡히면 당신 혼자란 사실에 겁이 나게 된다. 곁에 믿을 만한 사람이 아무도 없는 상황에서 발작을 일으키면 어쩌나 하는 불안감이 들게 된 것이다. 그래서 당신은 가능한 한 바로 곁에 항상 아는 사람이 있도록 생활을 바꾸게 된다. 피에르 역시, 발작 후 항상 여자친구와 함께 다니곤 했다.

공황 장애 환자를 위협하는 또다른 요인은 환자가 불안감을 누그러뜨리기 위해서 술을 남용할 수 있다는 점이다. 만일 그렇게 된다면 상태가 좋아지기는커녕 악화되기 쉬우며, 심지어 우울증으로 발전할 수도 있다. 하지만 다행스럽게도 효과적인 공황 장애 치료법이 개발되어 있다.

피에르는 공황 장애에 관해 자세히 설명해주자 마음을 놓았다. 우리는 그에게 공황 장애로 인해 미치는 일은 결코 없으며, 그가 보이는 증상도 흔한 증상이라는 점을 설명해주었다.

"그럼, 어째서 그런 증상이 생기는 건가요? 왜 저한테 그런 증상이 나타나지요?"

"공황 장애의 원인에 관해서는 여러 가설이 존재합니다. 일반적으로 공황 장애는 개인적으로 힘든 일이 있거나 스트레스가 심할 때 흔히 나타납니다. 최근 선생님께서 아끼던 주변사람이 세상을 뜬 일은 없나요? 아니면 평소보다 스트레스가 심했던 건 아닙니까?"

"아, 맞아요. 하지만 아주 최근 일은 아닙니다. 벌써 육 개월은 됐습니다. 그 사이 상황이 많이 변했지요."

피에르는 몇 달 전 멋진 동네에 친구들 몇과 함께 레스토랑을 열었다. 사업은 잘 되었다. 그는 결혼은 하지 않았지만, 여자친구와 동거를 하고 있었다. 여자친구와는 사이가 아주 좋았으며, 그가 가는 곳이면 어디든 함께 가주었다.

"발작은 아무 때나 찾아드나요, 아니면 주로 어떤 특정한 상황에서 생기나요?"

"두 경우 모두 해당됩니다. 느닷없이 일어나긴 하지만, 주로 저 혼자 있을 때 일어납니다."

"첫번째 발작이 언제였는지 기억하시나요?"

"네. 삼 개월 전이었습니다. 식당에서 쓸 물품을 구입하러 차를 타고 룅지(파리 근교에 있는 농수산물 도매 시장―옮긴이)로 가는 도중이었습니다. 차가 막히기 전인 이른 새벽이었죠. 하지만 그 날은 잠자리에서 깨어나면서부터 기분이 영 좋질 않았습니다. 고속도로를 달리던 중에 발작이 있었지요. 아주 겁이 났습니다."

"그래서 어떻게 대처하셨나요?"

"전화가 설치되어 있는 갓길에 차를 세웠습니다."

"그래서 누구한테 전화를 하셨나요?"

"아닙니다. 그러고 나서 진정이 되었습니다."

"그러고는요?"

"다시 차를 운전해서 갔습니다."

"요즘도 고속도로로 다니십니까?"

"때에 따라서는요. 제가 상태가 아주 좋지 않을 때는 여자친구더러 함께 가자고 합니다. 요즘은 겁이 나서 다니지 못하고 있습니다. 하지만 계속 운전을 하려 합니다. 겁이 나서 중단하면 나중에 영영 못 다닐 것 같다는 생각이 들거든요."

특히 그는 오후 늦게 식당에 혼자 있을 때 발작이 올까봐 겁을 냈다.

혼자서 자동차를 타고 가다가 파리를 벗어날 때, 또는 비행기를 탔을 때도 몹시 불안했다. 그래서 그는 첫 발작 후로는 비행기를 타질 못했다. 그는 비행기를 타고 있을 때 발작이 일어나면 가장 끔찍하리라고 생각했다. 또 그는 사람들이 붐비는 막힌 공간에 있을 때도 발작이 생길까봐 겁이 났다. 그는 발작을 일으키기 전에는 식당 문을 닫고 나서 친구들과 함께 나이트클럽에 가서 밤을 보내곤 했었다. 하지만 그는 이제 바가 있는 건물 2층에 있을 때는 그래도 괜찮지만, 많은 사람이 춤을 추고 있었기 때문에 지하층으로는 내려가기가 겁이 났다. 어떤 때는 2층 바에 있을 때도 불안감이 엄습했다.

하지만 피에르는 이런 상황에서도 그럭저럭 정상적인 생활을 지속해 나갔다. 외출도 했고 일도 정상적으로 했다. 하지만 가능하면 혼자 있는 시간을 줄이려 애썼다. 그러면서 그는 불안감을 없애보려고 여자친구의 신경안정제를 이따금씩 복용했다. 하지만 별 소용이 없었다. 약을 먹어도 발작은 멈추지 않았으며, 복용량을 늘리면 정신이 몽롱해졌다.

"아무 소용이 없었습니다. 어쨌든 전 약은 딱 질색입니다."

"하지만 좋은 약이 있습니다. 항불안제로도 몇 종류가 있고, 항우울제도 있습니다."

"항우울제라니요? 저는 우울증이 아닌데요."

"항우울제라고 해서 반드시 우울증만 치료하는 것은 아닙니다. 항우울제가 증상을 막아줄 수도 있습니다."

"그럼, 제가 약을 한 알 먹으면 공포를 억제할 수 있다는 말씀이십니까?"

"아니죠, 치료약은 계속해서 복용해야 합니다. 체계적으로 치료약을 복용함으로써 공황 발작을 막을 수 있습니다."

"그렇다면 약을 매일 먹어야 하나요?"

"네."

"얼마 동안이나요?"

"여러 달 동안이죠."

"언제 복용을 그만둘 수 있나요?"

"약을 복용하고 나서 몇 달 만에 완전히 좋아질 수도 있고, 시일을 더 끌 수도 있습니다."

"만일 약을 몇 달 복용하고 나서도 발작이 계속되면 어떻게 하나요?"

"그러면 약을 조금 더 오래 복용해야 합니다."

"항우울제 말고 다른 것은 없나요?"

"물론 있습니다. 예컨대 몇몇 항불안제나 벤조다이아제핀^{benzodiazepine} 계열 약물을 적절하게 복용하면 효과가 좋습니다."

"약 말고 다른 치료방법은요?"

"있습니다. 인지행동치료처럼 불안감을 조절하고 제어하는 훈련이 있습니다."

"그러려면 많은 시간이 필요한가요?"

"그렇게 많은 시간을 요하진 않습니다. 대신 훈련 틈틈이 반복 연습을 하는 것이 중요합니다."

"그러면 운동 선수들이 하는 트레이닝하고 비슷하겠군요?"

"네, 그렇게 볼 수도 있습니다."

"그 방법은 효과가 좋은가요?"

"어떤 환자에게는 대단히 효과가 좋습니다. 약을 함께 복용하면서 좋은 결과를 거두는 환자도 있습니다."

"저는 약을 먹지 않는 방법을 택하고 싶습니다."

"좋습니다. 환자분께는 인지행동치료를 하도록 하겠습니다. 함께 노력해봅시다. 피치 못할 경우가 아니면 약은 쓰지 않도록 하겠습니다."

피에르가 약을 기피하는 태도를 내가 수용하기로 한 데에는 나름대로 몇 가지 이유가 있었다. 우선, 그는 약을 통한 치료방식에 강한 거부감을 느끼고 있었다. 그는 독립심이 강한 사람이라서 행여 약물치료만을 시행할 경우 자존심이 크게 상할 가능성이 높았고, 약에 대한 거부감 때문에 복용을 소홀히 할 위험성 또한 예상되었기 때문이었다. 더불어 그는 강도 높은 훈련을 받았던 운동 선수 출신으로, 내가 제안한 인지행동치료 훈련방식에 보다 친밀감을 느꼈다. 인지행동치료를 마치 운동 선수들이 하는 트레이닝처럼 생각했던 것이다. 마지막으로, 그는 우울 증상을 보이지 않았으며, 환자 스스로 약 복용을 원치 않는 마당에 굳이 항우울제를 고집할 필요는 없었다.

이런 까닭에 우리는 피에르의 진료를 우리 병원 의료진과 협진하고 있는 심리치료사 카롤린에게 의뢰하였다. 공황 장애 인지행동치료 전문가인 카롤린의 클리닉은 피에르가 사는 집과 가까운 곳에 있었다.

공황 장애를 치료하는 인지행동주의 치료자는 환자와 함께, 공황 발작을 전후로 해서 환자 자신이 떠올린 생각을 분석하고 이를 변경하도록 돕는다. 더불어 치료에 '행동주의'란 말이 붙는 까닭은 환자가 발작 중에 취하는 행동을 세심하게 관찰해서 환자로 하여금 이를 변경하도록 도와주기 때문이다.

카롤린은 피에르와 여러 차례 면담을 하면서, 그가 처음 공황 발작을 일으키기 전 몇 달 동안 여러 면에서 과중한 스트레스를 받았다는 사실을 확인하였다. 그 가운데 피에르에게 가장 커다란 사건은 아버지의 죽음이었다. 그의 아버지는 심근 경색으로 병원에 입원해 있었다. 입원한지 몇 주가 지나 퇴원하기로 되어 있었는데, 퇴원 당일 병원 심장과에서 전화가 걸려왔다. 피에르가 막 병원으로 떠나려는 참이었다. 아버지가 심근 경색으로 갑자기 세상을 떠났다는 전갈이었다. 피에르는 갑작스런 아버지의 죽음으로 엄청난 충격을 받았다. 부자 간에 정이 돈독했던 만큼 아들이 받은 충격은 더욱더 컸다. 그의 아버지도 한때 아마추어 복싱 선수였으며, 아들이 운동을 할 때 언제나 곁에서 용기를 북돋아주었다. 그의 아버지는 병원에 입원하기 얼마 전까지 철도청에서 회계 일을 하다가 은퇴했다. 아버지는 언제나 아들이 공무원이 되기를 소망했기 때문에, 피에르가 식당을 경영하겠다고 했을 때 반대를 했다. 이 문제 때문에 그토록 사이가 좋았던 부자 사이에 급기야 말다툼이 벌어지기도 했다. 아버지가 죽기 바로 전날에도 똑같은 문제로 부자는 전화로 말다툼을 했다. 피에르는 퇴원 수속 후 아버지를 모시고 집으로 돌아오는 차 안에서 이 문제에 관해 좀더 부드럽게 다시 말씀을 드릴 생각이었다. 그러던 차에 아버지가 돌아가셨다는 소식을 듣게 된 것이다.

이 일이 있고 나서 얼마 후, 피에르는 당시 사귀던 여자친구가 자기를 속여왔다는 사실을 알게 되었다. 피에르는 여자친구가 아주 얌전하고 차분한 성격인 데 반해, 자기는 오히려 불안하고 참을성이 없는 사람이라고 했다. 두 사람은 피에르가 열여덟 살 때부터 동거하던 사이였다. 여자친구는 피에르가 젊었을 때부터 언제나 정신적인 버팀대가 되어주었으며, 그가 학업이나 직업적으로 실패했을 때도 커다란 힘이 되어주었다. 그랬던 그녀가 자기 친구와 바람을 피운다는 사실을 알고 그는 무척 충격을 받았다. 두 사람은 격렬한 말다툼을 벌인 후 헤어졌다.

한편 피에르는 이 일이 있었던 무렵, 레스토랑을 열었다. 레스토랑 운영은 그에게 여러 종류의 스트레스를 안겨주었다. 우선 레스토랑을 열기 위해 은행에서 거금을 빌려야 했다. 또 그는 다른 두 동업자와는 달리 초심자라서 어려움이 더욱 컸다. 게다가 일이 너무나 많아 언제나 잠이 부족한 상태였다.

하지만 그는 이런 와중에서도 잘 버텨나갔다. 그러다가 레스토랑을 연지 2개월째가 되었을 때 첫 발작을 일으켰다. 그때는 그가 새 여자친구를 만나 정서적으로 다시 안정을 찾아가던 시점이었다.

카롤린은 피에르에게 인지행동치료를 우선 시행했으며, 이후에는 정신분석 치료 또한 병행했다. 카롤린은 무엇보다도 현재의 일상이 지속되는 한, 또다시 발작이 생길 가능성이 높다는 점을 지적했다. 이 점은 피에르 자신도 잘 알고 있었다. 그는 특히 술을 마시고 잠을 적게 잔 다음 날 발작에 대한 두려움이 커졌다. 카롤린은 피에르가 건강을 되찾을 계획을 수립하도록 도왔다. 그러기 위해선 술과 커피를 줄이고, 수면과 운동 시간을 늘리도록 했다. 그는 다시 정기적으로 조깅을 시작했다.

그런 다음 카롤린은 피에르에게 발작이 왔을 때 대처할 수 있는 인지

행동치료 테크닉을 훈련시켰다. 이 훈련은 15회 정도 시행되는데, 환자가 적극적으로 연습을 거듭하며 그때그때 메모하고 복습하는 것을 전제로 한다. 카롤린은 우선 마지막 발작을 점검하는 것에서부터 치료를 시작했다.

"자, 이제 눈을 감고, 서점에 도착했을 때를 상상해보는 겁니다. 그날 있었던 일을 떠올리도록 해보세요. 마치 지금 다시 그 장소에 있는 듯이 말입니다. 자, 모습이 보이시나요?"

"네, 제가 다시 서점 지하에 있습니다."

"그때 무슨 생각을 하셨죠?"

"지하로 내려가야 할 생각을 하니까 조금 불안했습니다. 저는 벌써 레스토랑 지하 포도주 창고에 혼자 있다가 발작을 일으킨 적이 있거든요. 그래서 서점 지하로 내려갔다가 또다시 발작이 일어나면 어떡하나 하는 두려운 마음이 들었습니다."

피에르는 정신과 의사들이 예기 불안이라 부르는 증상을 보이고 있었다. 이는 환자가 공황 발작을 경험한 뒤 다시 증상이 닥칠까 두려워하는 불안감을 뜻한다.

"그렇군요. 그런 다음 어떻게 되었나요?"

"회계학 책들을 찾아서 이것저것 뒤적여봤습니다."

"그때 무슨 생각을 하셨나요?"

"어떤 책이 제일 좋을까 생각하고 있었습니다."

"그게 전부인가요? 혹시 발작이 일어나면 어쩌나 하는 불안감은 없었나요?"

"네, 사실 그런 마음이 들었습니다. 그래서 책에 집중을 하면 불안한 마음을 피할 수 있다는 생각이 들었습니다."

"그러니까 발작이 있을까봐 불안했단 말씀이지요?"

"네, 사실입니다."

"그때 기분은 어떠셨나요?"

"심장이 몹시 뛰었습니다."

"그러면서 무슨 생각을 하셨나요?"

"책에 몰두하면 발작을 피할 수 있으리란 생각이 들었습니다."

"그러고 나선 어떻게 했습니까?"

"또다른 책을 찾아봤습니다."

"좋습니다. 그러니까 처음에 집어들었던 책은 도로 내려놨단 말씀이지요?"

"네. 그 순간 기분이 아주 좋질 않았습니다. 심장이 몹시 뛰고, 뭔가 야릇한 느낌이 들었습니다."

"그때 무슨 생각이 들었나요?"

"발작이 일어날 것 같은 생각이 들었습니다."

"느낌은 어땠나요?"

"아주 고약했습니다. 심장은 점점 더 빨리 뛰고, 금방이라도 기절할 것만 같았습니다."

"그러고나서는 무슨 일이 있었나요?"

"책을 내팽개치고 서둘러 서점을 빠져나왔습니다."

"일단 길에 나와서는 어땠나요?"

"여전히 좋질 않았습니다. 계속 심장이 뛰었습니다."

"그때는 무슨 생각이 들었나요?"

"기절할 것만 같다는 생각이 들었습니다. 저도 모르게 길로 뛰어들었다가 차에 치이는 것은 아닌가 하는 두려움이 있었습니다."

"그래서 어떻게 하셨나요?"

"그런데 마침 병원이 보였습니다."

"그래서 어떤 느낌이 드셨나요?"

"조금은 진정이 되더군요."

"좋습니다. 이제까지 말씀하신 것을 제가 한번 정리해보도록 하지요. 그러니까 환자분께서 지하 서점으로 내려갔을 때 발작이 있을지도 모른다는 두려운 마음이 들었습니다. 심장도 마구 뛰고요. 그래서 환자분께선 책을 읽으면 발작을 피할 수 있으리란 생각을 했습니다. 하지만 책에 집중을 할 수 없게 되자 또다시 심장이 마구 뛰었습니다. 그래서 발작이 오는구나 싶어 몹시 불안해서 바깥으로 뛰쳐나갔습니다. 그런 후 기절할지도 모른다는 생각이 들었고 심장이 다시 심하게 뛰었습니다. 그러다가 병원을 보게 되었습니다. 병원에 가면 도움을 받을 수 있다는 생각이 들었고, 마음이 어느 정도 진정되었습니다."

"네, 맞습니다. 음…… 선생님께서 어째서 그 날 제게 있었던 일을 다시 재연해보려 하셨는지 이제야 알겠습니다. 선생님 말씀을 듣다 보니, 제 병이 일종의 악순환에 빠져 있다는 걸 알겠네요."

피에르는 벌써 치료의 첫 단계를 넘은 셈이었다. 그는 발작이 오려고 할 당시에 자기가 생각한 내용과, 발작을 피해보려고 하는 행동 사이에

밀접한 상관관계가 있다는 사실을 깨달았다. 그는 심장박동이 빨리 뛸 때 공황 발작이 왔다는 사실을 경험을 통해 알고 있었다. 그래서 심장박동이 조금이라도 빨라지는 듯 느껴지면 자신에게 발작이 올 지도 모른다는 불안감에 빠졌다. 이러한 불안감 때문에 실제로 심장 박동이 더 빨리 뛰게 되었고, 또다시 발작이 올까봐 더욱더 두려워졌다. 그리고 이로 인한 불안감 때문에 몸은 더욱더 떨리게 되며 다른 증상도 나타나게 되었다. 피에르는 치료자의 도움으로 자기가 '인지-감각의 소용돌이'라고 불리는 일종의 악순환에 빠져 있다는 사실을 깨닫게 되었다. 카롤린은 이런 결과에 도달하기 위해 단지 세 가지 질문을 반복해서 던졌을 뿐이었다. "그때의 느낌은 어땠나요?" "어떤 생각을 하셨나요?" "그래서 어떻게 했나요?"

한편 카롤린은 한 단계 진보된 치료를 위해서 환자에게, 발작이 오려하는 순간 본인이 갖는 느낌이며 생각, 행동을 적어보도록 했다. 하지만 과거 '불량 학생'이었던 피에르는 따로 노트를 마련해서 일일이 기재해야 한다는 것이 '거추장스럽게' 생각되었다. 그래서 그는 노트 대신에 녹음기를 사용하고 싶어했다. 그는 발작이 올 것 같은 불안한 순간마다 녹음기에 대고 말을 한다는 사실이 마음에 들었다. 그는 혼자 있으면서 뭔가 불안한 생각이 들 때마다 '직접' 녹음기에 대고 자기 생각이며 이상 징후에 관해 말을 했다. 그는 이러한 과정을 통해 본인의 생각이며 증상, 스스로의 행동 사이에 연관관계가 있다는 사실을 더욱더 잘 인식할 수 있게 되었다. 한편 피에르는 카롤린과의 면담을 통해, 과거 발작이 있을 때마다 자신이 취한 행동 때문에 증상이 더욱 심해졌다는 사실을 알게 되었다. 예를 들어, 그는 공포가 엄습할 때 숨을 몰아쉬었는데, 그렇게 하면 오히려 숨막히는 느낌이 더욱 심해진다. 또한 어서 그 자리에서 벗어나려고 달음박질을 함으로써 심장 박동 역시 더욱더 빨라진다. 하지만 이와는 반대로, 불안감이 닥칠 때 오히려 숨을 천천히 조용하게 쉬면 불안감을 누그러뜨릴 수 있다. 카롤린은 피에르에게 느리고 깊게 숨을 쉬는 복식호흡법을 가르쳐주었다. 더불어 그에게 복식호흡을 매일 집에서 적어도 20분 정도 연습하도록 했다. 피에르는 복식호흡을 통해 실제로 마음이 가라앉고 편안해지는 것을 체험했다. 카롤린은 그에게 하루에도 몇 차례씩 일을 할 때나 운전을 하면서도 복식호흡을 해보도록 권했다. 그후 치료가 좀더 진전되었을 때 피에르는 공포가 엄습하더라도 복식호흡을 함으로써 어느 정도 힘든 상황을 제어할 수 있게 되었다. 마침내 그는 인지행동치료를 통해 공황 발작에 대한 불안감을 제어할 수 있다는 확신을 갖게 되었다.

피에르는 다섯번째 진료 때 이미 복식호흡법을 터득했고, 스스로의 사고방식과 증상 사이에 긴밀한 관계가 있다는 사실을 충분히 인식하게 되었다. 이러한 치료적 진전에 맞춰서 이번에 카롤린은 피에르가 가장 두려워하는 상황을 극복하도록 용기를 북돋아주었다. 그가 특히 두려워하는 상황은 여자친구 없이 혼자 이동하는 것이었다.

"그러다가 공황 발작이 생기면 어쩌죠?"

"이제는 발작이 있더라도 제어할 수 있지 않습니까?"

"네, 하긴요. 하지만 제가 발작을 완전히 제어하지 못할 때는요?"

"그럴 때 무슨 일이 있을 것 같은가요?"

"몹시 불안할 것 같습니다."

"네, 그럴 테지요. 그리고요?"

"하지만 결국 안정이 되겠지요."

"그것 보세요. 심각한 사태가 벌어질까요?"

"아니요, 심각한 일은 없을 것 같은데요."

카롤린은 피에르가 불안감과 공포심을 더욱 효과적으로 제어할 수 있도록 진료시간 중에 피에르 자신이 공황 발작 증상을 스스로 촉발하게 한 후에 다시금 억제하는 과정을 훈련하도록 했다. '고의적으로' 발작을 일으키는 방법은 여러 가지다.

그중에서 가장 효과적인 방법은 일부러 숨을 가쁘게 만드는 것이다. 이를 위해 피에르는 숨을 빠르고 깊이 몰아쉬었다. 2분가량 강제적으로 숨을 몰아쉬고 나니까 발작이 오려는 때와 비슷한 상황에 이르게 되었다. 유사한 증상이 나타나려는 순간 피에르는 천천히 복식호흡을 함으로써 위기상황을 스스로 조절하기 시작했다. 피에르는 그후에도 진료 시간에 여러 차례 이 방법을 연습했다.

피에르는 어느 정도 공포심을 이겨낼 수 있다는 자심감이 생기자 바로 얼마 전까지만 해도 엄두조차 내지 못하던 위기상황에 직접 부딪쳐보기로 했다. 그는 혼자서 운전도 해보고, 일부러 사람이 붐비는 장소에도 가보고, 건물 지하실에도 자주 들락날락해 보았다. 그럴 때마다 발작 초기 증상이 나타나는 듯했지만 이내 제어가 가능했다. 피에르는 이러한 경험을 통해서 점차 자신감을 찾아갔다. 진료가 15회에 이를 무렵 피에르는 이제 더이상 공황 장애 때문에 커다란 불편을 느끼지 않는 정도에 이르게 되었으며, 한 달에 한 차례만 클리닉을 찾게 되었다. 그는 집중적으로 치료를 받는 다른 공황 장애 환자들과 마찬가지로 인지행동치료에 대단히 잘 적응했다. 이리하여 그는 보다 균형 잡힌 생활을 하게 되었으며, 정기적으로 운동도 다시 시작하고, 새로 벌인 사업에도 전력을 다할 수 있게 되었다. 그후 한 달에 한 번씩 치료자를 만날 때도 공황 장애가 화제에 오르는 대신에, 미래에 대한 계획이나 인생에 관한 얘기가 주를 이루게 되었다. 카롤린 역시 더욱 전통적인 치료자로서의 역할을 맡게 되었다. 특히 피에르가 자기 아버지에 관해 이야기하길 원했기에, 카롤린은 보다 정신분석적인 성격의 치료를 하기 시작했다.

앞서 소개한 것처럼, 피에르는 아버지가 돌아가시기 바로 직전, 심한 갈등관계가 있었기 때문에 극심한 죄의식을 느꼈을 가능성이 높았다. 특히 본인에게 소중한 인물임에도 불구하고, 의식적으로 공격적 감정을 품었던 사람이 죽었을 때는 엄청난 충격을 받을 수 있다. 아버지가 돌아가신 지 몇 달 후 고인께서 그토록 반대하던 레스토랑 사업이 번창하자 아버지에 대한 복잡한 무의식적 감정(죄의식, 징벌의 두려움, 공격성)이 일깨워져 공황 장애로 나타났을 수 있다.

카롤린은 피에르와 대화를 하면서 그가 아버지에 대해 품었던 생각이나 아버지에 대해 느끼는 막연한 죄의식을 말로 표현하도록 도와주었다. 하지만 진료 초기에는 이 문제에 관해 일부러 언급을 하지 않았다. 정신분석적 접근이 환자에게 자신의 심리적 갈등을 보다 잘 깨닫도록 해주는 것은 사실이지만, 그것만으로는 공황 장애를 치료할 수 없다는 것을 경험적으로 알고 있었기 때문이었다.

더이상 공황 발작에 시달리지 않게 되자, 피에르는 자유로운 마음 상태가 되었다. 그런데 이제까지 그가 가는 곳이면 어디든 따라다니던 피에르의 여자친구는, 피에르가 이제 혼자서 운동을 하러 가고 친구도 만나러 가는 바람에 오히려 외로움을 느끼게 되었다. 그로부터 몇 달 후 두 사람은 헤어지게 되었다. 피에르는 여자친구와 헤어지고 나서 또다시 공황 발작을 일으켰다. 발작이 있었을 때 익혀놨던 방법을 쓰긴 했지만 여의치 않았다. 하지만 그가 사용한 인지행동주의 테크닉 덕택으로 발작이 매우 심각한 지경에까지 이르지는 않았다. 또한 그는 위험상황을 굳이 회피하려고 하지도 않았다.

피에르에게 연락을 받은 카롤린은 마침 휴가 중이라서, 자기 대신 나를 만나보라고 권했다. 그래서 내가 피에르를 진료하게 되었는데, 그는 예전과는 달리 공황 장애 외에도 경미한 우울 증상을 보이고 있었다. 그는 비정상적으로 피로감을 느끼고, 아침에 유난히 의기소침해하며, 친구를 만나는 것도 반기지 않았고, 미래에 대해서도 어두운 전망을 가지고 있었다. 나는 피에르에게 심리치료뿐 아니라 항우울제를 복용하도록 했다.

나는 우울증과 불안 장애에 매우 잘 듣는 항우울제를 처방했다. 그런데 이 약은 효과를 나타내려면 여러 주일이 소요되기 때문에 항우울제가 효과를 나타내기 전까지, 피에르의 증상을 경감시킬 수 있도록 벤조다이아제핀 계열 약물을 함께 처방했다.

여러 연구조사에 따르면, 이미프라민imipramine 같은 삼환계 항우울제가 공황 장애에 효과가 있으며, 특히 공황과 회피 증상에 주효하다고 한다. 또한 비교적 최근에 개발된 SSRI(선택적 세로토닌 재흡수 억제제) 계열의 항우울제는 삼환계 항우울제와 비슷한 효과를 가지고 있으면서 부작용이 적은 편이어서 좀더 보편적으로 사용되고 있는 추세이다. 한편 항우울제가 아닌 벤조다이아제핀 계열 약물만으로도 공황 발작을 막을 수는 있지만, 그러려면 복용량을 다소 높여야 하기 때문에 어떤 환자에 게는 몽롱한 상태를 야기하는 단점이 있다. 어떤 경우이건 간에 재발하지 않으려면 환자는 치료약을 몇 달에 걸쳐 지속적으로 복용해야 한다.

　피에르가 우울 증세를 보였기 때문에 나는 항우울제를 함께 처방했다. 경우에 따라서는 벤조다이아제핀 계열 약물 하나만으로도 상태가 호전되는 환자들이 있다. 사실 이런 경우 항우울제를 쓸 것인가, 벤조다이아제핀 계열 약물을 쓸 것인가 하는 문제는 전문가 사이에서도 논란거리이다. 제각기 장단점이 있기 때문에, 어떤 약을 선택할 것인가는 환자가 약을 감내하는 정도와 부작용을 고려해서 결정해야 한다. 하지만 약물치료로 즉각적인 치료 효과를 얻을 수는 있지만, 나중에 치료약을 줄이거나 복용을 중지했을 때 증상이 재발할 가능성이 있다. 따라서 약물치료와 함께, 인지행동치료를 통해 발작이 왔을 때 충분히 대처할 수 있도록 환자를 훈련시키는 것이 바람직하다. 항우울제를 복용한 지 사 주가 되었을 때 피에르를 괴롭히던 증상이 완화되기 시작하여 이내 완전히 사라졌다. 피에르는 다시 삶에 활력을 찾을 수 있었고, 한편으로는 발작 시에 사용하는 테크닉을 다시 훈련했다. 그후 1년에 걸쳐 서서히 약 분량을 줄여나갔고, 마침내 그는 완전히 정상을 회복했다.

공황 장애

다른 정신질환의 경우와 마찬가지로, 이번 사례도 여러 관점에서 접근할 수 있다. 사실상 공황 장애의 원인에 관해서는 다양한 설명방식이 존재한다.

정신분석적 관점　　　프로이트는 공포증이나 공황 장애와 같은 불안 장애에 관해서 지속적으로 이론을 발표했다. 앞서 마리 엘렌의 사례를 소개하면서 프로이트의 이론을 소개한 바 있다. 하지만 불안 장애에 관한 프로이트의 이론은 사실 이보다 훨씬 복잡다양하다. 프로이트는 '신경증적' 불안은 우리 모두가 어린 시절 겪었던 원초적 불안, 즉 아이가 어머니와 떨어졌을 때 느꼈던 불안감이 재연되는 것으로 보고 있다. 즉 소중히 여기는 존재를 잃어버리거나 분리될 때 어린 시절 형성된 원초적 불안감이 되살아난다고 말하는 것이다. 하지만 성인에게 있어서 프로이트가 말하는 상실감은 현실에 근거한다기보다 무의식적인 수준에서 일어나는 것이다. 다시 말해 성인이 느끼는 상실감은 우리의 의식 속에서 위험한 것으로 또는 도저히 용납할 수 없는 것으로 간주할 수밖에 없는 '부끄러운' 욕망이나 감정에 기반한다. 따라서 이런 무의식적 갈등 내지 '내면'의 위험요소가 수면 위로 떠오르게 되면 불안감이 들게 되고, 그로 인해 마치 외부세계의 위험에 직면했을 때와 유사한 불안 장애가 유발된다. 실제로는 외부현실이 아닌, 무의식의 갈등이 원인인데도 말이다. 이처럼 공황 장애 환자는 불안감의 원인이 무의식에 있음에도 불구하고 외부세계에서 그 원인을 찾고자 한다고, 프로이트는 주장했다.

지칠 줄 모르는 탐구정신을 가지고 있던 프로이트는 자신의 이론에 만족하지 않았다. 그는 막연한 불안감이나 공황 발작, 공포증 등 환자가 나타내는 다양한 증상을 관찰할 기회가 있을 때마다 자기 이론을 수정해나갔다. 그의 이론은 행동 생태학자의 이론과 유사한 점이 많다고 할 수 있다. 왜냐면 그는 불안 장애가 연상 작용, 다시 말해 심리세계에 기반하는 불안과 외부상황 사이를 잇는 조건에 따라 학습된다고 보기 때문이다.

행동 생태학적 관점　　행동 생태학적 이론에 의하면, 공황 발작은 우리가 가진 '안전 신호'를 급속도로, 혹은 너무 많이 상실할 때 발생한다고 한다. '안전 신호'란 모든 생명체가 스스로 안전하다고 느끼기 위해서 필요한, 주변환경에 대한 안정된 지표를 일컫는다. 우리는 여느 동물들과 마찬가지로, '안전 신호'(보금자리, 소속 집단, 쉽게 구할 수 있는 음식, 친숙한 물체)의 유지와 '새로운 상황이나 자극'(새로운 장소의 탐험, 새로운 놀이, 새로운 짝 찾기) 사이에서 적절한 선을 유지하면서 살아간다. 그런데 피에르는 최근 몇 달 동안 '안전 신호'를 상당수 잃어버렸다. 아버지가 세상을 떠났는가 하면, 오랫동안 함께 살던 여자친구와 헤어졌으며, 그때까지 다니던 안정된 직장(대기업의 구내식당 운영)을 그만두고 미지의 사업에 뛰어들었다.

어린 아이에게 있어서 주된 '안전 신호'는 바로 어머니의 존재이다. 실제로 여러 연구자들은 공황 발작이 환자가 아직 어린 아이였던 시절 어머니로부터 분리될 때 느꼈던 원초적 불안감이 재연되는 것으로 생각한다. 항우울제가 우울증뿐 아니라 공황 장애에도 효과가 있다는 사실이야말로 이러한 가정을 뒷받침해주는 듯 보인다. 항우울제는 성인의 공황 발작을 방지해주는 한편, 아동에게는 엄마와 떨어졌을 때 느끼는 분리 불안 반응을 누그러뜨린다.

요약하자면 행동생태학 연구자들은 가깝게 지내던 사람이 죽거나 헤어지게 될 때 또는 삶의 방식에 급격한 변화가 일어났을 때, 우리의 '안전 신호'를 잃어버리게 되어 공황 발작이 발생할 수 있다고 주장하는 것이다.

생물학적 원인　　최근 공황 장애의 원인에 관한 생물학적 발견이 계속 이어지고 있다. 그중 자율 신경계와 공황 발작이 서로 연관되어 있다고 보는 가설이 있다. 노르아드레날린성 신경세포가 집결되어 있는 뇌교의 청반핵이 자극되면, 중추성 노르아드레날린계가 갑자기 활성화되어 공황 발작이 일어날 수 있다는 것이다. 청반핵은 뇌의 일부분인 간뇌의 뇌교 안에 위치한 조직으로 불안의 중추조직으로 알려져 있다. 이것은 마치 경보기와 같이 인체의 경보장치역할을 하고 있다. 이같은 생물학적 가설에서 보자면, 피에르의 경우, 발작이 있었던 최근 몇 개월 동안 경보장치인 '청반핵'이 지나치게 예민해져 있어 사소한 자극에도 오작동하여 공황 발작을 일으킨 것이라 할 수 있다. 피에르는 발작이 있기 전에는 운동 선수로서 정기적인 운동을 해왔으며, 담배도 피우지 않고 과음도 하지 않았으며, 적당한 수면 시간을 지켜왔다. 그러다 레스토랑을 열고 나서는 운동도 전혀 하지 않고, 술을 많이 마시며, 담배 연기가 자욱한 환경에서 일을 해야 했고, 새벽 두시가 돼서야 잠을 자는 등 수면 부족 상태에 놓여 있었다. 그래서 그는 잠을 쫓으려고 하루에도 커피를 대여섯 잔씩 마셨다. 커피는 불안 장애를 악화시키는 음료이다. 아마도 이와 같은 신체적, 스트레스 요인들이 공황 발작을 일으키는 데 일조했을 것이다. 어떤 환자들은 불안 증세를 야기하거나 악화시킬 수 있는 약물인 코카인을 복용하고 나서 공황 발작을 일으키기도 한다.

또다른 연구들에 따르면, 공황 장애 환자들의 자율신경계는 '자극'에 매우 예민한 듯하다. 그래서 신진대사나 심장박동, 혈압, 각성 및 수면 등에 관여하는 자율신경이 보통 사람과는 다르게 기능하는 것이다. 자율신경은 우리가 생각이나 활동을 할 때 의식적으로 조절할 수 있는 신경과는 구별된다. 더불어, MRI를 이용해서 이들 환자의 뇌를 찍어보면 특정 부분들에 혈액과 산소의 소비가 증가했다는 사실을 알 수 있었다.

이밖에도 노르에피네프린, 세로토닌, 가바(GABA) 등의 신경전달물질의 이상, 뇌 구조 중 변연계나 전전두엽의 이상 등이 생물학적 원인으로 추정되고 있다. 특히 불안의 발생에는 변연계가, 그리고 공포로 인해 그런 상황을 회피하려는 것은 전전두엽과 연관성이 있는 것으로 알려져 있다.

한편 공황 장애는 가족 병력과 관계가 있음이 밝혀졌다. 한 연구에 따르면 공황 장애 환자의 이 촌 이내 가족 가운데 25퍼센트가 똑같은 질환을 나타내는 것으로 조사됐다. 또다른 연구에서는 이보다 더 높은 비율로 가족력이 작용하는 것으로 나타났다.

이러한 연구 결과를 통해서도 알 수 있듯이, 공황 장애는 다른 정신질환의 경우와 마찬가지로 심리학적 원인 이외에도 생물학적 원인을 가지고 있음이 분명하다.

인지행동주의적 관점　　인지행동주의적 관점에서는 공황 발작이 처음 어떻게 일어나게 되었는지에 관계없이, 어째서 그후로 더욱 빈번하게 재발하는지에 관해 관심을 갖는다. 인지행동주의적 관점은 그 메커니즘이 조건화되었다고 파악한다. 피에르의 경우를 보면 첫 발작은 운전을 할 때 있었지만, 이후에는 두 종류의 불안 촉발 요인이 만들어졌다. 하나는 처음 발작 때와 유사한 상황으로, 환자는 혼자서 닫힌 공간(외부 자극)에 있을 때면 몹시 불안한 감정을 품게 되었다. 또다른 하나는 환자가 공포에 사로잡힐 때면 처음 발작 때와 유사한 불편감, 숨막힘 현상, 심장박동이 빨라지는 등의 신체적,정서적 증상이 상승작용을 하는 식으로 조건화되었다는 것이다. 이러한 소소한 신체적 증상들은 사실 누구나 겪는 현상이고, 환자 자신도 이전에는 의식조차 못 했던 현상들이지만, 발작이 있고 난 후로는 조금이라도 그럴 기미가 보이면 기겁을 하고 반사적으로 공포에 사로잡히게 된 것이다.

이를테면 피에르는 보통 사람이라면 대수롭지 않게 여겼을 이런 신체적 반응이 공황 발작으로 이어질 수 있다는 사실을 매우 빠른 속도로 '학습'한 셈이다. 아마도 피에르는 보통사람보다 특정 조건에 반응하는 내적 감수성이 유달리 발달한 것으로 보인다.

치료자들은 이내 발작이 올 것 같다는 불안한 느낌을 '예기 불안'이라 부른다. 공황 장애 환자들을 불안하게 만드는 것은 바로 이 점이다. 피에르가 받았던 심리치료는 공황 발작을 야기하는 이러한 메커니즘을 이해하고, 발작을 일으킬 가능성이 있는 생각이나 상황에 무뎌지도록 하는 훈련이었다.

피에르에게 있었던 첫 발작은 선천적 요인들과 촉발 요인들이 함께 어우러져 발생한 것이다. 이를테면 유전적 요인, 과중한 스트레스를 주는 주위환경, 어린 시절 겪었을 무의식적 분리의 경험, 공황 발작에 유난히 취약한 조건화, 그밖에 무의식적 갈등 등을 들 수 있다.

Epilogue

공황 장애는 생물학적 원인과도 관련이 있음에도, 약을 쓰지 않고 심리치료만으로도 증상이 좋아지는 환자들이 있다. 심리치료를 통해 생물학적 증상들이 사라지는 셈이다. 또한 공황 장애는 불안 장애로 간주됨에도 불구하고 이를 치료하는 가장 좋은 약은 항우울제이다. 물론 분리 불안과 공황 발작 사이의 유사성을 무시할 수는 없다. 바로 이런 여러 이유로 최근에는 심리학과 생물학 전반에 걸친 연구들이 활발하게 진행되고 있다.

세익스피어는 일찍이 이렇게 말한 바 있다.

"이보게, 호레이쇼여, 세상에는 자네의 철학이 꿈꾸는 것보다도 훨씬 많은 신비로 가득하다네."(『햄릿』, 1막 4장).

열번째 특별한 만남

바쁜 사나이

스트레스

광기는 우리 모두를 일생 내내 따라다닌다. 누군가가 현명
하게 보인다면, 그것은 단지 그 사람의 광기가 나이와 지위에
어울리게 나타났기 때문이다.

　　　　　　　　　　　　　　　　　　　　—라로슈푸코

　A는 마흔세 살로, 인생이 시간과의 싸움이라고 생각하는 사람이었다.
그는 언제나 더 빨리, 더 높이, 더 멀리 나아가길 바랬다. 하지만 늘 주위
사람들의 무능력과 무사안일주의 때문에 자신의 발목이 붙잡힌다고 생
각했다. 그는 재벌그룹 계열사의 부사장이었다.

　"제 말 좀 들어보세요. 글쎄 매일 쓸데없이 회의나 하는 통에 사람들
이 귀한 시간을 허비한단 말씀입니다. 불과 오 분이면 되는 일을 가지고
한 시간이나 회의를 하거든요. 그럴 때마다 얼마나 화가 나는지 모릅니

다. 특히 회의하느라 시간을 허비하는 동안, 하지 못해 쌓아놓은 일들을 생각하면 화가 머리끝까지 치밀지요. 그래요, 제 성질이 조금 더럽긴 합니다. 다른 사람들이 쓸데없이 말을 길게 하면 중간에서 끊어버리거든요. 말을 하다가 제가 끼어드는 바람에 제대로 끝을 맺지 못한 사람 중에는 저를 증오하는 사람도 있을 겁니다. 말만 끊는 것이 아니라 제가 한소리 하거든요. 하지만 어쩌겠습니까. 회사는 일하는 곳이잖아요? 저는 부서의 책임자고 목표는 반드시 달성해야 하지 않겠습니까?"

"아, 그렇군요. 말씀하시는 걸 들으니 언제나 시간에 쫓기시는 것 같습니다."

"네, 사실입니다."

"보통 점심 드시는 데 시간은 얼마나 드나요?"

"으음, 좀 빨리 먹는 편입니다. 길어도 이십 분을 넘기지 않습니다. 주식하고 디저트만 먹습니다. 물론 업무상 식사를 할 때는 그보다는 길어지지요."

"업무상 식사를 하실 때도 다른 사람 말을 끊으시나요?"

"네, 가끔 그렇긴 합니다. 하지만 중요한 고객이나 회사 고위간부하고 식사할 때는 가급적 자제하려고 노력하지요. 그렇지 않겠습니까? 아무래도 그런 사람들은 우리 직원들처럼 무식하지는 않으니까요. 적어도 고객이나 회사 간부하고 식사할 때는 이야기에 진전이 있거든요!"

A는 마치 자기 말을 거스르지 못하게 하려는 듯한 표정으로 나를 빤히 쳐다보면서 우렁찬 목소리로 말했다. 그는 체격이 크고 당당했으며, 목이 굵고 턱은 강인해 보였다. 비록 말끔한 신사복을 입고 있었지만 레슬

링 선수처럼 보였다. 그는 짙은 눈썹을 시종일관 찌푸리고 있었고, 상대의 약점을 찾아서 불시에 공격이라도 할 것처럼 경계태세를 풀지 않았다. 그는 하얀 치아를 드러낸 채 이제껏 자기가 살아온 인생역정에 대해서 웃음을 머금으며 이야기했다. 하지만 그의 말에는 공격성이 배어 있었다. 그는 자기 이야기를 상대편과 나누기보다는, 자기가 살아온 세상이 결코 순탄하지 않았다는 사실만을 강조하는 듯했다.

상담은 30분가량 진행되었는데, 그는 이 시간이 너무 길었는지 끊임없이 다리를 꼬았다 폈다 했으며, 한시라도 빨리 자리에서 일어나 나한테 악수를 청하고 떠날 양으로 이따금씩 몸을 앞으로 굽혔다.

A와 나는 이제 막 그가 일주일에 몇 시간이나 일하는지 계산을 마친 상태였다. 퇴근 후 서류를 집에 가져와서 저녁때나 주말에 검토하는 시간까지 고려할 때, 그는 일주일에 60~70시간 일하는 셈이었다. 본인은 현재 회사에서의 자기 위치를 생각할 때 그 정도는 보통이라고 했다.

그는 최근 몇 달 동안 가정의로부터 수차례 진료를 받았는데, 바로 그의 소개로 나를 찾아오게 되었다. 그는 가정의에게 수면 장애와 지속적인 두통을 호소했다. 하지만 처방약을 복용해도 전혀 나아지지 않았다고 했다.

A는 정기적으로 수면제를 복용하지 못했다. 몇 주 동안 수면제를 먹다 보니 내성이 생겨 복용량을 늘리거나 다른 수면제로 바꿔야 할 상황에 이르렀기 때문이다. 또한 며칠간 수면제를 빠뜨리지 않고 먹다가도 하루 저녁만 먹지 않으면 그날 밤은 꼬박 새워야 했다. 그래서 그는 며칠 동안 잠을 이루지 못하다가, 밀린 잠을 한꺼번에 몰아서 자고 싶을 때만 수면

제를 먹었다. 이런 목적으로 그가 수면제를 먹는 날은 일주일에 한두 차례가 되었다. 하지만 이런 방식은 수면 장애에 전혀 도움이 되지 않았다. 대개 그는 잠은 일찍 들지만 새벽 세시만 되면 다시 깨곤 했다. 일단 잠이 깬 다음에는 다시 잠을 청하려고 여러 시간 동안 눈을 감고는 있지만, 잠이 오기는커녕 머릿속에 다음날 사무실에서 해야 할 일들이 어른거리는 통에 고통스런 시간을 보내야만 했다. 이를테면 서둘러 타자를 치도록 해야 하는 여러 통의 편지, 회의, 진행 중인 프로젝트, 외부 협력업체 사람과의 현안 해결, 앞으로 있을 사장과의 면담, 지방 출장 준비 등등으로 머리가 꽉 차게 되는 것이다. 마침내 그는 잠을 포기하고 일어나서 소설책을 들고 거실 소파에 자리를 잡았다. 고요한 한밤중에 거실에 홀로 앉아 소설을 읽다 보면 긴장이 완전히 이완되었다. 그런 후 다시 잠자리로 돌아와 잠을 청하면 두 번에 한 번꼴로 잠이 왔다. 그는 하루에 7시간은 자야 하지만, 어찌되었건 수면 부족일 수밖에 없었다. 두통을 없애려고 갖은 종류의 진통제며 두통약을 복용해봤지만 아무런 소용도 없었다. 한편 그는 바캉스만 되면 묘하게도 두통이 사라지고, 과로했거나 며칠 계속 잠을 자지 못한 다음엔 두통이 심해진다고 했다. 그는 가정의의 말에 따라 종합검진도 받아보았지만 콜레스테롤 수치가 약간 높은 점을 빼고는 모든 것이 정상이었다.

결국 A의 가정의는 그가 과로 상태이고, 그가 호소하는 수면 장애나 두통은 과도한 스트레스 때문이라는 결론을 내렸다. 그러면서 의사는 스트레스 문제를 전문적으로 다루는 종합병원을 한번 찾아가보라고 했다. 하지만 A는 자기 증상이 스트레스 때문일 까닭이 없으며, 자기와 같은 지위에 이른 사람이라면 그 정도 일은 보통이고 두통이나 수면 장애만 없다면 일을 더 많이 할 수 있을 것이라고 대답했다. 하지만 그는 가정의가 권한 대로 한 번 '알아보기나 하려고' 나를 찾게 되었다고 했다.

"그러니까 지금 같은 생활방식에 큰 불만은 없으신 거로군요?"

"글쎄요, 어떤 관점을 취하느냐에 따라 달라질 순 있겠지요. 네, 어떤 의미에선 만족하는 편이라고 할 수 있습니다. 제 지위도 그렇고, 맡고 있는 일도 그렇고, 제 안사람도 아주 좋은 사람이고 아이들도 모두 건강하니까요. 네, 저는 현재 생활에 만족합니다."

"그런데, 말씀 중에 '어떤 의미'나 '어떤 관점'이라는 표현을 쓰셨습니다. 또다른 관점이 있다는 말씀이십니까?"

A는 또다시 미소를 지었다. 그는 한순간 긴장을 늦추면서, 마치 이제부터 자기가 할 얘기를 스스로 비웃는 듯한 태도를 취했다.

"글쎄요, 솔직하게 말씀드리자면, 저는 지금 제 현재 위치보다 더 높은 자리에 있어야 하는 건 아닌가 하는 생각을 가지고 있습니다. 사장 자리나, 지금처럼 부사장이라도 지금 있는 회사보다는 더 큰 회사의 부사장은 돼야 하지 않을까 합니다. 그런데 어떤 이유에서인지 그렇질 못한 입장에 있습니다. 사실 그 점 때문에 고민이 많습니다."

"가족상황은 어떠신가요?"

"물론 문제가 없진 않습니다. 제 집사람은 제가 일을 너무 많이 한다고 점점 더 성화입니다. 사실 일 때문에 아이들하고 같이 있을 때도 좀체 대면할 시간이 없습니다. 아이들하고 있으면 짜증이 납니다."

"어째서지요?"

"아이들 태도가 맘에 들지 않아요. 도대체 정리정돈이란 걸 모르고 온통 어질러놓기만 하거든요. 친구들도 하나같이 못난 놈들이고요."

"그렇다면 지금과 같은 상황을 바꿔보려고, 노력을 기울인 적은 있으신지요?"

"네, 일을 더 많이 하고, 저희가 다른 부서보다 더 큰 성과를 내면 제가 원하는 자리에 이를 수 있다고 생각했습니다. 뭐 그리 좋은 해결책이 아니라고 생각하시는 모양이지요?"

"아닙니다, 그럴 리가 있겠습니까. 글쎄요, 딱히 뭐라 드릴 말씀이 없군요. 그리고 또, 어떤 노력을 해보셨나요?"

"골프를 한 번 배워보면 어떨까 하는 생각을 한 적도 있습니다. 아니면 아예 회사를 옮기면 어떨까 하는 생각도 해봤고요."

"그럼 생각했던 대로 결단을 내리셨나요?"

"아닙니다. 그러질 못해서 정말 짜증스럽습니다. 저는 결정을 못 내리고 우물쭈물하는 사람은 딱 질색이거든요!"

"그 문제에 대해 조금 더 자세히 이야기를 나눠보시죠. 여러 가지 선택이 있을 텐데, 저하고 함께 어떤 방법이 가장 좋을지 점검을 해보시면 어떻겠습니까?"

"좋습니다."

첫 진료는 이런 식으로 진행되었는데, 나는 이때 A가 당장 동료들을 제치고 승진을 하거나 회사를 옮기도록 하는 대신, 다른 식으로 그를 도와주고자 했다. 하지만 성격이 급하고 진료 중에도 자기가 주도권을 쥐고 싶어하기 때문에, 나는 당장 근본적인 문제에 덤벼들기보다는 그가 처한 목전의 문제들을 해결해줘야겠다고 생각했다.

마침내 우리는 다음과 같은 결론에 도달했다. A가 두통과 수면 장애를 앓고 있는 동안에는 직장을 옮기지 않는 편이 바람직하다는 것이다. 이직과 같은 중요한 일은 최상의 상태에서 신중하게 결정하는 편이 나을 것이고, 현재 증상 때문에 더 높은 지위에 오르는 데 방해를 받고 있다고 판단했기 때문이다.

"지금 상태로는 도저히 더 능률적으로 일하기가 힘듭니다."

"그럴 만한 역량이 안 된다는 것은 에너지를 다른 곳에 허비하고 있다는 말도 됩니다."

"네, 사실 그런 것 같습니다. 하지만 지금 제가 있는 자리를 지키기 위해서라도 저한텐 상당한 에너지가 필요하거든요."

"물론입니다. 선생님께서는 지금 현재 에너지를 과도하게 쓰고 있거나, 아니면 다른 곳에 의미없이 쏟고 있을 가능성이 높습니다."

"그럴 수도 있겠군요."

나는 A에게 스트레스에 관한 몇 가지 설명을 해주었다.

스트레스는 우리의 신체가 새로운 상황에 직면했을 때 적응하려고 하는 현상이다. 예를 들어, 우리는 약속시간에 늦었거나, 고속도로를 달리는데 갑자기 엔진 과열을 알리는 계기판에 불이 켜진다거나, 많은 사람 앞에서 말을 해야 할 때 스트레스를 받는다. 이제까지와는 다른 새로운 여건에 맞추려고 애를 쓰는 중에 저절로 스트레스를 만들어내는 것이다. 이리하여 심장 박동이 빨라지고, 반응하는 정도는 더욱 예민해지며, 숨이 가빠지고, 눈동자가 확장되는 등 다양한 생물학적 현상을 나타낸다.

즉 스트레스는 우리 몸이 외부 환경의 압력에 직면했을 때 보이는, 지극히 자연스런 현상이다.

따라서 스트레스가 그 자체로 나쁘다고는 할 수 없다. 우리가 스트레스를 받게 되면 혈관 속에는 몇몇 호르몬이 평소보다 많이 분비된다. 대표적인 호르몬이 노르아드레날린^{noradrenalin}과 아드레날린^{adrenalin}인데, 이런 호르몬이 분비되면 우리 몸에는 여러 가지 변화가 생긴다. 즉, 심장 박동이 빨라져서 우리 몸의 여러 근육이나 뇌에 평소보다 많은 피가 순환하게 됨으로써 주의력이나 반사 신경이 그만큼 예민해진다.

"설명을 듣고 보니, 제가 사장님 만나뵈러 가기 직전 상황일 때 그런 것 같습니다."

"바로 그렇습니다. 환자분께서 사장님을 만나는 일은 매우 신경이 쓰이는 특별한 상황이기 때문에 스트레스의 요인이 되며, 그래서 그런 징후를 느끼는 겁니다. 그런데 그런 종류의 스트레스 말고, 만성적 스트레스란 것도 있습니다. 이를테면 과로나, 사무실이 너무 시끄럽다거나, 자기 기대에 못 미친다는 느낌이 드는 경우이지요. 또 일상생활 중에 누적되는 경미한 스트레스들도 있습니다. 만년필을 잃어버렸다거나, 길이 막혀서 지각을 한다거나, 전화가 자주 와서 일하는 데 방해를 받는다거나, 딱지를 뗀다거나, 셔츠에 소스를 흘렸다거나 할 때처럼 말이지요."

"그럼, 이런 사소한 스트레스들도 쌓인단 말씀입니까?"

"바로 그렇습니다. 강도가 센 스트레스, 만성적 스트레스, 일상생활의 작은 스트레스들이 하루하루 쌓이게 되지요."

"하지만 조금 전 선생님께서 스트레스는 우리에게 필요한 것이고 정상적인 현상이라고 하지 않으셨나요?"

"물론입니다. 어느 정도까지는 그렇지요. 하지만 스트레스가 너무 쌓이면 우리 몸에 탈이 납니다. 마치 엔진이 너무 열을 받으면 고장나는 것처럼 말입니다. 그러면 이상 현상이 나타납니다."

"어떤 현상 말입니까?"

"이상 현상은 여러 차원에 걸쳐서 나타납니다. 우선 심리적 차원에서 보면, 스트레스가 너무 심할 때는 집중력이 떨어지고 머리 회전이 느려지지요. 학생이 시험 때 너무 긴장하면 시험을 망치는 것도 마찬가지 이치입니다. 또 스트레스가 과도하면 기분이 우울해지고 쉽게 화를 내게 됩니다. 육체적 차원에서 보자면, 몸이 후끈거린다거나, 숨이 가빠진다거나, 위장에 통증이 느껴진다거나, 호흡이 가빠지고……."

"머리가 아프고, 잠도 잘 안 오고……."

"바로 그렇습니다."

A는 자신의 증상이 스트레스와 연관이 있으며, 생활방식도 이 점에 있어서 결코 무관하지 않다는 사실을 스스로 깨달은 셈이다.

"선생님께선 특별한 복안이 있으신 듯합니다. 대체 제 경우엔 어떻게 해야 합니까?"

"우선, 환자분께서 어느 때 스트레스를 느끼고, 또 그때 어떻게 대처하는지 점검을 할 필요가 있습니다. 그런 다음, 환자분께서 동의를 하시면 거기에 맞는 치료를 하게 되지요."

이리하여 나는 A에게 여러 장의 질문지와 평가지를 주었다. 그는 내가 건넨 것을 받아들자마자 그의 성격에 걸맞게 대단히 빠른 속도로 채워나

가기 시작했다. 그가 다음 진료 약속을 하고 돌아간 후에, 나는 그가 작성한 질문지의 결과를 점검했다. 그는 스트레스 정도가 상당히 높았다. 그는 두통과 수면 장애 이외에, 질문지에 열거된 항목 중에서 근육 뭉침, 열감, 목의 통증 등에 체크를 했다. 보기보다 신체적 불편감이 광범위하고 수가 많은 것이다. 그는 업무로 인한 스트레스 요인 열다섯 가지 중에서 특히 네 가지 항목에 있어 가장 정도가 심한 것으로 표시를 했다. 이 네 가지는 대인관계로 인한 스트레스, 저평가, 회사에 대한 불만, 소외감 등이었다. 그가 나에게 했던 말과 부합하는 결과였다. 그는 자신이 역량보다 못한 위치에 머물러 있다고 했으며(저평가), 직장상사들이 종종 자기가 관련된 업무임에도 불구하고 자기를 배제시킨다는 생각을 가지고 있다고 했다(소외감). 한편 그는 공격적 성향이 강하기 때문에 다른 사람들과 충돌이 잦았다. 또 그는 특히 자기가 이사회에 새로운 프로젝트를 제안할 때 회사에 대해 불만을 가장 심하게 느낀다고 했다. A는 시장의 반응에 신속하게 대처하길 바라는 쪽이지만, 회사 내에서 이루어지는 거의 모든 결정은 과정이 너무나 길고 더디다고 했다. 그래서 그가 이사회에 무슨 제안이라도 하면 최종적으로 결정되기까지 몇 달을 기다려야 한다고 했다. 그럴 때마다 A는 시간이 너무나 아깝고, 도저히 자기가 다닐 회사가 아니란 생각이 들었다고 했다.

A가 작성한 다른 질문지를 보면, 업무 분야 이외 다른 종류의 스트레스도 적지 않았다. 최근 그는 3년치 연봉에 해당하는 액수의 은행 융자를 받아서 새 아파트를 구입하고 수리를 했다. 그러는 한편, 바로 전에 살았던 단독주택의 공사를 맡았던 건축가와 재판을 벌이는 중이었다.

또 1년 전에는 아버지가 세상을 떠나 홀로 남게 된 어머니에게 좀더 많은 시간을 할애해야만 했다. 그는 어머니가 수년 전부터 살았던 아파트에서 계속 살 수 있도록 여러 면에서 분주하지 않을 수 없었다. 또한 어머니를 좀더 자주 찾아뵙고, 집 관리에도 신경을 썼다. 게다가 큰아들은 학교성적이 좋지 않아 그것도 걱정이었다. 그런가 하면 부인은 6개월 전부터 다시 직장에 다니기 시작했다. 이상 열거한 모든 여건은 그가 특별히 신경을 쓰고 때로 긴장해야 한다는 점에서 스트레스를 안겨주는 요인들이다.

질문지 중에는 환자의 행동 유형을 묻는 부분도 포함되어 있었다. A가 작성한 바에 따르면 그는 자기 확신이 매우 강한 것으로 나타났다. 그는 자기 생각을 다른 사람들에게 아무런 거리낌없이 말하는 사람이라고 답했다. 문제는 적대감을 묻는 다른 질문지에도 나타나 있듯이, 다른 사람들과 충돌이 너무 잦다는 점이었다. 이렇듯 A는 인간관계가 매끄럽지 못하여 또다른 스트레스 요인을 만들어내고 있었다.

또다른 질문지를 보면, A가 가지고 있는 사고방식이며, 그가 주위와 자기 자신에 대해 어떤 생각을 가지고 있는지 알 수 있었다. 예컨대, A는 "실수를 하는 경우 나에 대한 다른 사람들의 평가가 나빠진다고 생각한다"나 "인생에서 목표를 높게 잡지 않으면 보잘것없는 인간으로 생을 마감할 가능성이 높다"와 같은 항목에서 "전적으로 동의함"에 표시를 했다. 어쩌면 그는 자기가 이러한 가치관에 따라 이제까지 삶을 살아왔다는 사실을 뚜렷하게 깨닫지 못하고 있는지도 몰랐다. 스트레스관리 프로그램에서는 환자가 이러한 면을 인식하도록 하는 것도 중요한 목표 가운데 하나로 삼는다. 한편 A는 사람들을 몇 개의 부류로 나누어 생각하는 경향이 매우 뚜렷했다. 그는 사람들을 구분할 때 단순히 형용사 하나만 붙여서 분류했다. 이를테면 '보잘것없는'이라든가, '쓰레기같은' '가련한' '골 때리는' '개새끼' '좋은' 등등의 한마디로 구분을 했다.

마지막으로, 보트너 척도는 환자의 다양한 행동방식을 평가하는 열네 가지 항목으로 되어 있다. 구체적으로는 일하는 방식, 걷는 방식, 시간을 조직하는 방식, 다른 사람과 상대하는 방식 등을 들 수 있다. A는 이 척도에서 무려 22점을 얻은 것으로 나타났는데, 이 점수는 내가 그를 처음 진료했을 때 받았던 인상을 그대로 반영한 것이었다. 검사 결과, 그는 A1유형의 행동방식을 가진 것으로 평가되었는데, 이 유형은 잘 참지 못하고 분주하며, 경쟁심이 매우 강하고, 언제나 더욱 많은 것을 성취하려는 경향을 보이는 한편, 때론 공격적이기도 하다. 이 유형의 사람들은 회사생활을 하는 사람 중 흔히 발견할 수 있으며, 이러한 성향은 경쟁이 상례화된 환경에서는 오히려 장점으로 꼽히기도 한다. 생산성이 유난히 높은 것으로 이름난 사람들 중에 이런 유형이 많다. 여러 연구에 따르면, 이 유형의 사람은 학업이나 직업적으로 뛰어난 성적을 거두는 경우가 많고, 젊은 나이에 벌써 높은 지위에 오르기도 한다. 하지만 이 유형과 직업적 성공 사이의 관계를 수치화해볼 수는 있어도, 그 자체가 중요한 의미를 갖는다고 할 수는 없다. 직업적으로 성공하는 사람이 반드시 A유형인 것은 아니기 때문이다.

일부 연구자들은 이와는 정반대 유형인 B유형에 대해서도 연구를 한 바 있는데, B유형은 조용하고 침착하며 서두르지 않고 다른 사람의 말을 경청하는 유형이다. 그런데 연구들에 따르면, 대기업의 총수 중에 이런 유형의 사람이 많은 것으로 조사되었다. 어떤 연구자들은 A유형의 사람이 성공하는 까닭은 단지 남들보다 일을 더 많이 하기 때문인데, 실상 그렇게 일을 많이 해야만 B유형의 사람과 동일 수준에 이를 수 있기 때문이라고 주장하기도 한다. A유형과 일하는 역량, 직업적 성공 사이에 정적 상관관계가 있는 것은 사실이지만, 그 관계는 보기보다 그리 단순한 것은 아니라는 것이다. 우리가 아는 유명인 중에 A유형과 B유형의 사례를 들어보자. 우선 A유형의 사람으론 마가릿 대처 전 영국수상, 자크 시라크 프랑스 대통령, 영화인 루이 드 퓌네스를 들 수 있으며, B유형의 인물로는 로널드 레이건 전 미국 대통령, 레몽 바르 전 프랑스 수상, 예술인 부르빌을 들 수 있다.

　한 가지 덜 유쾌한 사실을 덧붙이자면, A유형의 사람은 심장질환이나 혈관질환 위험이 높은 유형이라는 점이다. 사실 이와 같은 '유형 분석'은 바로 이런 질환들을 연구하면서 시작되었다. A유형은 뉴욕의 심장 전문의 프리드만과 로젠만이 창안해냈다. 이 두 개척자는 성격 유형과 관상동맥 질환(심근경색, 협심증) 사이의 상관관계를 처음으로 밝혀냈다. 유병률 연구에 따르면, A유형의 사람은 B유형의 사람보다 심장질환이나 혈관질환 발병 위험성이 2배나 높은 것으로 조사됐다. 이러한 결과는 관상동맥 촬영 기술에 의해서도 사실로 입증되었다. 주범은 과도한 아드레날린 분비이다.

　하지만 이런 연구 결과를 지나치게 과장할 필요는 없다. A유형의 사람 중에 집중적인 심장질환 치료를 받는 비율이 B유형보다 2배가량 되는 것은 분명하지만, 이들 중 89퍼센트는 연구가 진행되는 동안 아무런 이상이 없었던 것으로 나타났기 때문이다. A유형은 상대적으로 심장질환 위험성이 높긴 하지만, 그렇다고 해서 흡연이나 과체중의 경우보다 더 심각하지는 않다.

한편 A유형의 사람이 심근경색을 일으켰을 경우, 동일상황에 있는 B유형의 사람보다 재발하는 비율이 상대적으로 낮아 보인다는 의외의 결과가 공표된 적이 있다. 이 연구 결과가 〈뉴잉글랜드 의학저널〉에 발표되었을 때 논란을 불러일으켰던 것이 사실이다. 어쩌면 이런 결과는 A유형의 사람이 심장질환을 앓게 되면서, 의사의 지시에 따라 대단히 엄격하게 식생활을 조절하고 생활을 변화시켰기 때문인지도 모른다. 이 유형의 사람에게 질환은 또다른 도전으로 받아들여지기 십상이기 때문이다. 한편 아주 최근에 이루어진 연구들에 따르면, A유형 모두가 관상동맥 질환에 높은 취약성을 나타내는 것은 아니며, 다만 그중 하나의 성향인 적대적 태도가 주원인이라는 사실이 밝혀졌다. 결론적으로 볼 때 A유형이면서 적대적이고 공격적 성향이 강한 사람이 심장질환에 가장 취약하다고 할 수 있다.

그렇다면 A유형과 관상동맥질환 사이에는 어떤 메커니즘이 관여하는가? A유형은 스트레스를 받는 상황, 예를 들어 다른 사람과 경쟁해야 하는 상황에 이르렀을 때 보통 사람보다 신경에 더욱 많은 자극을 받는 것으로 보인다. 그래서 체내에 과도한 아드레날린이 분비되는데, 이로 인해 심장 박동이 빨라지고 혈압이 올라가게 된다. 이러한 사실은 쥐 실험을 통해서도 관찰할 수 있는데, 경쟁심이 유난히 강한 '지배 성향'이 있는 쥐는 그렇지 않은 쥐보다 아드레날린 분비량이 월등히 많다. 일반적으로, 우리 모두는 누구나 스트레스를 받으면 아드레날린 분비가 많아져, 새로운 상황에 보다 적극적으로 대처하게 된다. 그런데 A유형은 보통 사람들보다 스트레스를 받는 상황에 처하는 경우가 훨씬 빈번하며, 또 스트레스를 극복하려고 항시 긴장해 있는 사람이라고 할 수 있다. 하지만 과도한 아드레날린은 결국엔 문제를 일으키게 된다.

A유형은 심장질환의 위험성이 높기도 하지만, 또 한편으로는 본인이 높게 잡은 목표에 이르기도 힘들다. 특히 공격적 성향이 강한 사람은 주위사람들로부터 무리한 요구나 하고 화합의 분위기를 해치는 비타협적이며 불쾌한 사람이란 인상을 심어주기 쉽기 때문에, 애초에 자기가 목표로 했던 것과는 정반대의 결과에 이를 가능성이 높다. 즉, 동료들로부터 더욱 높은 능률을 이끌어내기보다는 오히려 반감을 사는 것이다. 이런 사람은 다른 사람들에게 스트레스를 안겨주다가 결국 자기 자신이 스트레스를 떠안는 격이다. 함께 일하는 사람들이 도저히 자기가 기대하는 목표에 이르지 못하기 때문이다.

A유형은 아무리 사소한 일이더라도 도전으로 받아들이고 거기에 전력투구한다. 예를 들어, 이 유형은 친구와 테니스 게임을 하더라도 마치 중요한 사업상담을 할 때와 같은 열정으로 덤벼든다. 또 자동차 정비 비용이 과도하게 나왔다고 판단할 때는 마치 직장동료가 업무상 중대한 실수를 했을 때와 마찬가지로 불같이 화를 낸다. 이처럼 과도한 스트레스성 반응은 장기적으로 볼 때 쌓이고 쌓여서, 마침내는 두통이나 수면 장애와 같은 증상으로 나타난다. 심근 경색이 발생할 위험성도 그만큼 높아

지는 것이다.

스트레스를 조절하는 방법에는 그 강도에 따라 여러 가지가 있다. A의 경우는 첫 진료 때 두통과 수면 장애를 호소했기 때문에 우선 이러한 증상들부터 치료하는 것이 필요했다. 우선 환자가 호소하는 증상부터 하나씩 치료를 해나감으로써 신뢰를 쌓을 수 있으며, 그러한 신뢰를 바탕으로 더욱 근본적인 치료에 임할 수 있기 때문이다.

스트레스를 받을 때와 정반대의 상황이 있는데, 바로 이완 상태이다. 우리는 긴장이 없는 편안한 상태에 있을 때는 심장 박동과 숨이 느려지고, 근육이 풀리며, 안정감이 들면서 평온한 생각들이 떠오른다. 따라서 스트레스에 시달리는 환자들에게는 완전하지는 못하다 할지라도 이완 상태를 의도적으로 유발함으로써 스트레스가 가져오는 악영향을 줄일 수 있다.

하지만 스트레스 요인이 환자 안에 잠재해 있는 경우는 이완이 용이하게 이루어지지 않기 때문에 훈련이 필요하다.

나는 A에게 정신을 이완시키는 방법을 배워보라고 했다.

"그런데, 하루에 몇 번이나 이런 이완 운동을 해야 하나요?"

"이상적으로야 스트레스가 느껴질 때마다 하는 것이 좋겠지요."

"그럼 사무실에 있을 때도 하라는 말씀인가요?"

"네."

"그럼, 저는 월요회의 때마다 스트레스가 뻗치는데, 그럴 때마다 사람들이 다 보는 데서 책상 위에 눈을 감고 누워서 이완 운동을 해야 한단 말씀입니까?"

"그렇게 하기는 힘들겠지요. 하지만 긴장을 풀기 위해 반드시 드러누워 눈을 감을 필요는 없습니다. 환자분께서 훈련만 어느 정도 되면 선 채로 눈을 뜨고도 할 수 있습니다. 다른 사람이 눈치 채지도 못합니다. 물론 편안히 누운 자세가 더 효과적이긴 합니다. 자, 우선 배워보도록 하시지요. 처음엔 어려울 것이 하나도 없습니다."

이리하여 나는 A를 심리치료사에게 보냈다. 심리치료사는 여러 방법을 시도해본 결과 제이콥슨 방식이 가장 효과적인 것으로 판단했다. 이 방식은 환자가 어떨 때 근육이 긴장되고, 어떨 때 이완되는지 자각하도록 하는 훈련방식이다. A는 이 방식에 따라 근육을 긴장시키고 이완시키는 과정을 반복해나감으로써 감각을 익혔다. A는 병원에서 배운 요령을 집에서도 매일 연습해와, 다섯번째 훈련 때가 되었을 무렵에는 불과 몇 분 안에 모든 근육을 이완시키는 수준에까지 이를 수 있었다. 그는 치료사가 일러준 대로 저녁때 퇴근해서 집에 가서도 거실 소파에 누워 이완훈련연습을 했다.

마침내 스트레스가 올 때마다 어느 정도 긴장을 풀 수 있게 되자 2단계 훈련이 시작되었다. 이번에는 그가 사무실에 혼자 있으면서, 비교적 주위가 조용할 때 자리에 앉은 채로 눈을 뜨고서 몇 분간 긴장을 푸는 훈련을 하도록 했다. A는 이미 이완 운동의 효과를 확실히 느끼고 있었기 때문에 훈련에 상당히 열중하였다.

A가 2단계 훈련에서도 어느 정도 수준에 이르자 심리치료사는 가장 어려운 단계인 3단계로 넘어갔다. 이번엔 이완 운동을 통해 바로 스트레스를 누그러뜨리는 훈련이었다. A는 첫 치료 때부터 자기가 어떤 상황에

처했을 때 가장 심하게 스트레스를 느끼는지 작은 노트에 매번 기재를 했었다. 그 결과 그는 회의 때, 아니면 할 일이 쌓여 있는데도 전화가 끊임없이 걸려오는 통에 제대로 일에 전념하기 힘든 오전 끝 무렵이나, 퇴근해서 차를 타고 귀가하면서 교통 혼잡에 부딪힐 때 언제나 스트레스를 받는 것으로 확인되었다. 심리치료사는 A에게 그런 상황에 놓이게 될 때마다 긴장을 이완시키는 동작을 하도록 권했다. 그후 A는 긴장감이 고조되려 할 때마다 몇 초간 집중하면서 숨을 천천히 쉬고 근육을 이완시켰다. 이리하여 그는 그간 쌓은 훈련 덕택에 상대방의 말을 지루하게 듣거나 빨간 불에 걸려서 정지하고 있을 때에도 평상심을 유지할 수 있었다. A는 치료가 가져온 효과에 매우 만족했다. 우선 그는 매일 이완 운동을 함으로써 피로감과 두통이 누그러진다는 사실을 체험했다. 더불어 그는 치료를 하나의 도전으로 생각했는데, 결국 바라던 목표에 도달할 수 있어서 기분이 좋았다.

이러한 치료과정과 병행해서, 나는 다른 사람과 대화하는 방식을 바꿔나가는 훈련을 시작했다. A는 처음엔 무척 의아하다는 태도를 보였다.

"선생님은 제가 무슨 일을 하는지 모르지 않습니까? 음악 듣듯이 사람들을 부릴 순 없거든요!"

"그럴지도 모르지요. 하지만 사람들을 다그친다고 해서 최상의 결과가 나오는 것은 아니지 않습니까?"

"그래도 그렇지요. 저라고 무조건 닥달만 하는 건 아닙니다."

나는 그에게 어떤 상황일 때 부하직원들을 야단치는지 구체적인 사례를 몇 가지 떠올리라고 했다. 그런 다음 나와 함께 역할을 분담해서 상황을 재연해보자고 했다. 그는 여전히 직장 상사이고, 나는 그에게 질책을 당하는 부하직원 역할을 맡았다. 그가 부하직원에게 작성하라고 했던 보고서를 놓고 대화가 오가는 상황이었다. 그는 먼저 이렇게 말문을 꺼냈다.

"자네 보고서를 읽었네."

"아, 그러세요? 어떻던가요?"

"보고서를 자네한테 맡기는 게 아닌데, 하는 생각이 들더군. 그걸 읽느라고 시간만 허비했어. 전혀 일이 진척된 게 없으니 말이야."

"하지만 지시하신 대로 보고서를 만들었는데요."

"그게 대체 무슨 말인가? 내가 어떻게 지시를 했다는 말인가?"

"저, 하지만……."

"그런 엉터리 같은 보고서 때문에 자네하고 시간낭비 할 생각 전혀 없네. 자료 다시 철저히 검토해서 새로 만들어오게."

대화가 이런 식이라면 부하직원이라도 의기소침하지 않을 수 없을 것이다. A는 세 마디 말만으로도 여러 면에서 대화의 기본을 저버린 셈이다. 첫째로, 그가 하는 비판은 구체적이지 않다(그는 보고서가 어째서 마음에 들지 않는지 밝히지 않았다. 따라서 부하직원은 상사에게 새로 배운 것이 아무 것도 없으며, 어떻게 해야 보고서를 좀더 잘 쓸 수 있는지 알지 못한다). 둘째로, 그는 부하직원의 인격을 비난한 셈이다(부하직원이 무슨 수를 쓰든 자기 마음에 드는 보고서를 만들 수 없다는 비난이 담겨 있다). 셋째로, 그는 권위적인 태도로 대화를 끊어버렸다("자네하고 시간낭비 할 생각 전혀 없네").

자기와 지위가 동등한 사람이거나 상급자를 대할 때도 다를 바 없었다. 그는 자기가 생각하는 바를 아무런 거리낌없이 말하거나, 여느 사람이라면 피했을 얘기도 서슴지 않고 하는 성격이었다. 이를테면, "시장조사 결과 형편이 좋지 않은 것으로 밝혀졌는데 무엇 때문에 그 분야에 투자를 하려 하십니까?" "육 개월 전에 경영 여건을 호전시켜놓겠다고 호언장담하더니, 하나도 나아진 게 없지 않습니까?" "뒤퐁네 부서 실적이 저희만 못한데, 어째서 예산을 늘려주는 겁니까?" 등등의 말을 아무렇지도 않게 했다. 이런 점들에 대해 함께 검토를 하고, 또 내가 질문지 결과를 분석해주자, 마침내 그는 자기가 어느 정도 공격적 성향이 있는 것은 사실이며, 종종 그 때문에 후회를 한다고 털어놓았다.

나는 A에게 비판을 할 때 반드시 지켜야 할 몇 가지 사항을 일러주었다. 비판은 간단명료해야 하고, 사람의 인격이 아닌 행동을 놓고 비판해야 하며, 상대방의 관점을 인정하는 한편, 비판이 변화의 계기가 되어야 한다는 점 등이었다.

"예를 들어, 매번 회의시간에 늦는 사람이 있다고 가정할 때, 뭐라 하시겠습니까?"

"제가 뭐라 말하길 바라십니까?"

그는 상대방이 묻는 질문에 답하는 대신 또다른 질문으로 응수하는 내 말 습관을 파악하고는, 오히려 나의 수법을 쓴 것이다.

"이를테면, 이렇게 말하면 어떨까요? '오늘도 지난번 회의 때처럼 지각을 했군요. 회의 때마다 늦으면 부서 사람들에게 지장을 줍니다. 나는 그 점이 우려됩니다. 그러니 다음부터는 회의 때 시간에 맞춰서 오도록 하세요.'"

"무슨 말씀을 하시려는 건지 알겠습니다. 비판을 하더라도 그런 식으로 구체적으로 하면 좋겠군요. 상대방도 이 말을 들으면 자기 행동을 고치려 할 테고요."

"네, 바로 그렇습니다."

그런 다음 나는 A에게 이제까지 직장에서 어떤 식으로 비판을 했는지 간략하게 수첩에 적어보라고 했다. 그가 수첩에 적은 것을 읽어본 결과, 지난 몇 차례 진료 때 했던 역할 극과 비슷한 내용들이 적혀 있었다. A는 며칠간 연습했던 것처럼 부하직원들에게 덜 공격적인 방식으로 비판을 하게 되었고, 이내 두 가지 사실을 깨달았다. 하나는 그렇게 하니까 스트레스를 덜 느끼게 된다는 점이고, 다른 하나는 그런 방식이 부하직원들에게 효과가 있더라는 것이었다. 하지만 비판의 방식을 바꾸도록 한 것만으로는 부족했다. 이번에는 부하직원들에게 긍정적인 말이나 칭찬을 하도록 했다.

"부하직원에게 자주 칭찬을 하십니까?"

"그런 일은 거의 없는데요. 주로 비판을 하는 편입니다."

"어째서이지요?"

"왜냐면 직원들이 늘 실수만 하니까요."

"하지만 일을 잘할 때는 어떻게 하십니까?"

"그건 당연하지요. 일하라고 봉급을 주는데, 일 잘한다고 칭찬까지 할 필요야 없지 않습니까?"

나는 이제껏 이런 종류의 얘기를 수도 없이 들어왔다. 사실 프랑스에서는 부하직원들을 칭찬하는 것은 불필요할 뿐만 아니라 해롭기까지 하다는 인식이 널리 퍼져 있다. 이와 같은 냉랭한 태도를 정당화하는 말로는, '부하직원들을 칭찬해주면 자기네들이 잘나서 그런 줄 안다' '무슨 아쉬운 일을 부탁하려고 그런다고 생각할 것이다' '그러면 질투하는 사람이 생긴다' '자기네가 대단한 사람인 양 착각한다' '나를 호구로 여길 것이다' 등등이다.

나는 A와 함께 부하직원들을 칭찬하는 경우, 예상되는 단점과 장점에 대해서 점검해보았다. 심리학 연구들은 적절하게 칭찬을 하면 칭찬받는 사람의 동기부여가 높아진다는 점을 입증하고 있다. 이 점은 바로 행동주의 치료에서 사용하는 긍정적 강화의 원리이기도 하다. 한편 칭찬은 듣는 사람의 기분은 물론, 칭찬받은 사람이 자기 자신에 대해 품는 이미지도 좋게 만든다. 당신의 행동으로 인해 다른 사람에게서 진심어린 칭찬을 받았던 적이 언제인가? 여러 연구자에 따르면, 긍정적 강화나 칭찬은 우리를 우울증으로부터 지켜준다고 한다. 상식적으로 보더라도 아무도 우리에게 그 어떤 긍정적 평가도 해주지 않는데, 자기 자신에 대해 좋은 이미지를 계속 품기 힘들다. 한편 효율성의 관점에서 보더라도 칭찬을 통해 비판의 효율을 높일 수 있으며, 그 역도 성립된다. 연구들에 따르면, 이전에 비판받은 적이 있는 사람에게서 칭찬을 들으면 더욱 칭찬의 효과가 큰 것으로 나타났다. 따라서 상사가 일방적으로 칭찬만 한다거나 반대로 비판만 하는 경우 부하직원들의 사기는 결코 오를 수 없다. 실용주의적이고 결과를 중시하는 A는 칭찬에 대해서 내가 하는 말을 귀담아들었다. 그는 내가 하는 말에서 부하직원들의 능률을 올릴 방도를 간파해낸 것이다. 내가 만일 그에게 부하직원들의 정신건강을 위해서 좀 더 칭찬을 해주라고 했다면 결코 관심을 보이지 않았을 것이다.

우리의 행동에 변화가 있을 때, 변화가 그 행동 하나에만 그치는 경우는 실상 그리 많지 않다. 그로 인해 우리의 사고방식이나 태도에도 변화가 생기곤 하기 때문이다. 이를테면 우리의 행동이 '사고방식'에까지 영향을 미치는 것이다. 일찍이 파스칼은, "기도하라, 그러면 믿음이 생길 것이다"라고 말한 바 있다. 마찬가지로, 부하직원들을 비판하는 방식이 바뀌자, A가 그들을 대하는 태도에도 변화가 생겼다. 부하직원들에게 더 건설적인 방식으로 말을 하고 가끔씩 칭찬도 하게 되자, 이전에 비해 부하직원들을 좀더 존중하는 마음이 생겼고, 더 인간적으로 대하게 되었다. 이러한 태도 변화는 그가 부하직원들의 변화를 감지하게 되자 더욱 촉진되었다. 그는 부하직원들이 이전에 비해 사기도 높고 일도 더 많이, 더 잘 하게 되었다는 사실을 접하고는 한편으론 놀라고 한편으론 흡족하지 않을 수 없었다. 물론 모든 것이 순조롭지만은 않았다. 회사는 결코 호락호락한 곳이 아니다. A는 너무 태만하고 일이 서툰 부하직원들에게 때론 불같이 화를 내어, 결국 회사를 그만두게 한 일도 몇 차례 있었다.

하지만 업무에서 비롯됐던 스트레스가 상당수 사라졌고, 부하직원들도 예전에 비해 그의 말을 잘 따르게 되었다. 그러는 한편 그는 이완 운동을 지속했으며, 밤에 잠이 깨더라도 이완 동작을 하다가 다시 잠들 정도가 되었다. 직장에서의 갈등 요인도 대폭 줄어들면서 미리 걱정해야 할 일이 감소되었고, 수면 장애도 상당히 개선되었다.

하지만 A에게는 조심스레 접근해야 하는 두 영역이 아직 남아 있었다.

하나는 그가 생물학적으로 스트레스에 더 잘 견딜 수 있도록 신체적 건강을 강화해야 한다는 것이었다. 이를 위해서는 그의 평소 생활습관을 바꿔야 했다. A는 자기 건강을 위해 좀더 노력해야 한다는 것에 쉽게 수긍했다. 체중을 10킬로그램은 빼야 하며, 운동량이 부족하다는 점을 인정하였고, 콜레스테롤 수치가 높다는 점에 우려를 나타냈다. 그는 예전부터 건강에 신경을 쓰는 편이라서 담배도 5년 전에 끊었다. 우리는 그에게 가장 적합한 건강 유지 방식을 찾아낼 수 있도록 도와주었다. 이리하여 그는 영양사의 도움을 받아 효과적이고 점진적인 방식으로 체중을 줄일 수 있는 다이어트를 시작했다(살을 빼되 일주일에 1킬로그램 이상은 빼지 않는다). 한편 그는 부인과 함께 다시 수영을 시작했다. 이를 통해, 운동을 더 지속적으로 할 수 있는 여건이 마련되었고, 동시에 부부간의 금실도 더 좋아졌다.

치료 프로그램의 마지막 단계이면서 가장 어려운 부분이기도 나머지 한 영역은, A 스스로 본인의 사고방식을 깨달아, 어째서 특정상황에 처했을 때 유달리 스트레스에 취약한지 의식하도록 하는 것이었다. 이를테면 A는 언제나 서두르고 경쟁심이 강한 모습을 보이는데, , 이러한 성격적 특성은 그의 근본적 사고방식과 깊은 연관을 맺고 있으며 무의식에 기반을 두고 있다고 볼 수 있다. 마지막 치료 단계에서는 바로 이러한 면을 밝혀야 했다.

나는 이 단계에서 이른바 '인식적 접근법'이라 부르는 방법을 사용해서, 환자 스스로 본인의 사고방식과 행동방식 사이의 관계를 깨닫도록 돕는다.

예를 들어, 내가 만일 경계를 늦추는 경우, 언제라도 주변사람이나 심지어 가족 중의 누군가가 내 몫을 빼앗을 수도 있다는 피해의식을 내면에 가지고 있다고 가정해보자. 만약 이러하다면, 나는 확실하게 남을 제압할 수 있는 여건이 아니라면, 어떠한 상황이든 십중팔구 피하게 될 것이다. 이처럼 내가 사람을 믿지 못하고 비관적인 태도를 견지하는 까닭은 어린 시절 뼈아픈 경험을 했거나, 부모 중의 누군가가 그와 같은 사고방식을 갖고 있어서 영향을 받았기 때문일 수 있다. 나의 내면의 기저에 깔려 있는 그런 사고방식('사람을 믿지 말아야 한다')은 나의 삶 전체를 지배한다. 나는 친구나 배우자, 또는 직장동료를 선택하고 관계를 맺을 때도 언제나 내가 그들을 지배하는 상황에 있어야 한다는 점을 염두에 둘 것이기 때문이다. 한편 내가 사람들에 대해 품고 있는 불신감이 바깥으로 노출되는 경우, 사람들은 나를 싫어하고 꺼리거나 나에게 해코지를 할 수도 있다. 이리하여 애초의 나의 사고방식은 틀리지 않은 것으로 다시금 확인된 셈이다('다른 사람들은 위험하다').

이런 상황에서, 인지주의적 접근법은 내가 사람들에게 대해 근원적 불신감을 가지고 있으며 또 그 불신감이 내가 다른 사람들과 맺고 있는 인간관계에 영향을 미친다는 점을 깨닫도록 도와줄 수 있다. 한편 치료자는 여기에 그치지 않고, 내가 어린 시절 어떤 이유로 해서 이런 불신감을 갖게 되었는지에 대해서도 이해하게끔 도와줄 수 있다. 이런 과정 중에 치료자는 내가 어떤 상황, 어떤 부류의 사람과 있으면, 그나마 신뢰를 하게 되는지에 대해 테스트해보게 된다. 한편 이것이 정신분석상황에 적용된다면, 분석가와 환자 사이에 특별한 관계가 맺어짐으로써(전이 현상),

환자의 불신감의 근저에 놓여 있는 무의식적 기억이나 감정을 끌어내어 상담을 이끌어나갈 수 있다.

나는 A에게 스트레스를 느낄 때마다 어떤 상황에서 그러한지 매번 놓치지 말고 수첩에 계속해서 적어보라고 했다. 그럴 때마다 어떤 생각이 드는지도 적어보라고 했다. 이른바 자발적 내면 독백을 적도록 한 것이다.

이렇게 하는 까닭은 A에게서 나타나는 근원적 '도식'을 밝혀내기 위함이다. 인지행동치료의 이론에 따르면, 마음의 도식이란 아주 간단하고 대개는 무의식적이지만, 세상을 바라다보는 시각이나 우리 자신에 대한 생각의 틀을 결정하기에 매우 중요하다. 인지행동치료를 창안해낸 선구자 중 한 사람인 미국의 정신의학자 벡은 이러한 도식이 거의 변치 않으며 무의식적이기 때문에 '말없는 전제'라 불렀다. 이러한 정신적 도식은 어린 시절 부모의 영향 아래 형성되거나, 중대한 일을 경험한 후에 만들어지게 된다.

그가 수첩에 적은 것을 토대로 함께 점검을 해나가는 동안, 우리는 A가 가지고 있는 지나친 경계심 내지 경쟁심('내가 하는 모든 일에서 반드시 성공을 해야지, 만일 그렇지 못한다면 나는 아무 것도 아니다')의 뿌리를 조금씩 밝혀나갈 수 있었다. 그가 하는 일마다 두각을 나타내고 싶어하고, 부하직원들이나 아들 친구들을 '아무 짝에도 쓸모없다'라는 식으로 폄하하는 것은 바로 이러한 무의식적 불안감 때문이었다. 나는 A가 스스로 이런 면이 있다는 점을 인식할 수 있도록, 그에게 가상의 상황에 대한 반응을 묻는 질문지를 건넸다.

─만일 당신이 대학 동기들과 저녁식사를 하면서, 동기들이 모두 당신보다 높은 사회적 지위를 가지고 있다는 사실을 알게 된다면.

─만일 당신이 기대하던 승진 기회가 당신보다 능력은 덜하지만 평판이 좋은 다른 동료에게 돌아간다면.

─만일 어느 상사로부터 당신 부서에서 중대한 실수를 저지르는 바람에 일에 막대한 지장이 초래되었다는 말을 듣게 된다면 등등.

나는 A에게 만일 이런 상황이 벌어진다면 어떤 식으로 반응할 것인지 적어보라고 했다. 그는 이 조사에서도, 이미 여러 차례 마주쳤던 그의 '말없는 전제'를 어김없이 나타냈다. 나는 이때 비로소, 그가 첫 진료 때 "내가 만일 인생에서 높은 목표를 설정하지 못한다면, 나는 못난 인간으로 생을 마감할 수밖에 없다"란 질문지 항목에 "전적으로 동감함"으로 표시했던 사실을 일깨워주었다.

A는 이상 소개한 세 가지 방법, 즉 일지 기록, 가상상황에서의 반응탐색, 정신의 도식 분석 등을 통한 인지행동치료를 거치면서 비로소 자신에게 가장 커다란 스트레스를 안겨주는 것이 바로 자기가 가진 '사고의 틀'임을 조금씩 깨달을 수 있었다. 그렇다면 이러한 사고의 틀을 완전히 바꿔야 하는가?

"네, 맞습니다. 저는 언제나 성공이나 경쟁만 생각합니다. 하지만 저는 바로 그랬기 때문에 지금만큼 성공을 한 겁니다."

"하지만 말씀하시길, 본인이 기대하는 자리에 도달한 건 아니라고 하지 않으셨습니까?"

"으음, 하긴요."

"반드시 성공해야 한다는 생각이 강해야만 성공을 하는 건가요?"

"제가 그런 생각에 너무 빠져 있다는 말씀이신가요?"

"스스로 보시기엔 어떤가요?"

"네, 어쩌면 제가 그런 생각에 너무 빠져 있는 것 같기도 합니다. 집사람과 함께 수영장에서 수영을 할 때도 이기려 하거든요! 그러고 보니, 아들 녀석 친구들을 평가할 때도 그런 생각이 많이 들었던 것 같습니다. 회사직원 뽑는 것도 아닌데 말입니다!"

"이제 당신은 현실을 객관적으로 보시는 것 같습니다."

"네, 그렇군요. 하지만 직장에서는 똑같지 않습니다. 어떤 수를 써서든 성과를 만들어내야 하거든요. 제가 철학이나 하려고 그 자리에 앉아 있는 것이 아닙니다. 무조건 이겨야 합니다."

"그럴 수도 있겠지요. 하지만 어떻게 하는 것이 이기기 위한 가장 좋은 방법일까요? 최선의 결과를 만들어내는 것과, 마치 인생의 모든 것이 거기에 달려 있는 것처럼 전투적으로 사는 것이 과연 동일한 것일까요?"

"스포츠 같군요."

"무슨 말씀이신지?"

"시합에서 지면 어떡하나 하는 강박관념이 너무 강하면 실제로 시합에서 지는 것처럼 말입니다."

"바로 맞히셨습니다."

나는 A가 스포츠에 빗대서 말하게 되어 만족스러웠다. 아무리 치료자가 환자의 변화를 이끌어내려 애써도, 환자 스스로 변하지 않는다면 아무런 소용도 없기 때문이다. 인지행동치료법은 소크라테스의 산파술과 대단히 흡사하다. 환자를 이끌 때 단언이나 명령조가 아닌 질문으로 이끌어야 하기 때문이다. 물론 내 목표는 A가 성공은 쓸데없는 것이며, 모든 사람을 사랑해야 한다고 여기도록 만드는 것이 결코 아니다. 그것은 불가능한 일이다. 나의 목표는 다만 그가 성공도 물론 중요하지만 성공이 삶의 유일한 목표는 아니며, 또 성공 그 자체가 행복을 가져오지는 않는다는 점을 깨닫도록 하는 것이다.

그후의 진료 때도 우리는 그가 최근에 겪었던 스트레스 상황에서 문제가 될 수 있는 '사고의 틀'에 관해 대화를 나누었다. 그는 심층에 놓인 문제를 점점 더 뚜렷이 자각할 수 있게 되었다. 이에 따라 그는 예전처럼 무작정 스트레스를 감당하는 대신에 스스로 생각의 방향을 조정할 수 있게 되었다.

"얼마 전 경영 부문 감사가 저한테 보고서를 제출한 적이 있습니다. 읽어보니, 자료조사가 부족하고 결론이 틀린 부분들이 있더군요."

"그때 처음으로 어떤 생각이 드셨나요?"

"잠깐만요, 제가 수첩에 적어놨습니다. 아, 여기 있군요. '도저히 용납할 수 없는 일이다. 봉급을 그렇게나 많이 받는 작자가 제대로 된 보고서 하나 못 만든다는 것은 대단히 심각한 문제다. 완전히 무능한 인간이다.'"

"그때 어떤 느낌이 드셨습니까?"

"완전히 열받았지요."

"그런 다음에는요?"

"이렇게 열받으면 저만 손해란 생각이 들었습니다. 그런 다음, 제가 이곳 병원에서 선생님이나 다른 분들과 했던 얘기가 생각났습니다."

"그래서요?"

"마음을 고쳐먹었지요. '보고서에는 나름대로 잘된 부분도 있다. 감사가 애를 쓰긴 했지만 아직 접하지 못한 정보가 상당수 있었을 것이다. 그 사람은 회사에 들어온 지 얼마 되지 않은 사람이 아닌가. 그러니 내가 그 사람에게 어떤 식으로 말을 해주면 좀더 나은 보고서를 다시 꾸밀 수 있을 것인가' 등등의 생각을 했습니다."

"아주 좋습니다. 그러니까 어떤 느낌이 들던가요?"

"훨씬 나아지더군요. 그래서 제 의견을 글로 적어서 주었습니다."

이후 우리는 A가 가지고 있는 또다른 정신적 도식, 이를테면 '다른 사람들은 언제나 나를 이해해줘야 하며, 또 나의 기대에 부응할 만큼 유능해야 한다'는 도식에 대해 함께 이야기를 나누었다.

A는 잠을 제대로 이룰 수 있게 되었다. 두통이 생기는 빈도도 절반 이하로 줄어들었고 통증도 훨씬 약해졌다. 전반적으로 건강도 좋아졌으며 일할 의욕도 강해졌다. 이리하여 그간 받았던 집중적 스트레스 치료는 끝을 맺었다. 그후 한 달에 한 번꼴로만 진료를 받게 되었으며, 진료 때도 고통을 호소하기보다는 그간에 있었던 정황을 함께 점검할 때가 많았다.

그로부터 몇 달 후, A는 어느 헤드헌터로부터 다른 회사의 사장 자리를 제안받게 되었다. 한창 구조조정 중인 어느 대기업의 사장 자리로, 이 회사는 곧 사원들에 대한 대규모 해고를 감행할 예정이라고 했다. A는 이 제안을 받고서 본인이 그 자리에 적합한지 여러모로 궁리를 하였고, 수락하는 경우 자기 자신이나 가족에게 발생할 스트레스에 대해서도 생각해보았다. 그런 후 제안을 거절했다. 난생 처음 직업적 성공 이외의 요인에 대해 진지하게 생각해본 것이다. 그는 사장 자리를 수락하는 경우 감수해야 할 스트레스를 따져보았고, 그 결과 '할 수 없다'는 판단을 내렸다. 그는 여전히 직업적 성공을 인생의 중요한 목표 가운데 하나로 생각했지만, 예전과는 달리 거기에 온통 매달리지는 않았다.

스트레스 치료 프로그램
이상 소개한 것처럼, A는 10주 동안 일주일에 한 차례씩 45분간 스트레스에 관한 개별적 프로그램에 따라 치료를 받았다. 치료는 성공적으로 끝이 났는데, 이처럼 좋은 결과가 나올 수 있었던 데에는 몇 가지 요인이 있었다. 우선 A 자신이 강한 의욕을 가지고 있었다는 점을 들 수 있다. 사실 첫 진료 때는 동기가 확실해 보이지 않았지만, 이후의 진료 때부터 눈앞에 바로 성취할 수 있는 목표가 제시됨으로써 치료에 적극적으로 임하게 되었다. 당장 두통과 수면 장애를 누그러뜨릴 수 있고, 업무에 더 많은 에너지를 쏟아부을 수 있다고 생각했기 때문이다. 대개 회사생활을 하는 사람들은 스트레스에 대해 막연하게 얘기할 때는 전혀 흥미를 보이지 않다가도, 스트레스를 효율적으로 관리하는 경우 업무 능력을 높일 수 있다는 얘기를 들으면 지대한 관심을 표한다.

A의 스트레스를 치료하는 과정은 환자의 저항이나 난이도가 점차 높아지는 방향으로 진행되었다. 우선 그는 치료 효과가 바로 느껴지는 이완 동작을 익혔으며, 다음으로는 보다 많은 시일을 요하는 대화방법을 익혀나갔다. 그는 이런 훈련을 진료 때뿐만 아니라 다른 장소에서도 연습하고 반복해왔다. 이후 의사와 환자 간에 깊은 신뢰가 쌓이게 되자, 비로소 환자의 사고방식과 연관된 조심스런 부분을 다루었다.

실제로, 이런 치료 순서가 언제나 고정된 채로 적용되었던 것은 아니다. 나는 그때그때 상황에 따라서, 대화방법을 훈련시키는 과정 중에 이완 동작을 되풀이하게도 하고 인지-행동주의 접근법을 시행하기도 했다. 치료과정은 환자의 여건에 따라 얼마든지 달라질 수 있으며, 치료방법도 때에 따라 달라질 수 있다. 예컨대 심리치료사는 이완 동작을 연습시키는 대신 최면술을 사용할 수도 있으며, 대화훈련에 역설기법이나 조직화 기술을 병행할 수도 있다.

치료 프로그램 자체도 다양한 방식으로 운용될 수 있다. A의 경우처럼 스트레스치료 프로그램이 개별적으로 시행될 수도 있지만, 집단으로 시행될 수도 있고, 혹은 회사 내에서 요일별로 집단을 지어 시행될 수도 있다. 혹은 그외의 장소에서 프로그램을 이수하고자 하는 지원자나 회사 차원에서 모집한 희망자들을 모아서 시행해볼 수도 있다. 이런 일반적 프로그램 이외에 여성이나 특정 업무를 담당한 사람들, 또는 스트레스 취약자들을 위한 특수 프로그램들도 존재한다. 이런 프로그램들은 왜 존재해야만 하는가? 개인이나 회사 차원에서 볼 때, 스트레스보다 더욱 시급히 해결해야 하는 문제들이 산적해 있는 것은 아닌가? 또는, 스트레스란 말 자체가 회사생활에 시달린 사람들이 만들어낸 심리학적 화젯거리는 아닌가?

스트레스와 기업　　현대사회가 스트레스에 더욱 많은 관심을 나타내게 된 것은 결코 유행에 따른 것이 아니다. 스트레스는 그만큼 경제적으로나 질병학적으로 중요한 사회문제로 간주되기 때문이다. 주로 영국, 미국과 스칸디나비아 국가들에서 행해진 연구들에 따르면, 스트레스를 조절하는 것은 결코 한가한 사치가 아니라 기업의 성공이나 개인의 건강과 직결된 문제임이 밝혀졌다. 미국의 경우만 보더라도 스트레스로 인한 사회적 손실은 2천억 달러 이상에 달하는 것으로 조사되었고, 영국의 경우는 국민총생산의 10퍼센트에 달하는 것으로 집계됐다. 이는 스트레스로 인해 일터에 나오지 못하게 된 경우와 스트레스로 인한 질병, 또 그에 따른 생산력 저하를 포함해서 산출한 수치다. 사실상 일터에 나가지 못하고 결근하는 사례의 대다수는 과도한 스트레스 때문이다. 구체적으로는 불안 장애, 우울증, 근육통, 두통, 알코올 남용이나 흡연 등을 들 수 있는데, 이런 질병들은 지속적이고 과도한 스트레스 때문에 발생하는 경우가 대부분이다. 따라서 스트레스를 조절하고 제어하는 문제야말로 우리 모두의 건강을 위해서 절대 소홀히 할 수 없는 문제임에 틀림없다.

이런 까닭에 사업자가 피고용인들의 건강보험 비용을 대부분 부담하는 북미대륙에서 스트레스대처 프로그램이 가장 활성화되어 있다는 사실은 결코 우연이 아니다. 피고용인의 의료비가 급격히 불어나는 경우 고용주가 다음해에 지불해야 하는 의료보험 부담이 그만큼 커지게 마련이기 때문이다. 그래서 고용주에게 있어서 피고용인의 건강 문제는 결코 만만한 문제가 아니다.

여러 연구에 따르면, 스트레스로 인한 경제적 손실 대 행동주의 스트레스대처 프로그램으로 인한 혜택 간 비율이 1:2에서 1:5 정도로, 평균적으로는 1:4인 것으로 조사되었다. 이 비율은 치료 프로그램에 1달러를 투자하는 경우 건강 분야에서 4배의 비용절감 효과가 있다는 것을 의미한다. 물론 스트레스대처 프로그램은 광범위한 건강유지 프로그램 안에 편입되어 운용될 수 있다. 예를 들면, 금연 캠페인이나 잘못된 식생활 습관에 대한 홍보, 운동 장려, 허리 강화 캠페인 등, 공공 건강 증진 방안의 테두리 내에서 병행해서 시행될 수 있다. 사회적으로 이런 캠페인을 활성화하면 사회 구성원 개개인이 스트레스에 더욱 적극적으로 대처할수 있을 것이며, 그로 인해 사회적 비용 부담도 절감될 것이다.

스트레스 프로그램은 삼 일간에 걸쳐 열다섯 명 정도가 특정 장소에 마련된 센터에 '기숙'하면서 연수 형태로 진행될 수도 있으며, 회사 내에서 일주일에 한 차례씩 몇 달에 걸쳐 자체적으로 프로그램을 운용할수도 있다. 물론 여러 형태의 소 단계 프로그램도 가능하다. 운동량을 늘리고, 칼로리와 콜레스테롤 섭취량을 줄이며, 담배를 끊도록 유도하는등 일반적 건강 요법에만 전념하는 프로그램이 있을 수도 있다. 또 어떤 프로그램은 참가자의 대화능력을 증진시키고 갈등을 제어할 능력을 배양하는 것을 목표로 삼을 수도 있다. 언제나 시간에 쫓기는 현대인들을위한 스트레스 해소법으로 시간 관리법을 훈련시키는 방안도 프로그램에 편성해볼 수 있다. 마지막으로, A가 받았던 인지-행동주의 접근방법(이완 운동, 긍정적 대화훈련, 인식의 변화, 건강 유지법 등)을 포함할수도 있다.

하지만 스트레스를 관리해야 하는 필요성은 비단 경제적, 사회적 차원의 문제에 그치지 않는다. 개인적으로 볼 때도 스트레스는 그 사람의 역량을 발휘하는 데 반드시 영향을 주기 때문이다. 임상 심리학 연구에 따르면, 스트레스가 너무 적거나 정반대로 과도한 경우 둘 다 업무효율이 저하된다고 한다. 우리는 모두 여러 사람 앞에서 연설을 한다거나 급하게 글을 써야 할 때 이런 현상을 경험했을 것이다. 스트레스가 너무 심할 때는 반사 신경이 무뎌지고, 생산력이 떨어진다. 다뤄야 하는 주제가 너무 지루하다거나 덜 중요한 상황에 처했을 때, 우리는 평소보다 여러 면에서 처지고 좋은 결과에 이르지 못할 가능성이 높다. 그래서 스트레스 - 능률 곡선은 마치 엔진 회전수와 마력 사이의 관계처럼 종 모양을 그린다. 우리는 스트레스가 일정 수준에 달할 때 최고의 역량을 발휘할 수 있다.

이러한 사실은 신경생리학 연구에 의해서도 입증되었다. 계산 중인 사람의 두뇌를 PET 촬영해보면, 뇌 특정 영역에서 신진대사가 활발하게 이루어지는 모습을 관찰할 수 있다. 하지만 불안감이 어느 수준을 넘어버리거나 밑돌 때는 역량이 떨어지면서 같은 부위에서 활동이 더이상 포착되지 않는다고 한다.

Epilogue

　인류가 사냥과 열매 줍기를 그만하고 일을 하게 된 이후 어느 정도 안락을 얻게 된 것은 사실이지만, 이로 인해 예전에 없던 스트레스가 생겨났다. 조직에 편입되어 일을 하게 되자, 갈등이나 타인과의 오해, 단조로움 등을 경험하게 되었고 우리보다 공격적이고 영악한 사람들의 지휘하에 있게 되었다. 하지만 당신은 저녁때 하루 일을 마치고 일터를 떠나는 순간 의무를 다했다는 느낌을 가질 수도 있으며, 비록 화려한 직책은 아닐지라도 남들에게 인정받는 사람이라는 생각이 들 수도 있다. 그래서 당신은 퇴근하면서 직장 사람들이 생각하는 것보다 당신을 더 귀한 존재로 생각하는 가족이 있는 집으로 향하거나 당신의 친구들을 만나러 간다.

　이런 묘사가 목가적으로 보일 수도 있다. 어쩌면 요즘같이 정신없이 바쁜 시대에는 현실적이지 못하다고도 할 수 있을 것이다. 요즘 세상에는 사람에 대한 평가 기준이, 직업적 성공이나 구매력과 점점 더 혼동되어 가는 듯하다. 더욱이 이러한 혼동은 우리의 사회적 활동이 회사의 테두리 안에서로 점점 한정되어가면서 더더욱 심해지고 있다. 친구의 대부분이 직장동료들로 이루어지고, 자신이 하는 일과 무관한 분야에서 친구를 사귈 기회가 점점 줄어들고 있는 것이다.

　더 많은 돈을 벌고 더 많은 물건을 가지고 싶어하는 욕망은 어느 시대

이건 많은 사람이 품는 욕망이었다. 하지만 이제 욕망은 욕망 그 자체에 그치지 않고, 점차 사람의 가치를 측정하는 기준이 되어가고 있다. 예를 들어, 어느 신용카드 광고를 보고 있으면 이러한 사고방식이 교묘하게 작용하고 있다는 사실을 깨달을 수 있는데, 마치 '골드' 카드를 소지하면 당신이 다른 사람이나 자신에게조차 더 고귀해 보이고, 당신이 도덕적으로도 우월한 사람인 양 착각하게끔 만들기 때문이다. 반대로 불행하게도 번쩍이는 금빛 카드를 가지지 못할 경우엔 이런 모든 덕목을 갖추지 못한 사람처럼 여기게 만든다. 실상 이 카드를 신청할 수 있느냐 없느냐는 순전히 당신의 연봉이 유일한 기준인데도 말이다. 언론도 직업적 성공 사례를 끊임없이 기사로 내보내기 때문에, 은연중에 당신은 이 정도 나이, 이 정도 교육 수준이면 1년에 얼마를 벌어야 하는지 따지게 되고, 한편으로 더 열심히 일을 하거나 운이 더 좋거나 더 똑똑했더라면 얼마를 벌었을 것이란 계산을 하게 된다. 이리하여 당신의 가치는 당신 자신이 아니라, 당신이 가진 재산이 대신하게 되는 것이다. 즉 돈 이외의 기준은 사라져버렸다. 예전에는 젊은 세대가 닮아야 할 모델로 선생님이나 외딴 곳의 의사, 연구자, 탐험가 등을 자주 언급했는데, 이런 직업들은 모두 돈과 큰 인연이 없는 직업들이다. 과거 사람들은 이런 직업을 더 존경했지만 사업하는 사람들을 경시하지는 않았다. 그런데 지금은 어떠한가?

이처럼 사회가 변화한 데에는 많은 원인이 있는데, 여기에 관해서 이미 세계적인 석학들이 탁월한 분석을 내놓은 바 있다. 값비싼 미국 조종사 점퍼를 입는 것이 미국 문학을 이해하는 것이라는 문화에 대한 잘못된 시각, 사유의 고통보다는 달콤한 감각을 권하는 듯한 설익은 포스트모더니즘, 최고가 아니면 아무런 가치도 없다고 여기는 1등 지상주의, 혹은 개인의 행복보다는 생산성에 경도하게끔 만드는 경쟁적인 국제경제를 탓할 수도 있다.

현대사회는 즉각적인 만족을 조장하고 인간의 자긍심을 겉으로 드러나는 외적인 것에 따라 판단하게 만듦으로써, 젊은 세대에게 눈에 보이지 않는 새로운 유형의 스트레스를 안겨주고 있다. 그 폐해는 다가오는 시대에 더욱 확연하게 모습을 드러낼 것이다.

경제적, 의학적, 도덕적 훈계는 이제 그만두기로 하자. 다만 스트레스를 통제하는 일은 우리 스스로 더 건강해지기 위한 것이란 사실만 잊지 말자. 인생은 짧고 때로 고통스럽다. 그렇기 때문에 우리는 삶을 더욱 부드럽고 유연하게 만들 필요가 있는 것이다.

고통을 생각하다

아직 우리 주변에 사라지지 않고 널리 퍼져 있는 편견 가운데 하나로 정신 질환이나 심리적 고통을 쉬쉬하며 감추려 드는 경향을 들 수 있다. 본인은 물론이고, 행여 가족 중의 누군가가 정신적으로 여느 사람들과 다소간에 다른 점을 보인다거나 고통으로 시달릴 때면, 무슨 커다란 비밀이나 수치라도 되는 듯 우선 덮어두려 하는 경우가 빈번하다. 무릇 "병이란 자랑삼아 널리 알려서" 치료책을 찾아야 한다는 옛 말씀에도 불구하고, 이는 오로지 육신의 병에만 해당한다고 여기는 듯, 다른 사람들에게 알려지기라도 하면 회복하기 힘든 명예의 손상이나 치명적 타격이라도 입을 것처럼 전전긍긍하는 경우가 적지 않다.

그러다가 다행히 상황이 호전되는 계기라도 붙잡을 수 있다면 좋겠지만(때론 주위의 깊은 관심이나 애정, 혹은 우정이 정신과 의사가 해줄 수 있는 이상의 힘을 발휘하기도 한다), 자칫 때를 놓쳐 돌이키기 힘든 결과라도 초래하게 된다면 그야말로 낭패가 아닐 수 없다. 이를테면 삽으로 막을 수 있는 일을 가래로 막아야 하는 참담한 상황으로 치달을 수도 있기 때문이다. 물론 마음의 병이 육신의 병과 같을 순 없지만, 정신적으로나 심리적으로 고통받는 사람의 입장에서는 어떻게 해서든 고통이 누그러들고 종국엔 완전한 치유에 이를 수 있는 방도를 애타게 찾아야 하는 입장이다. 그런데도 '마음의 병'으로 고통받는 사람은 물론이고 주변인들까지 흔히 죄의식에 시달리게 되고 커다란 심적 부담을 떨치지 못하는 탓에 적극적으로 치유에 나서기를 망설이는 경우가 적지 않다. 참으로 안타까운 일이다. 하지만 다행스럽게도, 지금은 현대 정신의학의 놀라운 발달에 힘입어 웬만한 마음의 병 또한 치유의 가능성이 높아졌다. 치유가 매우 어려운 '정신병'의 경우는 제쳐놓는다 하더라도, '신경증'의 경우는 폭넓은 임상 연구와 더불어 다방면의 치료 내지 치유책이 존재한다. 바로 이 책이 이 점을 입증해 보여준다.

이 책은 정신과 의사의 진료실에서라면 흔히 마주칠 수 있는 십여 종의 정신질환을 소개한다. 구체적으로 열거해보자면, 광장공포증, 폭식증, 공황 장애, 정신분열증, 자폐증, 스트레스, 조울증, 우울증, 강박증

등의 증상을 소개한다. 앞서 언급했듯이 정신분열증이나 자폐증처럼 구조적으로 치유가 대단히 어려운 사례들도 소개되고는 있지만, 여타의 '질환'들은 실상 우리 모두 너나 할 것 없이 일생 중에 몇 차례씩은 알게 모르게 겪고 있는 증상들이다. 문제는 증상의 경중과 정도의 차이일 뿐, 구조적으로나 개연성의 차원에서 볼 때 여느 정상인에게서도 쉽게 마주칠 수 있는 행동방식 내지 행태라 할 수 있다. 견디기 힘든 무더위 속에서 나도 모르게 화를 벌컥 낸다거나 스스로 생각해도 이해하기 힘든 '이상 행동'을 한두 차례 나타내보지 않은 사람이 어디 있겠는가. 혹은, 정신을 차리기 힘들 정도로 바삐 돌아가는 현대생활의 소용돌이 속에 파묻혀 지내면서 스트레스 문제를 심각하게 고민해 보지 않은 사람이 과연 어디 있겠는가. 아니면, 공포스런 일을 바로 겪고 나서 또다시 비슷한 공포가 엄습하지나 않을까 하는 불안함 마음을 달래보지 않은 사람이 과연 이 세상에 존재하겠는가…….

마찬가지 관점에서 보자면, 이 책에서 언급되는 상당수의 정신질환은 바로 우리 모두가 일상을 살아가면서 부딪치게 마련인 삶의 단면이라 할 수 있으며, 단지 이 책에 소개되는 구체적 사례들은 정상인들이 평상적 삶에서 한 걸음 내지 두 걸음 더 나갔을 뿐이란 사실에 깊이 공감하게 된다. 다시 말해, 이 책에 등장하는 인물들은 우리의 실제 삶이 보여주는 바로 그 모습들을 보여주며, 우리 모두가 예외없이 '생로병사'의 인간조건으로부터 피할 수 없는 존재란 사실을 일깨워주는 셈이다. 정신적 고통은 마땅히 치유되어야 하지만, 다른 한편으론 이 고통은 우리의 존재를 확인시켜준다는 점에서 볼 때 존재의미를 지탱해주는 소중한 경험이

기도 하다.

　이 책의 저자는 프랑스에서 널리 인정받는 뛰어난 정신과 의사이기도 하지만, 독자 여러분들이 쉽게 눈치챌 수 있듯 대단한 글솜씨를 가진 베스트셀러 작가이기도 하다. 그런가 하면, 글 표면에 두드러지게 나타나 있지는 않지만, 저자가 정신과 의사로서뿐 아니라 다양한 경험을 축적한 '교양인'이란 사실을 어렵지 않게 간파할 수 있다. 바로 저자의 이러한 역량에 힘입어 독자 여러분은 책 속에 등장하는 인물들이 우리와 크게 다르지 않은, 바로 우리 자신의 모습을 하고 있으며, 정신과 의사가 흔히 접하는 환자들이 우리와 전혀 다르지 않은 삶의 고통을 안고 있다는 점을 느낄 수 있을 것이다.

　바로 이 점이 이 책이 독자 여러분 모두에게 정신적, 심리적 현실에 대한 보다 깊은 이해뿐 아니라, 우리 자신을 돌아보게끔 하는 통찰력을 안겨주는 이유일 것이다.

2006년 9월

정재곤

어느 정신과 의사가
들려주는 이야기

난 책 욕심이 많다. 도저히 다 읽을 시간이 없는데도 맘에 드는 책이 있으면 일단 사고 본다. 그러고 나서 시간 날 때마다 조금씩, 말 그대로 야금야금 읽곤 하는데 그 재미도 썩 괜찮다. 내가 그 수많은 책들을 고르는 이유는 다양하다. 그래도 가장 큰 이유는 역시 '공감'이 아닐까 싶다.

어느 때는 단 한 줄의 문장에 확 '필이 꽂혀서' 책을 사기도 한다. 내 심정을 마치 내가 그 글을 쓰기라도 한 것처럼 담담히 밝혀놓은 문장이 있을 땐 더 말할 것도 없다.

그런데 이 책에 바로 그런 구절이 있었다. 정신과 의사인 저자가 자신의 직업을 밝히고 싶지 않다고 한, 너무도 평범한 한마디가 내 맘을 끌었던 것이다. 나 역시 처음 만나는 사람들에겐 웬만해선 내 직업을 말하고 싶어하지 않는다. 내 직업이 싫어서는 물론 아니다. 다시 태어나도 정신과 의사를 하고 싶을 정도로 난 내 직업을 좋아하고 내 천성과도 딱 맞는다고 생각한다.

내가 직업을 말하고 싶어하지 않는 이유는 정신과 의사에 대해 갖는 편견 때문이다. 어느 유명한 문장가의 글에 "지난 밤 꿈 얘기를 내게 하지 말라. 내가 지금 프로이트를 읽고 있으니까"란 구절이 있다. 물론 웃자고 하는 이야기지만 지나칠 수만은 없는 말이다. 실제로 내가 정신과 의사라고 하면 갑자기 표정이 뜨악해지는 사람들을 더러 만난다. 내가 자기 마음속의 생각을 다 읽는 건 아니냐고 묻는 사람까지 있다. 당연히 그럴 리가 없다고 해도 불편해 하는 표정은 그다지 달라지지 않는다.

반대로 무척 반가워하는 사람들도 가끔씩 있다. 그런 사람들은 대개 내가 지금 스트레스가 엄청나서 괴로운데 우울증은 아닌지 그 자리에서 진단을 내려달라고 한다. 당연히 그렇게 할 수가 없다고 해도 그들 역시 이해를 잘 못하겠다는 표정이다. 이것 역시 정신과 의사 하면 표정만 보고도 속마음을 알아챌 거라고 여기는 탓이다.

정신적 문제는 문제 자체보다도 그것이 무엇을 상징하는지를 아는 것이 중요하다. 그래야 제대로 된 해결방법을 찾을 수 있기 때문이다. 정신과에서 이루어지는 상담 대부분이 자기를 알아가는 과정으로 구성돼 있는 이유도 그 때문이다. 자신에 대해 제대로 알게 되면 문제해결방법은 저절로 찾아진다. 그건 마치 수학에서 원리만 알면 어떤 응용 문제도 풀 수 있는 거나 마찬가지다.

그런데 자신에 대해 알려면 시간이 걸린다. 그래서 사람에 따라서는 상담과정을 잘 견디지 못하고 중도에 포기하는 경우도 있다. 그때마다 의사로서 안타까운 심정이 들 때가 많다. 이 책의 저자 역시 나와 심정이 비슷했나 보다. 평소 제대로 들려주지 못한 얘기들을 상대방이 편한 마음으로 이해할 수 있도록 배려하기 위해 이번 책을 썼다고 하니 말이다.

이 책은 정신과 상담실에서 흔히 접하는 사례들을 모아 10개의 장으로 나누어 처음 진료할 때부터 환자의 병이 나아지기까지, 환자들의 이야기와 그들을 치료하는 과정을 자세히 담고 있다. 나로선 나와 같은 직업을 가진 다른 사람의 치료과정을 상세히 들여다볼 수 있어서 매우 흥미로웠다. 더불어 내가 하는 일에 대해 더욱 자부심을 갖게 된 것도 이 책을 읽으면서 얻은 수확의 하나다.

그동안 상담하면서 겪은 고충 중 하나가 읽을 만한 책을 권해 달라는 부탁을 선뜻 들어주기가 쉽지 않다는 거였다. 어떤 책은 너무 무겁고 전문적이고, 또 어떤 책은 너무 가볍고 표피적이고, 그렇다고 내 책을 권유하기는 낯간지럽고 해서 마땅히 권유할 만한 책을 찾기가 어려웠던 것이다. 그런데 이제는 그런 부탁을 하는 사람들에게 편한 마음으로 이 책을 권할 수 있게 되었다. 같은 정신과 의사로서 이 책의 저자에게 고마움을 전한다.

양창순(양창순 대인관계연구소 소장, 신경정신과 전문의)